中华译学馆主馆宇与

以中华为根 译与学并重
弘扬优秀文化 促进中外交流
拓展精神疆域 驱动思想创新

丁酉年冬月许钧撰 罗卫东书

中华译学馆·中华翻译研究文库

许 钧◎总主编

译道与文心

论译品文录

许 钧◎著

ZHEJIANG UNIVERSITY PRESS
浙江大学出版社

总　序

改革开放前后的一个时期,中国译界学人对翻译的思考大多基于对中国历史上出现的数次翻译高潮的考量与探讨。简言之,主要是对佛学译介、西学东渐与文学译介的主体、活动及结果的探索。

20世纪80年代兴起的文化转向,让我们不断拓展视野,对影响译介活动的诸要素及翻译之为有了更加深入的认识。考察一国以往翻译之活动,必与该国的文化语境、民族兴亡和社会发展等诸维度相联系。三十多年来,国内译学界对清末民初的西学东渐与"五四"前后的文学译介的研究已取得相当丰硕的成果。但进入21世纪以来,随着中国国力的增强,中国的影响力不断扩大,中西古今关系发生了变化,其态势从总体上看,可以说与"五四"前后的情形完全相反:中西古今关系之变化在一定意义上,可以说是根本性的变化。在民族复兴的语境中,新世纪的中西关系,出现了以"中国文化走向世界"诉求中的文化自觉与文化输出为特征的新态势;而古今之变,则在民族复兴的语境中对中华民族的五千年文化传统与精华有了新的认识,完全不同于"五四"前后与"旧世界"和文化传统的彻底决裂与革命。于是,就我们译学界而言,对翻译的思考语境发生了根本性的变化,我们对翻译思考的路径和维度也不可能不发生变化。

变化之一,涉及中西,便是由西学东渐转向中国文化"走出去",呈东学西传之趋势。变化之二,涉及古今,便是从与"旧世界"的根本决裂转向对中国传统文化、中华民族价值观的重新认识与发扬。这两个根本性的转变给译学界提出了新的大问题:翻译在此转变中应承担怎样的责任? 翻译在此转变中如何定位? 翻译研究者应持有怎样的翻译观念? 以研究"外译中"翻译历史与活动为基础的中国译学研究是否要与时俱进,把目光投向"中译外"的活动? 中国文化"走出去",中国要向世界展示的是什么样的"中国文化"? 当中国一改"五四"前后的"革命"与"决裂"态势,将中国传统文化推向世界,在世界各地创建孔子学院、推广中国文化之时,"翻译什么"与"如何翻译"这双重之问也是我们译学界必须思考与回答的。

综观中华文化发展史,翻译发挥了不可忽视的作用,一如季羡林先生所言,"中华文化之所以能永葆青春","翻译之为用大矣哉"。翻译的社会价值、文化价值、语言价值、创造价值和历史价值在中国文化的形成与发展中表现尤为突出。从文化角度来考察翻译,我们可以看到,翻译活动在人类历史上一直存在,其形式与内涵在不断丰富,且与社会、经济、文化发展相联系,这种联系不是被动的联系,而是一种互动的关系、一种建构性的力量。因此,从这个意义上来说,翻译是推动世界文化发展的一种重大力量,我们应站在跨文化交流的高度对翻译活动进行思考,以维护文化多样性为目标来考察翻译活动的丰富性、复杂性与创造性。

基于这样的认识,也基于对翻译的重新定位和思考,浙江大学于 2018 年正式设立了"浙江大学中华译学馆",旨在"传承文化之脉,发挥翻译之用,促进中外交流,拓展思想疆域,驱动思想创新"。中华译学馆的任务主要体现在三个层面:在译的层面,推出包括文学、历史、哲学、社会科学的系列译丛,"译入"与"译出"互动,积极参与国家战略性的出版工程;在学的层面,就翻译活动所涉及的重大问题展开思考与探索,出版系列翻译研究丛书,举办翻译学术会议;在中外文化交流层面,举办具有社会影响力的翻译家论坛,思想家、作家与翻译家对话等,以翻译与文学为核心开展系列活动。正是在这样的发展思路下,我们与浙江大学出版社合作,集合全国译学界的力量,推出具有学术性与开拓性的"中华翻译研究文库"。

积累与创新是学问之道,也将是本文库坚持的发展路径。本文库为开放性文库,不拘形式,以思想性与学术性为其衡量标准。我们对专著和论文(集)的遴选原则主要有四:一是研究的独创性,要有新意和价值,对整体翻译研究或翻译研究的某个领域有深入的思考,有自己的学术洞见;二是研究的系统性,围绕某一研究话题或领域,有强烈的问题意识、合理的研究方法、有说服力的研究结论以及较大的后续研究空间;三是研究的社会性,鼓励密切关注社会现实的选题与研究,如中国文学与文化"走出去"研究、语言服务行业与译者的职业发展研究、中国典籍对外译介与影响研究、翻译教育改革研究等;

四是研究的(跨)学科性,鼓励深入系统地探索翻译学领域的任一分支领域,如元翻译理论研究、翻译史研究、翻译批评研究、翻译教学研究、翻译技术研究等,同时鼓励从跨学科视角探索翻译的规律与奥秘。

青年学者是学科发展的希望,我们特别欢迎青年翻译学者向本文库积极投稿,我们将及时遴选有价值的著作予以出版,集中展现青年学者的学术面貌。在青年学者和资深学者的共同支持下,我们有信心把"中华翻译研究文库"打造成翻译研究领域的精品丛书。

许 钧

2018 年春

自　序

大学毕业至今，已经有四十二年了，多年来渐渐地养成了习惯，喜欢每天读一点书，思考一点问题，写一点文字或者译一点东西。今年 5 月的一个中午，与浙江大学外语学院的年轻学者一起探讨学术问题，我谈了自己关于学术研究与自身成长的一些看法：大学不仅仅是知识传授，更是知识生产和知识创新的场所。怎样才能做到知识生产和知识创新呢？我认为这永远是一个动态的过程，即使是功成名就的教授，要是不读书，不思考，就不可能有进步，有更多的创新。我还提出，一个学者，应该有一个好的精神状态，一个自觉的状态，应一直处于读书、思考和写作的状态，这是一种常态。

回望自己走过的路，检视自己有关学术探索的言与行，感觉一路走来，因为养成了读书、思考与写作的习惯，日积月累，还是有不少收获。献给学界同仁和广大读者朋友的这部小书，算是一个证明。

这部小书，有个明显的特点，那就是所收录的文字，在某种意义上说，都与书有关，是自己写书、译书、编书、读书留下的一些记录。我一直认为，读书与思考，是互为促进的。这部小书所记录的文字，留下的是我读书与思考的印迹。读书要有思考，有思考才会有质疑，有探索才有可能有所发现，才能提出自己的看法或新见。

在思考中,我力求思想是开放的,目光是探寻的,胸怀是开阔的。独立与自由,也许就体现在其中。

在这部小书中,有许多是我为翻译学界同行的优秀探索成果写的序或评。我想到了故去的林煌天老先生,他对改革开放后中国翻译事业的贡献是翻译界有目共睹的,对青年翻译人才与青年翻译学者的帮助是巨大的,他主编的《中国翻译词典》更是"中国翻译建设的一项基础工程",可谓"译家、译事、译论,三位一体;学术性、知识性、实用性,熔于一炉;系统、开放、创新,三头并进"。我也想到了沈苏儒老先生,记得他在八十多岁的高龄给我写信,信我一直珍藏着。他在信中表达了对中国翻译研究的深刻思考,提出中国的翻译研究不能一味照搬西方的译论,而应该有自己的思考,尤其要重视对中国传统翻译思想的挖掘。基于这一想法,他身体力行,撰写了《论信达雅——严复翻译理论研究》一书。此书的价值是多重的,因为在我看来,"当我们冷静地回顾、思考、检点中国译学百年来所作出的种种努力,梳理其发展的脉络,探索其成败的奥秘,总结其建设的得失时,当我们试图追寻中国译学探索的百年踪迹,在世纪末的思考中对 21 世纪译学发展提出自己的想法、观点或构建出真正意义上的译学体系时,我们不能不把目光投向近代意义上的译学开创者——严复,不能不去探究严复所提出的'信达雅'之说何以具有永久的生命力,不能不去思考他为我们的译学发展所建立的奠基性的功勋"。

改革开放后中国的翻译研究,与其他人文学科的发展有相似之处,对于西方的借鉴很多,模仿也很明显,少有创新。对此,我一直有清醒的认识。我知道,人文学科的创新特别不容易,需要继承、积累、探求与交流,也需要质疑,需要思想的交锋。鉴于此,我一直特别关注中国翻译学界的同行在翻译探索之路上所取得的进展,对翻译学界所出现的不同的想法、不同的观点、不同的意见持开放的态度。对于翻译学界的同仁提出的一些具有争议性的观点，我更是持鼓励、肯定、支持的态度，希望能够通过学术争鸣，导向新观点、新发现、新收获。对谭载喜的《翻译学》，我的立场是坚定的，在为该书所写的序中，我想我要表明的就是对翻译学建设的"认识、立场和观点"。对胡庚申的学术探索，虽然一开始就有反对声，但我想应该鼓励探索的精神，为他的著作写了序与评。从根本意义上讲，我是想鼓励中国学者能有所创新。我发现，对一些新观点的萌芽，我特别敏感，对黄忠廉"变译说"，我在《光明日报》写过评；对奚永吉的"翻译比较美学"，我向出版社做了有力的推荐；对顾正阳教授就中国古诗词曲英译展开的系统研究，我一直予以关注和支持；对周领顺的"译者行为批评"，我也是积极鼓励。

我有书缘，我读书、写书、译书、编书、评书，还是个职业教书人，对书，有一种特别的感情。这部小书，记录的就是一个爱书人的书缘，一个爱书人珍贵的收获。就翻译而言，我热爱翻译：数十年来，我翻译了不少法国文学名著和社科著作，也主持了多套译丛，深信翻译对于拓展精神疆域具有重要作用。为此，我主编"法兰西书库"，目的是弘扬多元文化精神，为维护文化多样性做出努力；我主编"西方文明进程"丛书与"日常生活译丛"，为的是拓展历史研究的途径，把握人类生存的深层脉络；我还参与主编"现代性研究译丛"和"文化和传播译丛"，为的是引发学界对于涉及现代性和文化传播的种种问题的思考。我思考翻译，对翻译何为的问题展开了研究，与唐瑾合作主编了"巴别塔文丛"，编辑、出版了12位具有代表性的翻译家有关文学与翻译的思考文字，展现了翻译家的胸怀和他们的历史功绩："在但丁的故土，在莎士比亚的家乡，在歌德纪念馆的门前，在夏多布里昂的墓旁，在福克纳走过的小径上，在博尔赫斯的塑像下，在川端康成写作的汤本馆里——一位位翻译家留下了他们不懈地求真求美的足迹。他们谈翻译、谈人生的文字,他们对文学、对文化的思考,他们对生命、对精神的理解,为我们打开了思想的疆界,带来了永远的希望和梦想。"我学习季羡林的论述,对翻译的重要价值有了新的认识;读好友王克非的"翻译文化史论",对翻译的历史观有了新的理解;读许渊冲有关翻译的思考,我知道了何为翻译家的担当和"美"之于文学翻译家的意义。就为学为人而言,我从《红与黑》的第一位译家赵瑞蕻的书里,看到了不灭的"诗魂年年放歌"的"天真与激情";在外国文学界的领军人物柳鸣九先生的书里,发现了"朴素的存在与真性的光芒";在亦师亦友的著名翻译学者兼翻译家金圣华教授的书里,悟到了"少一分虚假的伟大,多一分真实的平凡"的重要性;在法国友人郁白大使的书里,感受到了"中国古代文人的悲秋情怀"。正是在读书、思考与写作的漫长历程中,我知道了"求真"的艰难与意义,也知道了一个知识分子的责任,更坚定了自己继续前行的决心:探索无止境,永远在路上。

2017 年 12 月 26 日于朗诗钟山绿郡

目　录

上编　译学思考

第三辑

下编　鉴书品文

上　编

译学思考

一项真正的基础工程

——荐《中国翻译词典》

眼下，或许是因为政策导向的缘故，各行各业都抓"工程"。文化领域的"五个一工程"是最响当当的，去年底开省作协代表大会，我还在为没有"翻译工程"一说而愤愤不平，可后来想想，若真要评选"翻译工程"，被"复译""抄译"困扰多时的翻译界还真一时拿不出几部称得上"工程"的好书呢。

可虎年伊始，翻译界似乎想借助虎威做一番事业。先是北京传出好消息，因为没有经费，拖了几年没有开成的中国译协第三届代表大会终要在收获的季节在北京召开，紧接着是上海译文出版社的人文、社会科学等多套新译与读者见面，再就是湖北教育出版社推出了中国译界企盼了多年的《中国翻译词典》。这几日，北京、武汉、广州、上海，还有边远省份的译界朋友来信、来电，都在谈这部词典问世的事，真有点奔走相告的味儿。

这部词典颇有特色，先说它的外表美：雪白的封面，透明的护套，配上钱锺书先生的黑色题签，显得格外朴素、高雅。如今也许是都富了，一富就容易追求奢华，且不说在节节升温的住宅装修热，连书籍的装帧也在比"华丽"，走进书店，五颜六色，令人眼花缭乱，让人静不下心来。《中国翻译词典》没有随大流落入这个俗套，看它的封面,大有点阳春白雪的格调,可我想,和者不会太寡,高雅毕竟有知音的。再说它的"心灵"美。这部书的"心灵"是由编者独具匠心的编辑思想所体现的:译家、译事、译论,三位一体;学术性、知识性、实用性,熔于一炉;系统、开放、创新,三头并进。字数不算太多,近250万,可仔细读一读,让你打心里觉得特别有分量,怪不得钱锺书先生会破例在病中为它题签,一直惊呼"翻译危机"的季羡林先生会由衷写下赞颂中国翻译之"最"的序言……而我捧着这部凝结了译界数百位专家心血的辞书,有的是自豪的感叹:这可是中国翻译建设的一项基础工程!

说它是基础工程,是有感于时下书界"吃老本"的风气。编《中国翻译词典》,可没有老祖宗留下的家当可吃,也没有外国人提供的蓝本可以借鉴——从某种意义上说,编者们是白手起家。全书收词目3700余条,涉及翻译理论、翻译技巧、翻译术语、翻译人物、翻译史话、译事知识、翻译与文化交流等内容,无论是译家、译事在中国文化交流发展史上的定位,还是翻译术语的界定,或是翻译技巧的探索,无不是各位作者探研、思考和创造性劳动的结晶;拿句比较时髦的话说,全书基本上是原创成果。仅凭这一点,要是哪一天有了"翻译工程奖",我会毫不犹豫地投它一票。不是因为我是译林中人,才对翻译和这部翻译词典这么看重,因为翻译的重要,连伟大领袖毛泽东也不否认的。翻译这么重要,为译事做历史定位、为译家树碑立传、为译学打下理论基础的这部词典,自然不可小视,相信它在中国翻译史上会有特殊的地位,建议有心的读者一阅,定会有惊喜的发现。

1998 年 1 月 22 日

历史会给予肯定

——评《中国翻译词典》

十年前,在青岛召开的中国首届翻译理论研讨会上,一批潜心于翻译事业的中青年专家在会下商议,希望中国翻译工作者协会能组织全国的力量,编一部翻译百科词典。当时我想,这谈何容易。翻译虽说是人类最悠久的文化交流活动,在各民族的文化、科技交流中起着不可替代的作用,但由于种种原因,人们对它的了解并不多,而且也缺乏重视,在理论研究方面更是有不少空白。要想编一部翻译百科词典,无论是在资料上,还是在学术上,都存在着难以想象的困难。再说,凭翻译在当今社会的地位,即使编出了这样的词典,出版也难啊!

万幸的是应验了那句老话:世上无难事,只怕有心人。十年后,经过翻译界、出版界的精诚合作,难以想象的难事在译界数百位专家的努力下,变成了美好的现实,我的写字台上就摆放着这部中国翻译界企盼已久的《中国翻译词典》。词典由中国翻译工作者协会前常务副秘书长、翻译教学与翻译理论委员会副主任林煌天先生主编,由湖北教育出版社出版,责任编辑唐瑾;洁白的封面上,有钱锺书先生的黑色题签,显得格外朴素、高雅;翻开词典,有季羡林、叶君健、叶水夫等老一辈翻译家的序,还有为中外文化交流做出了巨大贡献的英籍华人女作家韩素音的贺词。

在季羡林先生的序中，我注意到了这样的一段话："倘若拿河流来作比，中华文化这一条长河，有水满的时候，也有水少的时候，但却从未枯竭。原因就是有新水注入。注入的次数大大小小是颇多的。最大的有两次，一次是从印度来的水，一次是从西方来的水。而这两次的大注入依靠的都是翻译。中华文化之所以能长葆青春，万应灵药就是翻译。翻译之为用大矣哉！"为此，他发问：如果没有翻译，你能够想象今天中国文化和中国社会是什么样子吗？他指出："现在颇有一些人喜欢谈论'中国之最'。实事求是地说，有五千年文明史的中国'最'是极多极多的。几大发明和几大奇迹，不必说了。即在九百多万平方公里的锦绣山河中，在人们日常生活的饮食中，'最'也到处可见。然而，有一个'最'却被人们完全忽略了，这就是翻译。"在季羡林先生的字里行间，我似乎明白了词典编写者的用心之一：以此词典来引起国人对翻译的重视。更以事实来说明、来印证季先生在序中说的另一段话："无论从历史的长短来看，还是从翻译的数量来看，以及从翻译所产生的影响来看，中国都是世界之'最'。"

然而，《中国翻译词典》并不仅仅是对中国翻译历史，对中国一代又一代翻译家为中外文化交流和中华文明的发展所做的巨大贡献的总结和肯定，它还有更高的追求。对此，叶君健先生在序中作了明确的交代："这部词典也可以说是一个大型的翻译百科全书，因为它的内容包括面广，除对翻译界有成就的人物作译事介绍外，还把翻译理论与技巧、翻译术语与译事知识、翻译史以及中外翻译与文化交流方面的资料都编成各种门类的词条。此外，还收录如百家论翻译、中国和外国翻译大事记、世界文学名著和中国文学名著英译索引，中国当代翻译论文索引、世界著名电影片名英译索引等有关资料。所有的条目都出自各方面有经验的翻译家和学人的手笔，其中还包括几十位港、澳、台地区的翻译学者。"看来，这部

《中国翻译词典》可作两种解释：一是一部有关"中国翻译"的词典，二是一部"中国"学者自己编写的翻译百科全书，有资料积累意义上的兼收并蓄，更有学术探索意义上的开拓进取。拿叶君健先生的话说："这样一个规模的词典就不单限于翻译工作者做参考了，其他文化领域的人士也可以翻阅、享用，从中得到一些有用的翻译知识和信息。就我们翻译工作者而言，它的出版自然代表一项新的成就。"叶先生的评价是客观而中肯的。细阅词典的内容，就总体而论，我看它至少具有以下三个方面的特点：

一、译家、译事、译坛，三位一体。中国翻译历史悠久，据有关学者的研究，早在先秦时代就已经有翻译活动。在中外文化交流中，一代又一代的译家默默无闻地不懈耕耘，同时，伴随着他们的翻译活动，他们还不断地对这一文化交流活动进行思考，积累了丰富的译事经验。《中国翻译词典》的编者具有开阔的视野和独具匠心的编辑思想，将译家的活动、译家的贡献与功绩、译家对译事的思考进行通盘的考虑，有选择地加以介绍，既为译家树碑立传，又为译事作历史定位，还为译论进行梳理、总结。在选收翻译人物的词条方面，编者不仅仅着眼于纯译事方面的功绩，凡对译事有促进，对译艺探讨有贡献的人物，如在翻译理论、翻译技巧、翻译史的研究、翻译工具书的编撰等领域对翻译事业做出较多贡献者也在收录之列。词典中的附录"中国翻译大事记"和"外国翻译大事记"重点突出，脉络清晰，具有很高的史料价值。特别是"百家论翻译"，可以说是古今中外译论精彩篇章的结集，虽在选择与收录中有疏漏，但总体上具有相当的权威性和代表性。

二、学术性、知识性、实用性，熔于一炉。不同层次的读者若仔细翻阅词典，可以有多方面的收获。以翻译研究与翻译教学工作者来说，词典的许多条目具有很强的学术性，涉及当今译界学术前沿所探讨的一些核心问题，如"等值翻译""等效翻译""翻译过程""翻译层次""翻译美学""翻译的忠实性"等,编者还注意从译论基础建设的角度出发,对翻译理论的一些基本术语进行界定。这是一项非常艰难的工作,需要严肃的科学态度、深厚的译学理论素养和开放的视野。从收录的有关译论的条目看,大多比较严谨,阐释精当,立论有据,具有原创性,集中了我国近年译学研究的成果,在一定程度上体现了我国译学研究的水平。对广大翻译爱好者和文化工作者来说,这部词典又具有丰富的知识性。有关文化交流与翻译的一些语条,不仅资料可靠,而且弥足珍贵。比如中国文学在国外的译介与影响部分的条目,几乎条条可给你以惊喜的发现,不仅能丰富读者的知识,更能扩展读者的文化视界。像"白居易诗作在西方""《三国演义》在欧美的译介""毛泽东诗词在欧美"等条目,本身就是一篇篇资料翔实、可靠的考据文字。像"玻利维亚文学在中国""尼加拉瓜文学在中国"等,更是一般读者难觅的珍贵资料。若有心学习译技,切磋译艺,许多实用性非常强的条目可以给读者帮助和指导,无论是口译,还是笔译,词典中都有针对性地选录了有关"翻译技巧"的介绍性条目,如翻译的"变通与补偿的手段""词类转译法""长句拆译法""科技翻译中的引申处理"等,极为实用。相比较而言,口译技巧的条目还不太全,写得也较为单薄,这倒也是国内口译研究现状的反映。

三、系统、开放、创新,三头并进。据主编介绍,为了繁荣翻译事业,本书遵循"百花齐放,百家争鸣"的方针,对不同流派、不同翻译观兼容并包,只要言之成理,持之有故,一概并录不弃。在某种意义上说,这体现了编者一种开放的原则,特别在"百家论翻译"部分,古今中外,从传统翻译理论到近半个世纪以来发展起来的语言学派译论,以及符号学派、文艺学派等不同的译学观点,都有选择地加以介绍。视野开放,不拘一格,不囿于一家,但却不庞杂,具有系统性:从译事知识的介绍到译学的术语界定,从译技的探讨到具有代表性的译学著作的评介,都紧紧围绕着翻译基础建设这一条主线来展开。同时,在翻译文化遗产的总结与梳理的基础上,注意创新,词典中有不少条目在学术上有新意,具有相当高的理论价值,为我国译学建设奠定了良好的基础,译界几位有幸先读到这部词典的同行与我有一个同感,都觉得这是译学建设的"一项真正的基础工程",这样的评价,不知译界的其他朋友是否赞同,但我相信历史会给这部词典以充分的肯定。

1998 年 2 月 5 日

对翻译的历史思考

——读《从西塞罗到本雅明》

一

翻译史研究,是翻译研究的一个重要组成部分。王佐良先生在《新时期的翻译观》一文中指出:"已有的翻译研究大体可分三类:理论探讨、译文品评、翻译史研究。"[①]关于译史研究的重要性,中外译论研究者都有不少论述,杨自俭先生在《论我国近期的翻译理论研究》中认为:"翻译史和译理史研究,这也是译学研究的一项基本建设。"[②]法国著名翻译家、翻译理论家安托瓦纳·贝尔曼在《异域的考验——德国浪漫主义时代文化与翻译》一书中也表述了同样的观点:"翻译史的构成是翻译现代理论的头等任务。对自身的反思,就是自身的确立,只有这种反思运动才有着现代性,而不是一种厚古的目光。"[③]近三十年来,随着译界对译史研究重要性

---

① 王佐良.新时期的翻译观——一次专题翻译讨论会上的发言.中国翻译,1987
(5):3.
② 杨自俭.论我国近期的翻译理论研究//杨自俭,刘学云.翻译新论.武汉:湖北教育出版社,1994:14.
③ Berman, A. *L'épreuve de l'étranger*, *culture et traduction dans l'Allemagne romantique*. Paris: Gallimard, 1984: 12.

的认识的不断提高,在世界范围内,开始有一批译史研究成果问世。就法国而言,在这一领域较有影响的成果有爱德蒙·加里的《伟大的法国翻译家》①,日纳维埃芙·康塔米娜主编的国际翻译研讨会论文集《中世纪的译事与译家》②,利埃温·杜勒斯特的《法国翻译理论研究一百年——从巴特到利特雷(1748—1847)》③,马利亚姆·萨洛姆—卡尔的《阿拔斯时代的翻译》④,罗歇·佐贝的《佩罗·德·阿布朗古尔及其"不忠的美人"——从巴尔扎克至布瓦洛的翻译与批评》⑤和米歇尔·巴拉尔的《从西塞罗到本雅明——译家、译事与思考》⑥。此外,还有一批数量可观的论文,散见于法国翻译家协会主办的《翻译》、国际翻译家联盟主办的《巴比塔》以及有关文学、诗学语言研究的杂志上。从数量上看,应该说近三十年来译史研究有了长足的发展,有关译史研究的论文和论著越来越多,但从内容看,主要侧重于对译家和断代史的研究,如爱德蒙·加里的《伟大的法国翻译家》,以主要篇幅集中研究、介绍了法国一批具有创造意识的译家,如多莱、阿米欧、达西埃夫人等。作为一个文学翻译家,爱德蒙·加里把更多的目光投向了法国翻译历史中有着"自由翻译"倾向的翻译家,在他看来,他所选择介绍

①　Cary, E. *Les grands traducteurs français*. Genève: Librairie de l'Université, 1963.

②　Contamine, G. *Traduction et traducteurs au Moyen Age*. Paris: Centre National de la Recherche Scientifique, 1989.

③　D'hulst, L. *Cent ans de théorie française de la traduction, de Batteur à Littré (1748－1847)*. Lille: Presses Universitaires de Lille, 1990.

④　Salarna-Carr, M. *La traduction à l'époque abbasside*. Paris: Didier Erudition, 1990.

⑤　Zuber, R. *Perrot-d'Ablancourt et ses "belles infidèles", traduction et critique de Balzac à Boileau*. Paris: Les Presses du Palais Royal, 1968.

⑥　Ballard, M. *De Cicéron à Benjamin: traducteurs, traductions, réflexions*. Lille: Presses Universitaires de Lille, 1995.

的那些翻译家同时也是作家，具有创造的才能。在他们的翻译活动中，有着强烈的创造意识。在这部著作中，加里提出了一些重要观点。一部艺术作品的价值不是一眼就可被识别发现的，每一次翻译都是对原作的一次新的释读，也是诗人的一次再生。另外，任何翻译家在翻译过程中都要受到社会与读者的限制，他明确指出："不管接受还是抗拒，任何译家都要受到他所处的社会的压力，越是抗拒就越难摆脱。"①应该说，爱德蒙·加里的这部著作是有价值的，有许多独到的见解。但是由于他本身是一个译家，崇尚"艺术性"的翻译，所以对历史上一些采用直译法的译家的评价有失偏颇，只从翻译结果这一层面进行评述，忽视了各种风格的翻译在历史发展中所发挥的作用，缺乏一种客观的、历史的审视目光。罗歇·佐贝则对法国翻译历史中被称为"不忠的美人"的翻译现象，特别是对 1625 年到 1665 年间法国翻译的普遍状况和主要倾向进行了研究，资料丰富，具有独特的研究视角。但是，法国译论研究专家乔治·加尔尼埃认为，这是一部文学史博士论文，旨在为法国翻译史中"不忠的美人"这一翻译类型平反。该书实际上并不关注翻译本身的问题，也未就翻译问题进行深入的理论思考，而只是将翻译置放在一个具体的文学类型的关系中进行考察。②利埃温·杜勒斯特的《法国翻译理论研究一百年》如题目所示，着重于 18 世纪 40 年代至 19 世纪 40 年代这一个世纪翻译理论发展的各个阶段及其代表性观点的梳理，其中，对翻译在不同历史时期所起的作用和功能进行探讨，并根据译者对出发语文化和目的语文化的态

---

① D' hulst, L. *Cent ans de théorie française de la traduction*, *de Batteur à Littré* (*1748 – 1847*). Lille: Presses Universitaires de Lille, 1990:149-150.

② D' hulst, L. *Cent ans de théorie française de la traduction*, *de Batteur à Littré* (*1748 – 1847*). Lille: Presses Universitaires de Lille, 1990:149-150.

度及采取的翻译方法,对翻译的吸收与传播功能进行了分析。①观点在译界有相当的影响,不过就目前而言,法国译论界在译史研究方面的代表性成果,应该是米歇尔·巴拉尔的《从西塞罗到本雅明》。

二

米歇尔·巴拉尔是法国著名的译论研究专家,原在法国里尔大学执教,现任法国阿尔图瓦大学外国语言文学系教授。他从事翻译理论研究工作多年,著述甚丰,研究方向主要有三:一是法英互译技巧研究;二是翻译教学理论研究;三是翻译史研究。

巴拉尔对翻译历史的研究有着十分明确的目的,他认为,人类文明的交流与发展史,包括翻译的历史,翻译在人类文明交流中所起的作用,是不争的事实。他援引凯利(Louis G. Kelley)的话说:"西欧的文明多亏了翻译家。从罗马帝国到共同体,多亏了翻译,国际贸易和管理才有了可能。"②然而,遗憾的是,历史学家们对人类这一重要的活动却少有提及,拿亨利·梅肖尼克的话说,人们对翻译所起的作用"避而不谈",对翻译的历史研究的首要目的,就是要还翻译应有的历史位置,让人们清楚地看到翻译所起的"重要的历史作用"。

其次,翻译作为人类的交流活动,它所起的作用,与其方法紧密相连,因此,进行翻译历史的研究就不仅仅是对数千年来的翻译实践进行考察和梳理,还应结合翻译实践,对伴随着翻译活动的各

---

① D' hulst, L. *Cent ans de théorie française de la traduction, de Batteur à Littré (1748－1847)*. Lille: Presses Universitaires de Lille, 1990: 9.

② Kelly, L. G. *The True Interpreter, A History of Translation Theory and Practice in the West*. Oxford: Blackwell, 1979: 1.

种思考和理论升华的过程进行探讨,费道罗夫说过:"世上存在的任何一门科学,都不可能不重视、吸取历史的经验,不吸收以往的学者们对同一问题已有过的探索所取得的成果。首先必须使用翻译历史的资料和历史上众译家的思考,总结、梳理有关翻译问题的历史思考。"①巴拉尔认为,对翻译实践与翻译问题的历史思考,有助于人们增强翻译的理论意识,探索翻译在各个历史发展阶段所担负的使命与完成该使命所采用的不同方法。

再次,巴拉尔在长期的翻译研究中,始终关注翻译理论对翻译实践的指导问题,他发现翻译史上,存在着一个有趣的现象,那就是"翻译的宗旨向来求信、求真"。然而,事实上,在语言和文化方面,却始终存在着一些偏见和定见,而这些偏见或定见直接影响着人们的翻译态度和在具体翻译活动中的取舍。他认为,翻译的追求与翻译的具体实践之间始终存在着矛盾,进行翻译史的研究,不能忽视这些矛盾的存在,应该从历史的角度,对这些现象做出解释,探索产生这些问题和矛盾的深层原因。

巴拉尔进行翻译研究的这些基本目的或动机,从某种意义上来说,决定了他撰写《从西塞罗到本雅明》这部著作的基本方法。近二十年来,西方在翻译史的研究方面有一批重要的成果,如亨利·冯·霍夫(Henri Van Hoof)的《西方翻译简史》②,保尔·奥格兰(Paul Horguelin)的《翻译方法论集》③,F. M. 莱纳(Frederick M. Rener)的《阐释:从西塞罗到泰特勒的语言与翻译》④,安德

---

① 转引自 Ballard, M. De Cicéron à Benjamin: traducteur, traductions, réflexions. Lille: Presse Universitaires de Lille, 1995:13.

② Van Hoof, H. *Petite histoire de la traduction en Occident*. Louvain, 1986.

③ Horguelin, P. A. *Anthologie de la manière de traduire. Domaine français*. Montréal: Linguatech, 1981.

④ Rener, F. M. *Interpretation, Language and Translation from Cicero to Tytler*. Amsterdam: Rodopi, 1989.

烈·勒菲弗尔(André Lefevere)的《翻译文学:自路德到罗森维格的德国传统》①,T. R. 斯坦纳(T. R. Steiner)的《英国翻译理论——1650—1800》②和乔治·斯坦纳(George Steiner)的《通天塔之后》③等。巴拉尔在充分吸收了这些译史或与译史相关的研究成果的长处的基础上,根据自己的研究目的,在研究中形成了自己的特色。

在具体写法上,巴拉尔采取的是一种史论结合的途径,这不仅与他的研究动机是完全吻合的,而且也有利于梳理并客观地展示西方翻译实践和翻译理论几乎相对应地发展的历史。关于翻译史,特别是翻译理论史的写法,我国学者有过一些精辟的见解。《中国译学理论史稿》的作者陈福康这样说过:"至于具体的写法,参考各种文学理论史等,似乎有两种方法。一种是按照历史发展顺序,挑选一些重要的译论者,分别作介绍和评述;另一种是不拘泥于时间先后,而照自己的见解和'理论设计',将有关材料重新组合,分成某种类型、流派等,予以综述。"④陈福康认为,这两种写法各有利弊,"前一种写法的缺点是容易写得平,'见树不见林',成为关于一个个译论者的单篇评论的汇编,优点是可以对这些重要译论者论述得较为详尽,并为研究者提供较多的信息。后一种写法的缺点是容易写得浮,'只见林不见树',在未发掘和占有详尽的资料时容易'以论带史',即把前人的观点剪裁了以后往自己的模式框架内填塞,而且,这种写法在突出主要线索后就只好放弃枝节,

---

① Lefevere, A. *Translating Literature: The German Tradition, from Luter to Rosenzweig*. Assen/Amsterdam: Van Gorsum, 1977.
② Steiner, T. R. *English Translation Theory: 1650—1800*. Amsterdam: Van Gorcum, 1975.
③ Steiner, G. *After Babel, Aspects of Language and Translations*. Oxford: Oxford University Press, 1975.
④ 陈福康. 中国译学理论史稿. 上海: 上海外语教育出版社, 1992: 6.

读者对每位译论者的了解便很不全面了，优点则是容易显出‘理论性’和‘体系性’”。巴拉尔的撰写方法似乎很难归于陈福康先生所说的哪一种。由于他坚持了史与论的有机结合，避免了有可能出现的“平”与“浮”的缺点。在巴拉尔看来，译史的研究，不应仅仅是译事的简单罗列与介绍，而应充分展示翻译的主体因素在翻译中的作用与翻译主体对翻译活动的理论思考。为此，他给自己的研究加了一个副标题，为“译家、译事与思考”。

从全书的构架看，巴拉尔基本上按照历史发展的顺序来安排整个内容，但自始至终是以翻译的作用（在历史中的作用）作为一条主线来展开，将翻译活动、翻译家的思考放在历史的大背景中进行梳理。翻译活动，若就事论事孤立地进行研究，很可能出现陈福康所说的“见树不见林”的情况，缺乏主线，必将会是一个个孤立的翻译事件的简单罗列。巴拉尔强调翻译不仅仅是语言活动，而是“人的活动”，把翻译在历史中所起的作用作为主线，恰好说明了作者用心所在：突出翻译这一人的活动在历史中的作用，从而给翻译、给翻译家对历史发展所做的贡献进行客观的定位，给予应有的评价。

就全书安排的内容看，巴拉尔所侧重的，是西方翻译理论发展历史的勾勒与探索，以西塞罗为起点到本雅明，他明确指出，之所以选择西塞罗与本雅明不仅仅出于年代上的考虑，而是因为他们是西方翻译史上一直延续至今的两种迥然不同的翻译方法的代表，他们所代表的是翻译理论上“最根本的两极”。从对古希腊、罗马、中世纪、文艺复兴时代和 17 世纪到 20 世纪初的西方翻译史的考察中，巴拉尔发现人们从来就没有放弃过对翻译活动的思考，不像有的翻译理论研究工作者所说的那样，翻译的理性思考只是近几十年来的事。从历史的角度看，译论所关注的基本问题是从翻译一开始就存在的，例如翻译的忠实性问题，并伴随着翻译史的发展而不断地被提出，任何译家都不能回避。从理论角度看，翻译的思考是一个历史的发展的过程，两千多年来有着继承与发展的关系，我们研究翻译问题，不能割断历史，在这个意义上说，许多概念，如"模仿""真实""忠实""再创造""逐字翻译""自由翻译"等，都有着特定的历史含义。基于这一认识，巴拉尔力戒"面面俱到"地罗列历史上众译家的各种观点。也没有着意追求所谓的系统性，给各种观点作流派的区别，他所着力梳理或阐明的，是种种翻译观和翻译方法所产生的历史环境与根源，以及翻译理论发展的主要脉络。

三

研究历史，不仅仅是为了总结过去，更重要的是为了从中吸取经验，指导现在与未来。米歇尔·巴拉尔在对西方翻译与翻译理论进行梳理与探寻的同时，注入了自己的思考，并善于从历史中获得启示。

启示之一：有翻译实践，就必然会有对翻译的思考，而随着翻译实践的不断发展，人们对翻译的认识也不断加深，翻译理论是在人们不断加深对翻译的认识，不断回答翻译实践提出的问题中渐渐形成的，有个继承与发展的关系。考察西方翻译史和翻译理论发展史，可以看到伴随着历史上每次出现的翻译高潮，人们对翻译的思考和认识总会有进一步的加深与拓展。比如对逐字翻译法的认识。在西方一开始，逐字翻译几乎是翻译的金科玉律，特别是在宗教典籍的翻译中，逐字翻译是忠实地传达上帝的旨意和声音的唯一保证，任何变动，哪怕对原文词序的变动，都可能有损于原作的忠实。而随着历史的发展，人们的认识逐渐加深，开始注意到了不同语言之间的差异，以及这种差异给逐字翻译造成的几乎难以逾越的障碍,渐渐地突破了只有"忠实形式"才能忠实于意义的认识局限,在实践中开始探讨可行的方法,比如允许在形式上的某种变通,以忠实于原作的"意义"等。应该说,我们对翻译的认识,特别是对涉及翻译的种种因素的认识趋于全面,无疑会有助于我们在理论上更有效地探索克服翻译障碍的手段,以指导翻译实践,提高翻译质量。

启示之二:翻译作为一项人类的实践活动,它首先是人的活动。而人所依存的各种社会、历史、文化环境,必然会影响到翻译活动。译者在一定的历史环境和一定的社会条件下所意欲达到的目的,包括政治的、宗教的、教育的、文化的或审美的目的,在很大程度上决定了翻译的手段和方法。而译者的态度和主观因素更是直接影响着整个活动。通过对法国文艺复兴时期,特别是古典主义时期的翻译史的考察,我们可以更清楚地看到这一点。因此,历史上对不同翻译原则、方法和标准的争论,不仅仅是纯语言转换的问题,里面掺杂着多种因素,比如17世纪的"美译"之风,就明显与古典主义的艺术追求和那个时代的风尚有密切关系。我们研究翻译理论的发展,不能忽视这一点。因此,我们讨论某个译家提出的某种译法和某个主张时,不能割断历史,不能不考察他所处的那个时代的各种因素。

启示之三:从翻译活动的具体形式看,翻译是两种语言的转换。转换所涉及的各种因素以及翻译活动向不同时代和不同社会的译者所提出的许多问题,特别是某些基本的问题,有着某种共性,比如翻译的忠实性、原文形式与内容关系的处理、原作者与读者关系的协调等,任何时代、任何国度的译者都不能回避,都必须做出思考。事实上,比较中西翻译理论,我们可以发现在许多问题上都有着比较相似的看法,基本点比较一致,如我国翻译界所讨论的翻译中"形"与"神"的关系、翻译与绘画的对比、翻译竞赛或超越论,西方也有过比较深入的思考。如超越论,在古罗马时期就提出过。关于"形"与"神"的思考,法国的古斯代尔在 17 世纪 80 年代就有过明确而精辟的论述。又如 20 世纪 60 年代所强调的对应问题,早在 1370 年尼古拉·奥莱斯姆就已经提出过"对应"的概念。同时,我们也看到,历史上提出的一些翻译标准,中西方也有着惊人的相似,如法国 17 世纪许多译家所推崇的"意义忠实""表达清晰"和"译文美丽"标准,与我国严复的"信""达""雅"有着相通之处。至于在具体语言转换的微观层次上,由于中西方语言之间的差异较大,西方有的译家所提出的有关翻译方法和技巧,我们不可能硬搬,但他们研究有关问题时所采用的科学方法和多种角度,是可以借鉴的。

启示之四:无论在中国还是在西方,翻译界在"直译"还是"意译"、"忠实"还是"再创造"这两个根本问题上一直争论不休,两种观点非但没有达成一致意见,反而各自朝着理论化和系统化的方向发展,看来两者会在不断的争论和相互批评中继续完善自己,并存下去。在研究翻译理论发展史时,我们不能采取绝对化的立场,而要以历史的发展观来考察问题,树立辩证、相对的观念,客观地衡量标准的实际价值。就翻译理论研究而言,我们似应向总体和综合的方向努力,把对翻译具体转换方法与规律的探索与对翻译基本问题的总体思考结合起来。

1998 年 11 月 5 日

促进大众对翻译的关注、思考与理解
——《翻译》述介

一

2004年春天，加拿大 *Méta* 杂志主编 Anclré Clas 教授来信，信中向我郑重推荐不久前由法国大学出版社推出的《翻译》一书，并说这部书的出版具有重要的意义，其意义不仅仅在于作者对翻译活动进行了重新审视，更在于这部著作以特有的形式，由法国大学出版社作为"我知道什么"丛书的一种推出，面向法语世界的广大读者。

《翻译》一书，被收入"我知道什么"丛书，这对于译学界而言，确实具有非同寻常的意义。"我知道什么"一语出自于法国哲学家蒙田。法国大学出版社于1941年以此语为名，开始编纂出版一套普及性百科知识丛书，内容涉及人文社会科学和自然科学的各个重要领域，每部书的入选，对选题、篇幅、作者和写作方法都有明确，甚至苛刻的要求。选题必须涉及人类物质和精神生活的重要方面，篇幅不超过十万字，作者必须是该领域公认的重要学者，而写作必须融思想性、知识性和趣味性于一体。此丛书自1941年开始，至今已印行3000余种，先后被译成40多种文字，在世界上影响广泛。

与其他学科相比,《翻译》一书入选"我知道什么"丛书,应该说是相当迟的。其迟迟没有入选的原因,我想可以归结于以下几条:一是翻译问题未能被广大民众所关注,所重视;二是学术界对翻译的理解不够,对翻译的重要性没有予以足够的重视;三是翻译研究界对翻译的思考与探讨没有达到足够的系统性和科学性。如今坚冰已破,涉及人类跨文化交流的翻译活动终于进入了学术界和广大民众的视野,人们开始思考"对于翻译,我到底知道什么"这一问题,这对于翻译研究界而言,其意义自然是重大的。

作为面向学术界和广大读者的一部集科学性、知识性和趣味性为一体的著作,《翻译》一书不同于近年来在西方和我们国内问世的一些译学论著,无论是探讨的重点、论著的结构和提出的问题,都很有特点。

二

《翻译》一书作者为米沙艾尔·乌斯迪诺夫教授(M. Michaël Oustinoff),现执教于巴黎第三大学。全书总共只有 127 页,正文由六章组成,另有引言、结论与书目,严格遵循学术规范。

在引言部分,作者强调,在全球化进程不断加快的今天,随着各种交流的增多、新技术的出现,翻译活动的规模将越来越大,形式将越来越多样,必将更为深刻地影响到广大民众精神与物质生活的方方面面。因此,对于翻译问题,无论是普通大众,还是专家学者都应予以关注。基于这一点,作者在引言中对全书的构架和讨论的主要问题作了简单的介绍,其中有几点特别值得关注:翻译问题涉及世界上的每一个人,因为翻译涉及语言转换,而语言的转换能力,是任何一个使用语言的人都必须具备的能力。要了解"翻译是什么",不能不关注翻译的历史;翻译的历史见证了翻译形态的不断发展,而历史上留下的一代代翻译家对翻译问题的思考,是"当代翻译理论"应该予以重视和汲取的;翻译形式多样,应该将之置于更为广阔的视野中加以考察。翻译不仅仅是语言活动,语言问题与文化多样性紧密相连,在 21 世纪,翻译有助于避免或化解不同文化之间的冲突。

第一章题为"语言的多样性和翻译的普遍性"。在该章的第一节"巴别塔与语言的多样性"中,作者从"巴别塔"谈起,认为《圣经》中记载的这个神话故事有其现实性。目前世界上存在的 6000 多种语言构成了翻译难以逾越的重重障碍,但人类的交流不能没有翻译,一部《圣经》的翻译史,在某种意义上见证了人类不断跨越翻译障碍,致力于思想沟通的不懈努力。据作者介绍,到目前为止,《圣经》已经翻译成世界上 2233 种文字,同时,有的语种的翻译有多种版本。在作者看来,讨论翻译问题,首先要关注其交流性,其次是语言转换性,再次是翻译的历史性。第二节为"语言和世界映象",以现代语言学的一些理论,如洪堡、邦弗尼斯特、马蒂内有关语言与思维、语言与世界的关系的一些重要观点为指导,探讨了不同语言之间的翻译所存在的障碍和涉及翻译的一些根本问题,指出语言不是一种简单的工具,思想的表达是一种创造的过程。在翻译中,涉及语言转换和思想的再表达,在这个意义上,"写"与"译"处于同一层面,都有"创造"的因素。第三节则进一步以索绪尔的语言与言语、"能指"与"所指"等概念为依据,借助雅各布森的翻译三类型说,探讨翻译的本质特征,指出翻译是人类言语活动的一种根本方式。

第二章题为"翻译史"。在十分有限的篇幅里,来讨论数千年的翻译历史,显然是一种冒险。作者没有陷于具体的翻译现象与翻译事件的介绍与考察,而是通过检视漫长的翻译历史,将目光聚焦于在人类翻译史上不断提出的几个带有根本性的问题,揭示出人们翻译观念的不断变化的过程。"形与神""忠实与叛逆"和"异与同"这三个难解的翻译悖论,凸现在长达数千年的翻译历史中。而关于翻译方法的争论和使用,在很大程度上,取决于人们对有关翻译的这三对矛盾的认识。作者认为,在不同的历史阶段,人们对上述三对矛盾的认识是不同的。

第三章讨论"翻译理论",共四节,分别为"出发语派与目的语派""语言学与翻译""翻译诗学"和"翻译批评"。在第一节中,作者把目光投向了传统的翻译思想和翻译观点。他将译者对出发语和目的语所持的不同态度、所采取的不同译法和发表的不同观点归纳为"出发语派"和"目的语派"。在论述中,他以夏多布里昂、歌德、洪堡、荷尔德林、庞德等人的观点为例,指出"出发语派"和"目的语派"的分歧源于如何对待原文中的"异"和如何传达原文中的"异"。出发语派捍卫原文之"异"所表现的"文化""思维"和表现之"异彩",要尽最大努力将"异"之因素植入目的语和目的语文化中;而目的语派则相反,"透明"的翻译是他们最大的追求,翻译要像用母语写作一样,即是这一派的普遍实践。"语言学与翻译"一节对20世纪50年代至80年代语言学对翻译理论研究所产生的影响,以及在语言学的影响下翻译研究所取得的重大成果作了回顾与分析。作者特别指出,语言学对翻译理论研究的启发是多方面的,但最重要的是给翻译研究带来了科学研究的理论和方法。"翻译诗学"一节,对"翻译诗学"的概念作了界定,并对乔治·斯坦纳、亨利·梅肖尼克、安托瓦纳·贝尔曼、埃菲姆·埃特金等学者提出的有关"翻译诗学"的主要思想和观点作了对比与分析。翻译的语言学理论与翻译诗学理论不应该是对立的,而应该是互补的。在"翻译批评"一节中,作者对20世纪80年代之后出现的一些新的翻译研究流派作了十分简短的介绍,指出"Traductologie"(翻译学)一词于 1972 年首次由加拿大学者布里安·哈里斯(Brian Harris)提出,在这之后,翻译研究得到了空前的发展。为了帮助广大读者了解翻译学发展的广度与深度,他列举了文努蒂、巴斯内特、勒菲弗尔、贝尔曼和梅肖尼克等译论家的代表性研究成果,同时把读者的目光引向互联网,以"翻译学"一词的发展为例,说明了翻译研究在近二十年来的特点与发展趋势。关于翻译理论研究,他特别强调翻译批评研究的重要性。他说:"没有对翻译实践的研究,就不可能有翻译理论;不然,就是空谈理论。"①这一观点的提出,表明了作者对理论与实践关系问题的关注。作为一个法国学者,他的目光是宽阔的。除了提及上述几位西方著名学者的译学研究成果之外,他在本节中还用了一定的篇幅,对 1995 年发生在中国的有关《红与黑》汉译的那场讨论作了介绍,并对讨论中的有关学术观点作了评介。

第四章探讨"翻译的转换活动"。作者认为,要讨论翻译的转换活动,首先要区分翻译不同的种类,因为,尽管各种类型的翻译有着基本的规律,但在处理方法上,都会因翻译对象的不同、翻译的目的不同,而有所不同。如有的非文学翻译,以认知为主要目的,而文学翻译,则以审美为主要目的。认知重准确,审美求精彩。两者目的不同,转换方式必有异。本章共有四节。第一节为"翻译与重新编码"。作者援引施莱尔马赫于 1813 年发表的《论不同的翻译方法》一文的观点,指出以重新编码为主要转换手段的翻译活动处于"交流世界"的核心地位。他以电视记者的活动为例,说明电视记者的各种活动其实无时不在借助"语内""语际"和"符际"的重新编码的转换手段。第二节为"转换与调整",转换主要涉及词

---

① Oustinoff, M. *La traduction*. Paris:Presses Universitaires de France,2003:63.

类,调整涉及句法结构。作者以普通读者经常会遇到的一些例子,对这两种翻译手法作了分析。第三节为"译与变"。从重新编码到转换与调整,翻译以"形"变为特征,但不同类型的翻译,变的幅度与方法有一定区别。第四节为"写作的双语现象与自我翻译"。这一节讨论的内容十分有趣。一个人以两种不同的语言写同一内容的一部书,在某种程度等于是作者用 A 语言来翻译用 B 语言撰写的书。另外,有的作家参与译者的翻译,如昆德拉参与法语译者的工作,用法语翻译他以捷克文字写作的文本,并宣称经他校订的"法文本与原文本具有同等真实的价值"。这种双语写作或自我翻译的现象并不太多,但从中却可以凸现有关翻译转换活动的一个最根本的问题:译者在翻译活动中有多大的自由? 由此,作者提出了在翻译活动中一直争论不休的"忠实"问题,认为"忠实"不是一个绝对的概念,它随着时代、翻译主体、读者的期待视野和文化空间的变化而变化。

第五章题为"笔译与口译"。该章共有三节,分别为"从笔译到口译""翻译与意义重构"和"自动翻译"。在该章中,作者对笔译与口译活动的共同点与不同特征作了分析,利用法国"释义派"翻译理论,对口笔译活动的过程作了剖析,进而对"自动翻译"的障碍与前景作了分析,指出由于翻译活动的复杂性,机器翻译永远不能取代人类的翻译活动。

第六章为"翻译的符号",共有四节:"从一个符号系统到另一个符号系统""翻译与世界化""翻译符号学"和"有助于语言多样性的翻译"。单从各节的标题,我们便可以看到,在这一章中,作者是将翻译活动置于世界化的背景中加以考察,从维护文化多样性的高度来理解翻译活动的作用。如在第一节中,在符号系统的转换中,作者提醒读者注意的不是一般翻译理论中经常强调的"失",而是本雅明与博尔赫斯所指出的"得",即对目的语和目的语文化的丰富功能。在第二节中,作者借助麦克卢汉和沃顿对世界化进程的有关观点,就翻译在世界化进行中可能起到的积极作用作了分析。在第三节中,作者指出在全球化进程不断加快的今天,我们应该用更广阔的视野来认识翻译。他认为,在当今世界,翻译的形式越来越丰富,在新技术的推动下,"虚拟世界""数字世界"的空间不断扩大,这些世界的符号的相互转换,证明了雅各布森的翻译分类是有根据的。而"翻译的符号学"的理论建设,有助于在全球化的语境中推动翻译理论建设的进一步发展。在第四节中,作者以联合国教科文组织大会第三十一届会议于2001年在巴黎通过的《世界文化多样性宣言》为依据,指出:为了维护文化的多样性和世界和平文化的建设,必须维护语言的多样性,而翻译恰好可以为完成这样的历史使命做出不可替代的贡献。因此,他提出,要让更多的人认识翻译,理解翻译。"若在中学阶段,将翻译纳入教学之中,其益处多多。"他进一步追问:"既然在中学可以教授空间几何学和黑格尔哲学,那么为什么不能给我们的中学生讲授从一种语言(从一种文化)到另一种语言(另一种文化)的转换活动呢? 难道这不是同等重要的吗?"①

三

在上文中,我们将《翻译》一书的基本结构和主要内容作了简要的介绍。通过以上的介绍,相信有心的读者对该书的特色与价值会有个基本的了解,这里无须我再多言。我只想借助对本书的评介,引起译界同行的注意:我们的研究应该有助于促进广大民众

---

① Oustinoff, M. *La traduction*. Paris：Presses universitaires de France，2003：120.

进一步关注翻译、认识翻译、思考翻译和理解翻译。如是，才有可能使我们的翻译教学和研究得到各学界和各部门更多的重视，我们的翻译事业才有可能得到更健康的发展。

原载《外语教学与研究》2005 年第 3 期

文学翻译与世界文学

——读歌德对翻译的有关论述

　　约翰·沃尔夫冈·歌德(1749—1832)是德国杰出的诗人、作家、学者和思想家,他对人类文化的发展和交流做出了巨大的贡献。而对于作为世界文化交流之桥梁的翻译,他向来十分重视,不但移译过为数可观的外国文学精品,而且对文学翻译有过深刻的思考和精辟的论述,为我们留下了一笔丰富的翻译理论遗产,对我们今日研究翻译理论、认识翻译的功用、探讨翻译的方法,仍有着不可忽视的理论指导价值。

　　法国翻译理论家贝尔曼写过一书,专门探讨德国浪漫主义时代的文化与翻译,书名为《异域的考验——德国浪漫主义时代的文化与翻译》,其中就歌德的翻译思想作了评述。歌德从年轻时代起就开始从事文学翻译,在他的《全集》中,就收有整整一卷他翻译的外国文学精品。他译过古希腊剧作家欧里庇得斯的剧本,意大利雕刻家切利尼的论著,法国文学大师拉辛、高乃依、伏尔泰、狄德罗的名篇,还译过欧洲不少国家著名诗人的大量诗作。在进行这些翻译实践的同时,他对翻译进行了多方面的探讨与思考,这些论翻译的文字散见于他的论文、作品序、对话录、日记和书信中。他对翻译的认识主要基于他对人类、自然、文化和社会的基本认识,他总是从世界各民族及其文化交流这个大背景出发,考察翻译的地位与作用,探讨翻译的可行性与方法。

我们知道,"世界文学"是歌德最为珍视的一个概念,其目的乃是鼓励世界各民族之间的相互了解和尊重,促进文明的发展。在他看来,"世界文学是一种精神财富的交流,是世界各国民族间思想、文化的交流,是一个世界性的文学市场,在这个市场上,各民族之间进行精神财富的交换"(斯特里克语)[①]。他认为,世界文学的出现决不意味着民族文学的消亡,只是文学必然打破国界,进入一个更为广阔的空间,相互交流,相互作用,相互借鉴。而在这个崭新而广阔的空间里,他认为"翻译起着至关重要的作用"。1828年,他就《托夸夫·塔索》的英译给卡莱尔(Carlyle)写信,在信中写道:"我很想通过您,对这部《托夸夫·塔索》的英文版可以具有何种价值有所了解。如您能在这方面给予指点和指教,将不胜感激。因为,原文和译文的关系恰正是这样一种关系,它是民族与民族之间的关系最为明确的写照,对此,人们必须有所了解……以促进世界文学的发展。"[②]在这种情况下,译者担负的任务无疑是重大的。他说:"任何一个掌握并研究德语的人,都处在世界各民族竞相提供其物品的市场中,他起着翻译的作用,同时也在一定程度上丰富自己。因此,必须把每个译者都看作一个致力于促进世界精神交流,推进这一普遍性交际的中间人。不管人们认为翻译有着怎样的不足,但翻译活动仍不失为普遍性的世界交流市场上最为重大、最值得尊敬的任务之一。《古兰经》说:上帝给了每个民族一个使用语言的预言家。那么,对每个民族来说,任何一个译者都

---

① 转引自 Berman, A. *L'épreuve de l'étranger, culture et traduction dans l'Allemagne romantique*, Paris: Gallimard, 1984: 91.

② 转引自 Berman, A. *L'épreuve de l'étranger, culture et traduction dans l'Allemagne romantique*, Paris: Gallimard, 1984: 92.

是一个预言家。"①可见，歌德认为翻译的发展也是遵循一定的轨迹的，认为在历史发展和民族文化交流的不同进程中，自然会根据不同的目的，采用不同类型的翻译，在文化历史的不同发展阶段发挥积极的作用。他认为，历史上实际有着三种不同类型的翻译：

第一种翻译，目的只是了解外部世界；进行这类以了解外界为目的的翻译，采用散文体是一种较好的方式……歌德总是从不同的翻译目的出发，考虑源语与译语存在的差异，不反对以散文体翻译诗歌，同时也鼓励以诗体翻译诗歌。

第二种翻译，其目的不仅仅是要我们适应外部存在的表现，而且还试图要吸收外部世界的精神，将其融于我们的精神之中。这类翻译，往往采取"纯模仿的方式"。歌德说，法国人在翻译外国的各种诗作时往往采用这种方式，不仅吸收外国的新词语，也注意吸收外国的情感、思想，不惜一切代价，以能在自己的国土上成功地移植异邦的珍贵花卉，盛开同样瑰丽的花朵。

第三种翻译，试图使译文与原文一致，在形式与精神两个方面取代原文。

他认为，不管采用哪一类的翻译方法，译者遇到的障碍都是相当大的。他觉得，译者在实践中往往都有一种倾向，珍视原作的特有价值，而或多或少地放弃自己民族的独特之处，目的在于让读者更真切地感受到外国作品的原有魅力。在歌德看来，这三种不同的翻译方法，不是彼此孤立的，"一种旨在与原著达成一致效果的翻译总是倾向于最终接近原文字里行间的意义，从而在原著的理解方面提供极大的方便，就此而言，我们在某种程度上总是不由自主地被引向原著，从而完成翻译的整个循环过程，即从已知到未

---

① 转引自 Berman, A. *L'épreuve de l'étranger, culture et traduction dans l'Allemagne romantique*, Paris: Gallimard, 1984: 92-93.

知,再从陌生到熟悉的过程。"①

翻译是一种跨文化的交流过程,同时也是一种各民族相互影响与作用的交流手段。歌德认为,上述三种翻译方式与翻译目的及译语与源语之间的关系的某种状态有关。从辩证角度看,第三种翻译并不高于第一种或第二种翻译,这是原文到译文的整个循环过程中必须交替使用的三种翻译方法,采用何种手段,往往取决于译者想达到何种目的。整个翻译过程,是两种语言、两种文化相互影响的过程,是各种关系的平衡统一过程。以介绍为目的的翻译往往有保存自我、牺牲他人的倾向;反之,以吸收为目的的翻译则一般采用先引进后消化的"较为生硬"的方式,因此往往暂时"牺牲自我",通过接收、消化,最终"丰富自己"。因此,无论哪一种翻译,虽然出发点不同,采取的手段有别,但从宏观上看,最终都是"世界各民族之间的一种交流",是对"世界文学"的形成的推进,是对人类文化发展的一种贡献。

18 世纪末 19 世纪初的德国,十分重视与异邦发展文化交流,吸收它们的文化精华,以丰富并发展自己民族的文化。在这个时期,德国不仅大量翻译外国的文学作品,而且还注意将自己民族的优秀文学作品介绍给外国。在这种相互交流中,歌德进一步认识到了翻译的功能。他认为,翻译是确保自己的民族文化之花永不凋谢的重要工具。翻译不仅有交流、借鉴的作用,更有创造的功能。当歌德读到他的《赫尔曼与窦绿苔》的拉丁版时,他深有感触地评价道:

"我已经多年没有重读这部偏爱的诗作了,如今,我像在一面镜子中静静地观赏着它,我们都有过自己的经验,或近来通过光幻

---

① 转引自 Berman, A. *L'épreuve de l'étranger*,*culture et traduction dans l'Allemagne romantique*,Paris:Gallimard,1984:96.

视,知道这面镜子具有显示魔力的本领。在这面镜子里,我看到了我的情感或我的诗歌在一种更为成熟的语言中得到了完全一致的传达……"①在这里,他不仅肯定了翻译的可能性,而且翻译于他是一面明镜,使他得以更好地观照自己。

歌德不仅细读自己作品的外文版,对当时被介绍给外国的一些德国文学名著的翻译也极为关注。席勒的《华伦斯坦》的英文版是当时公认的一部成功的翻译之作,歌德在评价这部译作时指出:

"这是一种新的看法,或许不久前才提出,或许从未谈过:译者不仅仅是为他的民族耕耘,也是为他翻译的著作的所在民族耕耘。因为事实往往超出人们的想象,一个民族往往一下吸进一部作品的精髓与力量,将它的全部内在生命融于其身,以致它日后再也无法享用这部作品,从中汲取营养。首先德国人就是这样,他们总是囫囵吞枣,过快地吞下给他们送上的一切,采用各种各样的模仿方法,对吞下的东西进行改造,在某种程度上将之毁灭。因此,在他们眼里,他们自己的作品经过好的翻译,总像是重新获得了生命,这自然是件有益的事。"②

歌德的这些评论不仅仅吐露了他对译作的赞美之情,更重要的是说明了这样一个事实:一部好的翻译作品不惟给译者所属民族带来新的东西,也给原著注入了新的生命。古希腊、古罗马文学的新生,在一定程度上讲,有着翻译的不可磨灭的功劳。翻译的意义并不限于为异语读者提供阅读外国作品的可能性。它是这样一种实践活动:既涉及被译者,也涉及译者。一部优秀的翻译作品具有对原作的反作用力,这一翻译活动中的重要现象,恐怕是歌德最

---

① 转引自 Berman, A. *L'épreuve de l'étranger*, *culture et traduction dans l'Allemagne romantique*, Paris: Gallimard, 1984: 106.

② 转引自 Berman, A. *L'épreuve de l'étranger*, *culture et traduction dans l'Allemagne romantique*, Paris: Gallimard, 1984: 107.

早发现的。认识这一现象,有助于我们探索语言原作、译作的生命之奥秘。歌德所指出的译作的借鉴作用、创造力和反作用力也说明了翻译之于世界文学之形成的重要性。从某种意义上说,歌德肯定了文学翻译的创造性原则。一部好的翻译作品可以为原作延长生命,拓展空间,在转换中丰富另一种文学,也为原作增添新的生命,从这个意义上说,任何一部优秀的作品都"需要"翻译,需要在异语"明镜"中观照自己,同时也可以使母语读者看到原作迷人的新姿。当歌德看到自己的诗作被译成异语,获得极妙的效果时,他以形象的语言赞叹道:"我刚刚从芳草地采摘了一束鲜花,满怀激情地手捧着鲜花回家。因手热,把花冠热蔫了;于是,我把花束插进一只盛有凉水的花瓶中,我眼前即刻出现了怎样的奇迹!一只只小脑袋重又抬了起来,茎与叶重显绿色,整个看去,就像是仍然生长在母土里,生机盎然,而当我耳闻到我的诗歌在异语中发出奇妙的声响时,我体味到的也正是这一感觉。"①一束从草地采摘的鲜花,一离开母土,便开始凋谢,但一放进凉水中,便重显英姿,绿意盎然。这里,采摘鲜花的,是译者。诗歌之花一旦离开故土,便有可能凋谢。然而,译者将诗之花插入异语的花瓶中,使其英姿焕发,仿佛生长在故土。这无疑是个奇迹,因为无论是鲜花,还是诗歌,都已不再生长在故土里。实际上,这是各民族文化之精华相互移植之成功的象征。

要保证外国文学精华移植成功,保留其特有的光彩与芬芳,歌德指出,要十分尊重原文的特有风格与价值,主张以积极的态度去处理翻译中难以克服的障碍。他在 1828 年给穆勒(Von Muller)的信中写道:"在翻译中,不应该直接投入与异语的斗争。相反,应

---

① 转引自 Berman, A. *L'épreuve de l'étranger*, *culture et traduction dans l'Allemagne romantique*, Paris. Gallimard, 1984:109.

该深入到[异语中]不可翻译的底层,尊重它的存在;因为,各种语言的价值及特征正存在于这一层。"他后来还进一步说:"翻译中,应该一直深入到不可译的底层,只有到了这一层次,才能意识到异族与异语的价值所在。"①

所谓的不可译的底层,不外是异语的特殊性及译语与异语的差异的总和。各种语言的差异是客观存在的,在尊重的同时,也要以相对的目光看待这种差异,设法在翻译中克服这种差异。比如在诗歌翻译中,不同民族的诗歌语言的表达形式与手段上存在着实际差异,在他看来,尊重这种差异,在翻译实践上并不意味着对原诗形式的亦步亦趋,况且诗歌的内容和气势并不是通过作品的外部形式就可以轻易理解和捕捉到的。他明确指出:"我尊重节奏,也同样尊重音韵,只有借助于节奏与音韵,诗才成其为诗,但是,作用于更深刻、更基本的意义的东西,真正生成与促进发展的东西,是虽然被译成散文而仍不失为诗的东西。因为,这才是'完美的纯内容'。"②在这个意义上讲,他在翻译中主张的不是内容与形式的对立,而是两者的统一与平衡。他说的这种"完美的纯内容",恐怕就是我们通常所说的原作的"神",尊重原作的"形",而着力于捕捉与再现原作的"神",这是一种具有积极意义的翻译方法论。

歌德在评价路德所译的《圣经》时,进一步明确了他重在传达作品"内容"的观点,他指出:"在向我们传达的,尤其是通过书面形式向我们传达的东西中,最为重要的是作品的实质,内在的本质、意义和导向;其特有的、神妙的、有效的、不可触摸和难以摧毁的东

---

① 转引自 Berman, A. *L'épreuve de l'étranger, culture et traduction dans l'Allemagne romantique*, Paris: Gallimard, 1984: 97.

② 转引自 Berman, A. *L'épreuve de l'étranger, culture et traduction dans l'Allemagne romantique*, Paris: Gallimard, 1984: 98.

西概存于此;无论是时间、外部影响和外部条件都无法左右这一本有的实质,就像人体的疾病无法左右健康的灵魂。语言、方言、俚语、风格及文笔都应该视为所有精神产品的躯壳……"①从这段论述中,我们可以看到歌德十分重视捕捉原作的"神"之所在。正确理解原文的精神实质,是翻译的先决条件,歌德一再强调理解原作"内容"的重要性,对改变当时德国译坛,乃至整个西方译坛"重形式,忽视内容"的不良译风产生过十分积极的作用,对克服我们今日译坛"以创造为名,行偏离之实"的不良倾向也具有重要的现实意义。歌德对文学翻译还有不少论述,限于篇幅,这里恕不一一介绍。尽管他对翻译的思考和论述不那么系统,也不尽完美,但是,他把翻译看作是各民族间文化交流的重要手段,把文学翻译视作世界文学之形成的至关重要的有效因素,肯定文学翻译的历史作用及其对译语民族文化和文学的积极影响,尤其主张尊重异语的独特价值与差异,提倡深刻理解原作的"内在的实质",对我们今日研究翻译理论,探讨翻译方法,无疑是值得借鉴的。

原载《中国翻译》1991 年第 4 期

---

① 转引自 Berman, A. *L'épreuve de l'étranger*, *culture et traduction dans l'Allemagne romantique*, Paris: Gallimard, 1984: 99.

关键在于为翻译准确定位

——读《听季羡林先生谈翻译》

　　七年前,曾拜见季羡林先生,就翻译问题向他讨教。那次谈话的内容后来以《"翻译之为用大矣哉"》为题发表在1998年《译林》第四期上。最近翻阅《光明日报》,无意间看见了李景端先生《听季羡林先生谈翻译》的文章。细读之后,颇有些感慨,有些话觉得不能不说。

　　感慨之一,是在季老与李景端先生的谈话中,有的话题是季老谈了再谈,呼吁了再呼吁的。季老为什么对翻译问题这么重视?为什么会一次次就翻译问题提出自己的看法,并呼吁各级领导重视翻译,关心翻译? 我觉得,关键在于季老对翻译的作用有着极其深刻的认识,有着正确的定位。关于翻译之作用,在我看来,中国也许没有谁比季老的认识更深刻全面了:"翻译对于促进人类文化的交流,其作用是不可忽视的。英国的汤因比说没有任何文明是能永存的。我本人把文化(文明)的发展分为五个阶段:诞生,成长,繁荣,衰竭,消逝。问题是,既然任何文化都不能永存,都是一个发展过程,那为什么中华文化竟能成为例外呢? 为什么中华文化竟延续不断一直存在到今天呢? 我想,这里面是因为翻译在起作用。我曾在一篇文章中说过,若拿河流来作比较,中华文化这一条长河,有水满的时候,也有水少的时候,但却从未枯竭。原因就是有新水注入,注入的次数大大小小是颇多的,最大的有两次,一次是从印度来的水,一次是从西方来的水。而这两次的大注入依靠的都是翻译。中华文化之所以能长葆青春,万应灵药就是翻译。翻译之为用大矣哉!"季老对翻译的这一认识是在对中国几千年的翻译历史和中外文化交流史的重点考察基础上得出的。谈翻译问题,必须要从提高对翻译问题的认识开始。不然,谈不到点子上。

感慨之二,是季老对翻译现状和症结所在看得准而又准,但问题却总是悬而未决。十几年前,针对翻译质量问题,季先生就在《书与人》杂志发表文章,对当时翻译界出现的一些问题提出了严厉批评,甚至用了"危机"两个字要大家重视。他认为,翻译可以在文化交流中起大作用,但作用可以是积极的,也可能是消极的,这要看翻译本身能否站得住脚。翻译首先有个道德的问题,有个风气的问题。翻译什么? 怎么翻译? 这些问题都不能回避。在与笔者谈翻译问题时,季老说:"我们要选择翻译对我们中华文明有益的东西,还要把我们中华文明的精华介绍出去。现在的翻译风气不好,有的翻译很不负责任。曾经有一位同志,把他翻译的东西给我看,中文倒还不错,可一对原文,问题太大了,许多原文都没有读懂。理解错了,匆匆翻译过来,会有什么效果? 这种翻译态度应该批评,现在看来,翻译界这种情况不是少数,几乎成了一种风气,对原文不负责任,怎么能对读者负责任呢? 这是一种欺骗。从文化交流方面来看,把别人的东西都介绍错了,这怎么交流? 所以我说这样下去,是一种危机,必须注意。"要解决这种危机,翻译界本身要"自省",出版界要"把关",社会各界要"关心"。没有一个良好的社会环境和健康的批评风气,翻译危机看来很难克服。

感慨之三,是我们国家现行的语言政策、外语教育指导思想和翻译学科的设置,很难造就季老所说的"职业翻译家"队伍。我知道,季老提出设立"国家翻译奖",不是目的,他看重的是其象征意义,是想借此形成一种"理解翻译、尊重翻译"的良好的社会氛围。实际上,我们国家目前的"全民学英语"和"把英语等同于外语"的指导思想,在很大程度上很不利于"翻译人才"的培养。季先生提出的"翻译的生态平衡"的观点,实在是太重要了。我们确实应该注意到,目前,某些国家以强大的经济实力为基础,以经济利益为诱饵,在推动经济一体化的过程中,谋求强势文化的地位,甚至表现出十足的"文化霸权主义"。在这一方面,"英语"的日益国际化看似为交流提供了某种便利,但实际上是在削弱着处在弱势地位的一些民族文化。殊不知一个民族语言的丧失,便意味着其文化的消亡。在全球化的进程中,我们不能以牺牲民族语言为代价,仅仅"用英语"去谋求与外部世界的交流。相反,在对外文化交流中,我们要坚持使用与发扬中国语言,同时,培养更多的翻译人才来满足日益频繁的国际交往。在这个意义上,翻译学科的建设就显得格外重要。

读完《听季羡林先生谈翻译》,我们应该想到的,恐怕不能限于翻译本身,它事关我国的对外文化交流,事关中华文明的发展,事关在全球化的过程中中华民族文化能否闪耀出更为灿烂的光辉。有了对翻译问题如此的定位,季老提出的解决翻译问题的一些对策,如设立"国家翻译奖",制定翻译规划、翻译政策,加强翻译教学与翻译队伍建设,以及规范翻译市场管理等,也许才有可能慢慢得到重视和逐步解决。

2005 年 2 月 26 日

译者的"客观性"

——读《文学文体学与小说翻译》

这几天在读北京大学申丹教授的 *Literary Stylistics and Fictional Translation*（《文学文体学与小说翻译》，北京大学出版社，1995 年版）。该著作是用英文撰写的，我虽然没有足够的英文水平读懂读通，但作为一种思想的交流（不管作者是否在场，其著作在为其发言），我还是能感受到某种沟通。应该说，近年来国内关于译论探讨的著作不少，但有的往往失之"空洞"而无多大的启发性，有的则满篇充斥着"条条框框"，缺乏实践的指导价值。可读申丹的著作，像是面对一个智者，其睿智的闪光有时会给你一种 inspiration soudaine，或者说一种"顿悟"；又像是跟随着 Ariane 的金线，帮助你在错综复杂的翻译活动中循着一根主线，清醒地面对各种因素，处理好各种关系。书中的观点是新颖的，理论性很强，但分析却异常细腻（充满女性的细腻），丝丝入扣。细腻中又常现锋芒，如 Deviation in the Form of "Illogicality" 一节[1]，分析得十分透彻，一针见血。关于"客观性"一节[2]，读后颇有同感。对照该节，又读了申丹用中文写的《试论小说翻译中译者的客观性》[3]，感

---

① 申丹. 文学文体学与小说翻译. 北京：北京大学出社，1995：105-131.
② 申丹. 文学文体学与小说翻译. 北京：北京大学出社，1995：131-144.
③ 申丹. 试论小说翻译中译者的客观性. 外语与翻译，1994(3).

到翻译研究中,确实应该重视"译者的态度"与"译文的处理"两者之间关系的探讨。

申丹的观点非常明确,"在翻译小说时,译文能否忠实于原文在一定程度上取决于译者能否保持不偏不倚的态度"。研究翻译的"忠实"问题,以往的重点放在译文与原文的静态对比上,探讨翻译的障碍造成偏离原文的客观因素居多,但对翻译活动中起着主导作用的译者却少有研究。译本偏离原文,固有客观的因素,但译者的主观因素所起的作用不可忽视。

译者作为一个读者和阐释者,面对一部作品,自然会有着某种期待(认知的、审美的等)。问题是这种阐释期待与原文可能呈现两种关系,一种是融合,一种是冲突。若为前者,译者的阐释的客观性有一定保证;若为后者,如申丹所说,如果译者"未能调整自己的阐释期待来适应和接受原文,而是自觉不自觉地改换词语,以求与自己的阐释期待取得一致",其结果必然导致对原文的偏离,冲突越大,偏离得必然越远。前些天读郭宏安著的《同剖诗心》①,其中的"批评:主体间的等值"一文也涉及了类似的问题。虽然郭先生谈的是"批评意识和创造意识"之间的等值,但从本质上讲,译者的阐释期待在某种意义上也是一种介入原文的意识。译者与原作者之间,若要寻求一种等值的(忠实的)关系,客观性是基础。申丹认为:"要保持客观,有两点尤为重要:(1)不介入意识形态方面的冲突;(2)避免因为情感的投入而对故事中的人物带有偏见。"这使我想起了清代薛雪在《一瓢诗话》中说的那段话:"看诗须知所指,才是贾胡辨宝。若一味率执己见,未免有吠日之诮。"其中的"己见",就是申丹说的"偏见"。面对一部作品,带着偏见或固执己见,不理会原文所指,自然不可能有忠实的、客观的理解。

---

① 郭宏安.同剖诗心.北京:中央编译出版社,1996.

翻译中译者要避免"介入意识形态方面的冲突",这一点非常重要。译者作为一个社会的人,自然有自己的政治信仰、政治态度,对一部作品,也必然会有自己的好恶。问题是作为译者,能否让自己对作品、对作品中的人物的好恶(如申丹所说的"喜爱或赞赏""憎恨或厌恶")反映到对作品的阐释和传译中去。应该看到,在不少翻译作品中,我们可能发现这样一个有趣的现象:译文的处理,特别是词语的选择,往往明确地打上译者的主观印记(有时是译者意识不自觉的流露,有时则是自觉的表达)。申丹对《红楼梦》第二回中有关贾雨村的一段文字的译文分析清楚地说明了这一问题。我在研究《红与黑》的汉译中,也论述了同一现象。原文中谈到于连是个有 ambition 的人物,几个中译本中对 ambition 一词的译法表现出了译者对于连这一人物的不同理解和态度,有贬有褒,贬者译为"野心勃勃",褒者则认为于连充满"雄心壮志"。又如对 agitation 一词的翻译,从上下文看,说的是于连内心的一种"躁动"(急于见到德·瑞那夫人),但有的译本却译为"蠢蠢欲动",恐怕是与译者的"阶级斗争观念强"不无关系。今年 4 月在香港参加翻译研讨会,施康强先生提交了一篇论文,题目为《译或不译的取舍标准——一个个案的分析》,其中也谈到"意识形态"的介入在翻译中所起的负面作用。

如果说译者在翻译中要避免介入意识形态方面的冲突,不仅是必要的,而且也是有可能做到的话,那么在翻译过程中,避免译者"感情的投入而对故事中的人物带有偏见",则是有一定难度的。其难度首先在于译者对自己的感情投入往往是不自觉的,是自然的。如申丹所说,"译者在阅读、翻译过程中"自然会具有一些"情感心理因素、常规阐释框架",会自然而然地产生"实际的兴趣",不自觉地偏离原文。从理论上来讲,译者作为一个审美主体,他的审美活动自然要受到自己的个人兴趣、需要、知识、经验、文艺修养、欣赏习惯等因素的制约,但作为一个特殊的审美主体,一个担负着传达原文的审美价值,让译语读者与原作者在审美上达到共鸣的阐释者来说,能否在阐释与翻译过程中,特别是在理解阶段"走向自我","忘我于他人之身"①,换句话说,注意克服自我,克服个人的实际兴趣和"有关常规阐释框架所带来的负面影响",是十分重要的。事实上,我们在肯定自我是一种必然存在的同时,确实也有必要时时打破自我的禁锢。阅读作品,"走出自我,融入他人,不单单是一种理解的行为,也是一个精神的解放"(郭宏安语)。这一方面的问题,无论从理论上还是从实践上,都很有探讨的必要。提醒译者在翻译中尽可能保持客观性,让译者认识到主观性在翻译过程中有可能造成负面影响,并帮助分析妨碍译者保持客观的种种深层原因,正是申丹探讨这一问题的必要性和实际意义所在。

原载《出版广角》1997 年第 1 期

---

① 郭宏安.同剖诗心.北京:中央编译出版社,1996:24.

多元文化语境下的翻译研究

——读《当代美国翻译理论》

在人类的文化交流中,翻译所起的作用是有目共睹的。翻开中西文化交流史,我们不难发现,翻译始终担当着开路先锋的角色。近二十年来,随着世界由对峙走向对话,从阻隔走向交流,作为交流桥梁的翻译,它的重要性逐渐被人们所认识。人们对翻译的思考也越来越丰富,越来越深入。无论在中国,还是在西方,翻译研究渐渐地走向系统化、理论化,成了一门新兴的学科。湖北教育出版社从培养翻译人才,促进文化交流,加强翻译学科建设这一目的出发,适时推出了"外国翻译理论研究丛书",其中的《当代美国翻译理论》①,以开阔的文化视野,将翻译研究置于一个开放、多元的文化层面去审视,对我们认识翻译活动的本质,客观评价翻译的作用,探讨翻译在文化碰撞与交流中所采取的策略,促进中西方文化交流,具有重要的启迪意义。

在很长一个历史时期内,翻译往往被看作一种艺术,一种文字符号的转换活动,对翻译的研究,在很大程度上,也常被局限于技的层面。《当代美国翻译理论》的作者郭建中教授长期从事翻译理论研究,他在掌握美国翻译理论研究三十年来的基本成果和资料,

---

① 郭建中.当代美国翻译理论.武汉:湖北教育出版社,2000.

了解其现状,把握其趋向的基础上,以翻译文化观为基点,对多元文化语境中的美国翻译研究进行了系统而有重点的研究与评介。郭建中指出:"最近二十多年来,翻译研究中出现了两个明显的趋向。一是翻译理论深深地打上了交际理论的烙印;二是从重视语言的转换转向更重视文化的转换。这两种倾向的结合,就把翻译看作是一种跨文化交际的行为。"①

战后的美国社会,多元文化并存,各种思潮迭起,出现了一系列新理论,诸如符号学、接受美学、解构主义、新批评等。而作为文化交流活动的翻译,不可能不受到这些新思潮、新理论的特别关注。在《当代美国翻译理论》中,作者以一章的篇幅,对美国早期的翻译理论研究进行了一番梳理,指出美国早期的翻译研究在很大程度上继承了欧洲的翻译理论的传统。但同时,特别是在20世纪60年代以来,在美国,随着"美国中心主义"受到质疑与批评,翻译活动被置于了一个新的文化语境中加以研究,而上述的各种新理论,对翻译活动进行了新的定位,为翻译研究打开了新的视野。《当代美国翻译理论》共十一章,作者以绝大部分的篇幅,对美国翻译理论的新发展进行了系统的评介,其中的"阐释学与翻译研究""新批评与翻译研究""解构主义与翻译研究""文化与翻译"等章,从各个角度,对翻译研究的新视野、新趋势与新观点作了分析与研究。通过作者对美国翻译理论研究状况的梳理与分析,我们至少可以得到如下启示:一是对翻译认识的提高,"翻译促进各国和各民族之间的相互了解和交往,促进文化的交流,而且,翻译也是发展人类文明的重要手段"②;二是翻译研究为哲学、美学、比较文学和文化研究提供了重要的参照和新的角度;三是翻译研究以历史

---

① 郭建中.当代美国翻译理论.武汉:湖北教育出版社,2000:135.
② 郭建中.当代美国翻译理论.武汉:湖北教育出版社,2000:320.

悠久、不断发展的翻译实践为坚实基础,顺应了人类各种文化对话与交流的需要,在不断吸收各种理论精华的同时,自身必将得到更系统的发展;四是当今世界翻译研究各派理论纷呈,这应该是值得鼓励的好事,我们的研究,应该取长补短;五是翻译理论要发展,必须要对翻译实践起到指导作用。在一个开放、多元的文化语境中,翻译要始终不忘自身的使命:致力于沟通与理解,而翻译理论研究,要有利于促进翻译事业,有利于促进各民族、各种文化之间的对话与交流。

2000 年 9 月 30 日

译学探索的百年回顾与展望

——评《论信达雅——严复翻译理论研究》

　　在 20 世纪即将结束、21 世纪就要到来的世纪之交,各个学科都毫不例外地在回顾自己所走的路,总结学科建设的经验,对 21 世纪的自身发展进行思考与展望。我们译学界也同样在做这样的努力,《中国翻译》新年开辟的"21 世纪中国译学研究"栏目就是一个明证。

　　当我们冷静地回顾、思考、检点中国译学百年来所作出的种种努力,梳理其发展的脉络,探索其成败的奥秘,总结其建设的得失时,当我们试图追寻中国译学探索的百年踪迹,在世纪末的思考中对 21 世纪译学发展提出自己的想法、观点或构建出真正意义上的译学体系时,我们不能不把目光投向近代意义上的译学开创者——严复,不能不去探究严复所提出的"信达雅"之说何以具有永久的生命力,不能不去思考他为我们的译学发展所建立的奠基性的功勋。最近,我们欣喜地读到了译界前辈沈苏儒先生对严复"信达雅"之说进行探索的系统性成果——《论信达雅——严复翻译理论研究》。

　　《论信达雅——严复翻译理论研究》共七章,分别为"绪言""严复的'信、达、雅'说""名家对'信达雅'说的评价及各种新说""在我国流传较广的几种外国译学学说""从翻译的本质看'信、达、雅'"

"从翻译的实践看'信、达、雅'"和"继承和发展'信、达、雅'学说"。从章节的安排,我们不难看到作者撰写此书的基本思路。作者明确指出,他的这一研究分四步走。第一步,正本清源,以期对严复"信达雅"说的本意以及与之有某种传承关系的古代佛教译论有一个正确的认识。第二步,把几十年来对"信达雅"的评论,无论是肯定的、基本肯定的,还是基本否定的、完全否定的,集中起来,加以检讨,以弄清楚两个方面的问题:(一)在"信达雅"说百年历史中,其主流是有益于我国翻译事业的发展和翻译水平的提高,还是"给我们的翻译事业带来莫大的危害并实际造成无法估量的损失"?我国几十年来多数翻译工作者和翻译理论研究者对这个问题的答案是什么?(二)在对"信达雅"说的评价中存在着什么问题?怎样才能使研究深入一步?第三步,把目光移向国外,看看外国各家译学理论研究中确立的翻译原则是什么?同"信达雅"有无或有何相通之处,从而有无融合的可能?第四步,在国内外翻译理论研究的启示下,探讨翻译(translation)的本质和翻译实践(translating)的过程,并与"信、达、雅"说相印证。从上面的研究步骤,我们可以看到,作者以严复的"信达雅"说为研究对象,以阐释、梳理严复的翻译思想为基础,但不囿于严复的学说本身,而是以强烈的理论意识和开阔的学术视野,通过百年来国内译界对"信达雅"之说的各种评价与新说的检阅与审视,"探索其生命力之所在,找出其'合理的内核',予以继承,加以发展"①;同时通过与在我国流传较广的几种外国译学学说的比较,将严复的"信达雅"之说置于一个国际学术的大背景下进行剖析,以阐明中外译学研究在一些基本的、带有共性的问题上的相通之处,并揭示出严复的翻译原则根植于中华文明沃土,具有其独创性和特殊的意义。然而,理论的阐发与梳

① 沈苏儒.论信达雅——严复翻译理论研究.北京:商务印书馆,1998:11(序言).

理,学科的建设与发展,并不是终极的目的,作者从文化交流的根本目的着眼,就严复翻译理论对翻译实践和跨文化交流活动的指导价值进行了分析,具有独到的目光。现在,让我们跟随作者的思路,看一看这部世纪末思考的译学论著到底给我们以怎样的启示,能引发我们怎样的思考。

细读全书,首先我们可以深切地感受到作者具有强烈的历史使命感和自觉的理论追求。他在"绪言"中明确指出,对严复"信达雅"的研究是"作为建设我国现代翻译理论体系的努力的一部分"。早在 20 世纪 90 年代初,沈苏儒先生有感于我国译学建设的种种模糊认识,以及译学研究"人自为战""兴之所至""你说你的,我说我的",既无规划,也无课题的自流状态,对我国译学研究难以深入发展的原因进行了分析,指出"翻译理论建设未能得到翻译界内部、社会各界和政府有关部门的足够重视""在翻译理论建设的方向问题上尚未达成共识""在整个翻译研究工作中缺乏必要的组织保证和后勤保证"这三大原因是造成译学研究停滞不前的主要障碍,而最根本的,还是我国翻译理论建设的方向问题。我们应该看到,这几年来,由于译界同仁的共同努力,沈苏儒先生指出的第一条和第二条已经有了改观,但是,他所提出的译学建设的方向问题,仍然是我们应该思考、加以探索、期待解决的根本性问题。这一问题,涉及如何对待、如何继承中国文化遗产和传统译论的一面,也涉及如何借鉴、如何吸收、如何融合外国译学的优秀成果的一面。在《论信达雅——严复翻译理论研究》中,沈苏儒先生的态度是明确的,观点是积极的。他指出:"历史也已证明,把外国的译论'照搬'进来并力图取代中国传统译论的做法是无效的,行不通的。"①"我们的任务就是要在严复开辟的道路上继续前进,去创立

---

① 沈苏儒.论信达雅——严复翻译理论研究.北京:商务印书馆,1998:147.

和发展一个完整的理论体系。在这样做的时候，我们必须从外国已有的译论研究成果中去吸取营养。"①

确定了译学研究的大方向，自然也就为译学研究的方法和途径确立了一个前提："中外译论应融合而非相互排斥。"这一主张拓展了研究的视野，在研究的方法上由于借鉴了国外译学研究的有益成分，也得到了丰富，向科学性与系统性迈了一大步。沈苏儒先生研究严复的翻译思想与理论，没有牵强的附会，也没有武断的结论，没有东拼西凑的资料堆砌，也没有浮光掠影的随意发挥。他采取的是历史观照与中外比较的方法，正如罗新璋先生在序中所说，沈先生"以严复译论为目标，纵的方面古今衬映，横的方面中外比照，善发议端，精于持论"。我们发现，沈苏儒研究严复，并非狭义的研究，不是就严复的"信达雅"谈"信达雅"，全书始终体现了一种开放的精神。从对"信达雅"之说的历史渊源的追溯，到"信达雅"之说的学术内涵的发掘，从"信达雅"之说与外国译论的相互参照与阐发，到对"信达雅"之说合理内核的探幽与价值体系重建，作者的学术视野是十分开阔的。在整个研究过程中，他始终注意两点：一是现在的世界已随信息时代的到来而成为"地球村"，翻译已渗透到人类物质生活的各个方面和精神生活的诸多领域，所以"必须从广阔的视野来看翻译，而不能仍然只在语文学或语言学的框子里打转。翻译的原则必须适用于各行各业各种翻译，才能真正具有普遍意义"。二是理论来源于实践，又作用于实践，所以理论应该密切结合实践和实际②。作者是这么说的，也是这么做的。开阔的视野与务实的精神相结合，构成了这部研究专著的突出特点之一。作者旗帜鲜明地指出：理论应该是平易近人的，而不应该是

① 沈苏儒. 论信达雅——严复翻译理论研究. 北京:商务印书馆,1998:148.
② 沈苏儒. 论信达雅——严复翻译理论研究. 北京:商务印书馆,1998:293.

无数高深玄妙的学术名词的聚合，使人望而却步。在研究的学风方面，沈苏儒先生无疑给我们提出了一个警示。

全书在理论的探索方面也颇具特色。作者以现代的科学方法对"信达雅"说的"合理内核"进行了深层次的剖析。他从翻译的本质和翻译实践层次两个方面入手，步步深入，就翻译实践所涉及的一些基本问题进行了各个层面的探讨。作者对翻译的本质进行了界定，提出："翻译是跨语言，跨文化的交流。翻译是把具有某一文化背景的发送者用某种语言（文字）所表述的内容尽可能充分地、有效地传达给使用另一种语言（文字）、具有另一文化背景的接受者。"[1]这一界定明确了翻译的任务和实质，也廓清了翻译的过程与基本内容。作者首先强调了翻译是"交流"。他指出，我们研究的翻译是一种社会行为，因此，翻译研究不能囿于两种语言转换的语言层面的研究，而应着重于研究如何通过语际转换达到传达信息的目的，要把翻译的主体和客体结合起来进行研究。作者认为，只要强调翻译的交流本质，使翻译的原则与必要的技巧服从于交流这个目的，就不会再孤立地进行"直译""意译"之争了。出于同样的道理，由于翻译是交流，而交流的具体内容，对象、层次、作用不同，因此翻译的手段（方法）在不背离原作和符合译入语要求这两个大前提下，应该允许（有时是必须）有所不同[2]。作者从本质认识入手，明确指出，翻译"如果背离了原作，就失去了交流的本体；如果不符合译入语要求，就不可能达成交流的目的"。而谈到交流，最本质的是文化的交流，作者深入地探讨了翻译与文化的关系问题，以语言与文化的关系为切入点，对翻译的任务和使命进行了界定，并从翻译实践的层次，对共时的、微观的和历时的、宏观的

---

[1]　沈苏儒.论信达雅——严复翻译理论研究.北京:商务印书馆,1998:156.
[2]　沈苏儒.论信达雅——严复翻译理论研究.北京:商务印书馆,1998:159.

跨文化交流问题进行思考与剖析,以揭示翻译的本质障碍,探索在文化交流这个大前提下克服障碍的可行手段。特别是通过对可译性与不可译性这一翻译基本问题的分析、论证与阐述,指出任何一种与特定文化密不可分的语言既有可译性,又有其不可译性,"可译与不可译"呈"辩证关系,在可译性中有不可译性,在不可译性中有可译性"①。作者认为从本质上说,"等值"或"等效"的翻译只是一种理想,但这一认识绝不是要减轻翻译工作者的责任心和使命感。"相反,正因为我们清醒地认识到翻译作为跨语言,跨文化交流的困难和意义,我们就更应知难而进,充分发挥主观能动性和创造性,以很好完成这一交流任务。另一方面,我们在研究翻译的原则(标准)时也应该本着实事求是的态度,一切从实际出发,这样的研究结果才有可能指导实践,才有意义。"②以这个标准来衡量,进而结合翻译的本质来审视严复的"信达雅",就不难看出严复提出的这些翻译原则何以具有生命力,那就是它们符合翻译实际的需要③。

"从翻译的实践看'信、达、雅'"这一章写得颇见作者的理论功力和学术素养,作者从"翻译实践过程中的三阶段"的剖析入手,对严复的"信达雅"之说进行了实践层次的检验和理论层次的阐发。作者认为,严复所说的"信",首先说的是理解阶段,因为只有深刻全面地理解了原文,才谈得上"求其信"。严复具体指出了在理解阶段的三个通病:"浅尝""偏至""辨之者少",有此三病就不能"信",自然也就不能"达"。严复把"信"和"达"看作互为条件,"信"固然是重要的,"顾信矣不达,虽译犹不译也,则达尚焉"。理解了而不能表达或表达得不好,那么对翻译来说,理解就是空的。严复

---

① 沈苏儒.论信达雅——严复翻译理论研究.北京:商务印书馆,1998:189.
② 沈苏儒.论信达雅——严复翻译理论研究.北京:商务印书馆,1998:196.
③ 沈苏儒.论信达雅——严复翻译理论研究.北京:商务印书馆,1998:196.

的这一观点与翻译过程的理解与表达这两个阶段的关系的分析是一致的。作者进而指出,而"信达之外,求其尔雅""就是我们所说的使译文完美的第三阶段",严复"十分重视这个阶段,以期行远,也就是我们所说的提高译文的文字水平,以提高译文对译文受众的可读性和可接受性"[①]。作者的这些分析是中肯的,也是有相当说服力的。

通观全书,我们可以发现作者的研究有着明确的指导思想,那就是重继承、倡融合、贵创立、求发展。作者是这么想的,也是努力身体力行:注重中国传统译论的继承,提倡中外译论的融合,贵在创立自己的理论体系,寻求译学的更大发展。在这个意义上说,沈苏儒先生的《论信达雅——严复翻译理论研究》不仅仅如罗新璋先生所评价的,是"我国第一部研究信达雅的综合性总结式专著",更是为加强我国译学建设指明了一个努力方向,开辟了一条可行的探索之路。

1999 年 2 月 15 日

---

① 沈苏儒.论信达雅——严复翻译理论研究.北京:商务印书馆,1998:240.

在继承中发展

——纪念《天演论·译例言》刊行一百周年

  1898 年,是中国翻译史上值得特别纪念的一年。这一年,严复(1854—1921)翻译的《天演论》以单行本(湖北沔阳卢氏慎始基斋木刻本)问世,同时刊行的有他的《天演论·译例言》,这是对中国的翻译具有重大意义的两件大事:就实践而言,严复作为"西洋留学生于翻译史上有贡献之第一人","介绍西洋哲学至中国之第一人",以其《天演论》的翻译对中国近代社会所产生的巨大影响,为翻译确立了不可忽视的地位;就理论而言,严复作为"发明翻译而籍必遵照信达雅三个标准之第一人"(见王森林《严复先生评传》),以其《译例言》中对译事奥旨的明察与发掘,对翻译之道的高度概括,开了近代"译学"之先河,为翻译的理论研究打下一个坚实的基础。在《天演论》汉译本及其《译例言》刊行一百周年的今天,当我们再回过头去看看中国翻译所走过的世纪历程,我们会发现一个世纪以来,伴随着中国社会、经济、文化、政治大变革的各个翻译高潮阶段,严复的翻译精神在不断地发扬光大,在某种意义上,它体现了我们中华民族在新的历史阶段敢于接纳外来文化,与世界沟通的一种追求、一种气度,而严复的翻译思想与理论影响深远,显示出其强大的生命力。

  我们知道,一个世纪以来,以严复的翻译和翻译学说,一代又一代学人、译家给予了高度的评价,进行了中肯的分析,也发表过不同的看法,我们在此无意再重复梁启超、蔡元培、鲁迅等一代宗师对严复的各种评说,我们也不奢望对严复的翻译思想有更新的认识、理解与阐发,但作为译界的后学,应《中国翻译》编辑部之约,我们想借《天演论·译例言》刊行一百周年的日子,对我国近代"译学"之父表示我们的一份纪念和敬意,并结合研究的继承与发展问题,谈一谈我们学习严复的翻译学说的一点不成熟的认识。

我们说,严复的翻译思想与学说的影响是深远的,但其原因何在呢?对这一问题,我们似可以从以下三个方面来认识。

一、从直觉到自觉到自律

翻译作为一项实践活动,不少人认为它的成功与否,成就大小在很大程度上取决于译者本人对出发语和目的语两种语言的驾驭能力。长期以来,在很多人看来,翻译为一种纯粹"直觉性"的语言转换活动,译者完全凭自己的直觉,凭自己的语言感悟力和表现力,凭自己的灵感进行翻译,而对翻译中所涉及的因素,对翻译的种种障碍,对翻译的目的与要求,缺乏一种自觉的认识。这种状况是普遍存在的,法国翻译理论家安托瓦纳·贝尔曼在《异域的考验——德国浪漫主义时代文化与翻译》一书中也指出了这一问题,它表现了翻译活动的某种盲目性,在某种意义上说,是不利翻译水平的提高的。而严复的信达雅三难说,就译者本身而言,突破了这种直觉而盲目的翻译状况,表现出了译者主体意识的觉醒和对译事的自觉追求。"译事三难信达雅",他开宗明义,一语中的,从译事之难入手,明确翻译之追求,进而知难而进,将信达雅之三作为"译事楷模"提出来,当作译者的一种奋斗目标,并且身体力行,从自觉到自律,尽可能往这三个方向努力,为"一名之立"而"旬月踟蹰"。从实践层面来看,尽管后人可以拿严复提出的"信达雅"来评论严复自己的译品,人们也可以发表议论,说信达雅既然做不到,又何必拿它作标准,但是,严复的可贵之处,其学说的价值之一在于:只有明确了翻译的困难之所在,才能发挥译者的积极性,寻找克服障碍的各种有效的途径,向翻译的理想靠近。人类并不因为世界上没有完人,不存在纯粹的真善美,就放弃对真善美的追求。克服翻译的盲目性,对翻译有着一种自觉的认识和要求,并提出明确的标准来规范自己的实践,严复迈出的这一步,正是走向翻译的必然王国具有历史意义的一步。

二、从译技到译艺到译道

翻译,常被人视作一种雕虫小技,而对翻译的认识与探讨,也多停留在技的层次,如严复所说的"斤斤于字比句次",就是一般译人采用的一种典型技法。而若译人只处于译技的层次,对翻译没有一种本质的认识,那就不可能触及译事的奥旨,在实践中往往成为原文语言的奴隶,拜倒在原文脚下,亦步亦趋,不敢越雷池一步,难有自己的创造自由。这种束缚,正是源自于译者本人缺乏对译事奥旨的宏观把握。而要走出技的层面,进入翻译艺术的王国,在翻译本质所赋予的自由空间中有所作为,就需要对翻译之道的探求与领悟。严复的信达雅之说,正是顺应了众译家们这一走向翻译艺术之国的追求。他基于对译事的深入思考,对译术的深刻认识,探译事之奥旨,抉择事之精义,试图揭示翻译之道。而他提出的信达雅,以"信"为翻译之本,兼达兼雅,三位一体,正是他对翻译之道探索的积极成果。

三、从经验到理性到科学

乔治·穆南在被西方译界奉为译论经典的《翻译的理论问题》一书中,曾为译学研究相对于翻译实践的落后状态表示了极大的遗憾,认为在 20 世纪之前,涉及翻译的文字大多为经验之谈,缺乏理性的思考,更少有科学的探索。乔治·穆南持的这一看法是基于对西方译史的考察。如果说乔治·穆南的这一评价大体上也适用于中国译界情况的话,那么,从严复开始,则可视为中国翻译理论史上从经验之谈走向理性思考的一个重要标志,而理性思考的不断深入和系统化,必然导向科学。正是在这个意义上,罗新璋先生在《我国自成体系的翻译理论》一文中指出,严复的《译例言》,开创了中国近代翻译学说之先河。

严复对翻译的理性思考突出地表现在以下几点:一是对信达雅三者主次先后关系的辩证认识;二是这三个字,是吸收了他之前的翻译各家,特别是佛经译家对翻译思考的积极成果,根据"译事的内在规律和关系排列组合,明确而自觉地将它们作为'译事楷模'(即标准)"[①]提出的;三是"雅"的标准的提出,表明了他的鲜明的翻译立场,体现了他对翻译服务对象、翻译目的的明确定位;四是对出发语与目的语差异的清醒认识与对比分析;五是根据翻译对象、翻译目的而采取的相应的翻译策略。从中,我们不难看到严复穷译事之理,探译事之道的强烈意识。

严复对中国的译论发展所做的贡献以及他的翻译学说本身所具有的理论价值和深远影响,我们以上的三点认识自然是不全面的,它们是粗浅的,甚至是片面的。我们想强调的,是严复对翻译

---

① 陈福康.中国译学理论史稿.上海:上海外语教育出版社,1992:119.

探索的精神,是他对中国传统译论的继承与发展的精神。在这个世纪之交的历史时刻,我觉得,我们要发扬的正是这种精神,在继承中求发展,为译学建设贡献我们的力量,作为我们对严复的最好纪念。

1998 年 12 月 4 日

从"全译"到"变译"

——《变译理论》与翻译观的革新

中国翻译史上有种独特现象,精通外文深谙中国文化的严复称其西方社会科学译作为"非正译",具非凡文学才能的林纾与精通外文者合译的一百多部译作通常被认为是非真正的译作,却对中国文学和文化有独到的价值,成了一道奇异的风景线。如何从文化传播的角度看这类翻译现象,就需要我们更新翻译观念,换一换研究视角,创立新的理论。

不论在国内,还是在国外,这类翻译现象常常被人忽视,甚至被视为异类,被打入冷宫,被扔进废纸篓。其后果十分严重:因得不到准确理解和解释而导致研究的偏误,与翻译研究的新拓展失之交臂。令人庆幸的是,一些别具慧眼的学者独辟蹊径,化腐朽为神奇,变废为宝,拭去历史的尘埃,把这类现象定为新的理论研究对象。黄忠廉的新著《变译理论》①便是这一研究的集中代表。

变译现象于我并不陌生。1985 年 7 月香港举办了"翻译与现代化"研讨会,会上围绕翻译变体(当时尚未提出这一概念),在刘靖之先生和周兆祥先生之间曾有过一次争议。争论的一方是周兆祥博士,周先生赞同改写、编辑、节译、译写、改编等,认为它们与传

---

① 黄忠廉.变译理论.北京:中国对外翻译出版公司,2002.

统的全译同样重要;刘先生则认为译者没有资格去编译、节译、改写、选译,因为译者稍不留神就可能造成断章取义、误译、错译、漏译原著的恶果,贻害极大。

这一争论引起了我的关注,并在有关文章中作了介绍。这一信息也被黄忠廉关注到了。他经过近十年的潜心研究,终于有了收获。1998年黄忠廉对严复的翻译思想进行了系统发掘,写了三篇论文,颇有新意,这算是变译的个案或现象研究;后来,他从现象研究做到规律研究,2000年交由中国对外翻译出版公司出版的《翻译变体研究》对变译作了规律性总结;时不过两年,他于2002年又推出了变译研究系列的第二本专著——《变译理论》,这是原理性研究。从中可以看到他从个案研究到原理性研究这样一条不断深入的探索轨迹。

《变译理论》研究是一种思想创新,它跳出了传统全译观的研究平台。学术创新贵在观念创新,而观念创新又需要一个新的术语体系,因为术语是学术的生命。读完《变译理论》,就会有一种感觉:该书所提出的概念自成体系,而且是一个开放式的体系。我们知道,一个新概念的提出往往对学科的发展具有革命性意义,要展开一种理论,确立一种新观念,更新概念和突破原来的框框是有必要的。他界定了一个核心概念:变译。所谓变译,指译者根据特定条件下特定读者的特殊需求,采用增、减、编、述、缩、并、改等变通手段摄取原作有关内容的翻译活动。以这一新概念为主,再定出11个下位概念,即摘译、编译、译述、缩译、综述、述评、译评、改译、阐译、译写和参译,全书围绕它们而展开。这些概念,有的我们熟悉,但内涵不明,有的似曾相识,但经他一说,才知根底;有的是借用来的,经他重释,赋予了新意。这11种变译方法是经得起验证的方法。

从研究方法论上看,从严复翻译思想重新研究到《翻译变体研究》再到《变译理论》,可以看出他善于从事实中总结出规律,上升为理论。他走的是一条从归纳研究到演绎研究的路子:(1)先研究变译事实,(2)再研究变译规律,(3)再到理论探索,(4)最后落脚于变译实践和变译人才培养的研究,这是一个自我圆通的翻译理论研究。前三者的研究如前所述,第四个环节的研究是他申请并完成的教育部高等学校外语专业21世纪教学内容和课程体系改革项目"俄汉翻译开发教程",这一研究可以调整和丰富现有的翻译人才培养体系。相信这一研究将会应用到英汉等双语互译的教学中去。

《变译理论》还让人明白一个趋势:未来的翻译人才不仅会译,还要会变,会用译语写文章,会信息开发,把翻译放在更高层次上去做。黄忠廉自己有过比较丰富的变译实践,他本人的研究也在努力打破汉语研究与翻译研究的壁垒,努力解决"两张皮"的问题。最近他又做了我国现代汉语语法八大家之一的邢福义教授的弟子,正将汉语研究与翻译研究结合起来,这是一条充满荆棘与创新的研究道路。

《变译理论》是部学术专著,论述严谨,深入浅出,但读起来明白晓畅,很有生气,很有可读性。著书立说就是为了宣传自己的理论,让别人信服,让人看懂。我们欢迎这样的洗尽铅华的学术专著。

在论述中,《变译理论》把国内外有关理论成果的精髓融于其中,我相信还可以更明显地突出与某些译论的联系与区别,正如他在后记中所说的"研究越深入,感到要思考的问题越多:……变译理论的深化问题,变译理论与其他理论的承继与借鉴关系,等等"。

愿"变译"研究与时俱进,不断深入!

原载《光明日报》2002年7月18日

一部具有探索精神的译学新著

——《翻译选择适应论》评析

翻译研究有多种途径,包括语言学途径、文艺学途径、社会符号学途径、交际学途径等,最近,我们又欣喜地看到一部探索译学新途径的著作:胡庚申教授的《翻译适应选择论》[①]。在这部专著中,作者将翻译活动放入"翻译生态环境"中进行重新审视,借用达尔文生物进化论中"选择/适应"学说的基本原理和思想对翻译活动的本质、主体、过程、原则、方法和标准等加以解释,从而探索和建构了翻译研究的生态学理论新途径。

一、翻译探索的新视野

在《翻译选择适应论》的"引论"部分,胡庚申教授开宗明义地指出,"本书是关于译者为中心的'翻译选择适应论'的宏观研究"[②]。杨自俭在《我国译学建设的形式与任务》中曾把翻译的理论研究分为三个层次,一是翻译微观工程技术研究,主要研究口译、笔译和机译的技巧和各种手段,是翻译实践的技术性总结;二

①　胡庚申.翻译选择适应论.武汉:湖北教育出版社,2004.
②　胡庚申.翻译选择适应论.武汉:湖北教育出版社,2004:4.

是翻译中观描述性研究,主要对翻译全过程按时间顺序、研究对象和目的的不同分层次进行描述;三是翻译宏观理论研究,即用哲学家的眼光从本体论、认识论、价值论和方法论四个维度上探讨译学理论在翻译研究中的地位及其和其他学科的关系①。同时,他明确指出,"从我们已有的成果来看大多集中在工程技术层次,描写层次的成果也不多,理论研究的就更少"②。作为一项有着悠久历史的跨文化交流活动,翻译一直以来没有受到理论界足够的重视,已有的研究大多缺乏系统性和理论深度。面对这样的翻译理论发展状况,胡庚申教授勇于选择发展相对薄弱、颇具挑战性的宏观理论问题作为研究课题,力图开拓翻译研究的理论视野、丰富翻译研究的理论途径。那么,什么是翻译理论?翻译理论的内涵是什么?只有澄清这个问题,译学研究才有可能具有普遍性、哲理性、系统性和可操作性。作者在分析了译界对上述问题的相关论述之后,认为"一个相对完备的翻译理论应当同时具备这样一些理论元素:译论立足的哲学基础、翻译实质、翻译过程、翻译原则与方法、翻译与译评的标准,以及对翻译中各类现象和矛盾的解释等"③。正是在这样的理论框架内,《翻译适应选择论》以达尔文的"适应/选择"学说为理论基础,对翻译本质、过程、原则、方法和评价标准等重要问题进行了系统研究和实证分析。

《翻译选择适应论》全书共分七章。第一章"引论",交代了研究的背景、目的、假设、方法和意义;第二章"相关研究评述",对各个学派和不同视角的相关译论研究以及译界对"适应""选择"的认识做了评述和辨析;第三章"翻译选择适应论的哲学理据",阐述了翻译活动与达尔文的"适应/选择"学说的通融性、"自然选择"的基

① 杨自俭.译学新探.青岛:青岛出版社,2002:16-17.
② 杨自俭.译学新探.青岛:青岛出版社,2002:19.
③ 胡庚申.翻译选择适应论.武汉:湖北教育出版社,2004:57.

本原理对翻译过程的解释,以奠定翻译适应选择论的哲学基础;第四章"翻译选择适应论的译者主导",确立了译者在翻译过程中的中心地位,论述了译者的适应机制和制约机制;第五章"翻译选择适应论的解释功能",运用翻译选择适应理论分别对翻译过程、翻译原则、翻译方法和译评标准进行了分析、解释;第六章"翻译选择适应论的实证调查",在理论研究的基础上,从"读者"的视角进行调查,从实证方面对翻译选择适应论的有效性做出了检验和证实;第七章"翻译选择适应论的主体描述",通过验证"引论"中提出的假设,确立了译者为中心的翻译选择适应论的理论框架。

二、鲜明的研究特色

如作者在"研究的背景"一节中所言,之所以选择"翻译选择适应论"这一研究课题,在很大程度上是因为有一种"尝试从新视角探索译论的冲动"。的确,作为一部探索译学新途径的理论著作,《翻译选择适应论》以其鲜明的特色,给译界带来了新的思考,就研究内容、研究方法等方面而言,主要有以下特点:

1. 译者为中心的翻译观。在"引论"部分,作者阐述了研究的目的,其中之一便是"提出以译者为中心的翻译观,彰显译者在翻译活动中的地位和功能,促进译者自律、自重,以便为译者的'译有所为'寻找理论支持,最终确立翻译活动中以'译者为中心的翻译适应选择论'"[①]。可见,作者所探索的翻译的适应选择理论是建立在以译者为中心的基础之上,译者在翻译过程中占据中心地位、具有主导作用,因为"翻译活动中无论是'适应'还是'选择',都是由'译者'完成的——适应,是译者的选择性适应;选择,是译者的

---

① 胡庚申. 翻译选择适应论. 武汉:湖北教育出版社,2004:10.

适应性选择"①,即在翻译操作过程中,一切适应与选择行为都要由译者有意识地做出决定并实施操作。可以说,没有译者中心地位的确立,"适应"和"选择"也就无从谈起。我们知道,在整个翻译过程中,译者作为翻译的主体,即翻译活动的承担者,处于一个非常特殊的位置,一方面他要作为一个肩负特殊使命的读者去理解原作和原作者,并受到一个"巨大的信任的支撑",相信原作中的美"绝非邂逅相逢的效果"②;另一方面,他又必须作为阐释者,通过语言转换,让原作在不同的文化背景中获得新的生命和新的被阐释空间。于是,译者便不可避免地陷入洪堡古老的两难处境:"每个译者必然遭遇以下两种危险之一:他要么过于严格地遵循原文,而牺牲他的读者的爱好和语言;要么过于严格地遵循他的读者的独特性,而牺牲要翻译的作品。"③正因为这样,翻译活动在历经了几千年的历史并一次又一次走向繁荣之时,仍然被比作仆人的工作,服务于两个主人:原作、原作者、异语(第一主人)和读者、本国语言(第二主人)。而译者的悲剧还不仅仅于此,如果他选择了原作、原作者、异语作为主人,渴望能够将其中奇特的东西带入他自己的文化环境中去,那么,对于读者而言,他就有可能成为一个陌生人、一个叛徒,这种"将读者带向作者"(施莱尔马赫语)的企图很可能会失败,译文也许变成一篇艰涩难懂的文字;然而,如果他试图"将作者引向读者"(施莱尔马赫语),而兢兢业业地改编一部外来作品,那么,毫无疑问他将背叛外来作品,当然也就背叛了翻译的本质。也许,译者必须如钱锺书先生所言,入于"化境",即"把作品从一国文字转变成另一国文字,既能不因语文习惯的差异而露

---

① 胡庚申.翻译选择适应论.武汉:湖北教育出版社,2004:97.

② Sartre,J. P. *Qu'est-ce que la littérature*? Paris:Gallimard,1948:68.

③ Berman,A. *La traduction et la lettre ou L'auberge du lointain*. Paris:Editions du Seuil,1999:72.

出生硬牵强的痕迹,又能完全保存原有的风味"①,才算是圆满完成了使命。然而,所谓"化境",毕竟是一种或许可以无限接近但却永远都无法企及的理想境界。撇开译者的文字表达能力不说,单就"理解"层面而言,译者便不可能隐身于原作之后,抹去自身的痕迹,成为读者与原作之间谦逊的中介。因为,从解释学的角度来看,译者对原作的理解与任何一种形式的理解一样具有历史性、主观性和创造性,而原文中也不再只有某个既定的、权威性的意义有待阐明,它所提供的乃是意义的无限可能性及解读、阐释的自由空间。正如伽达默尔在《真理与方法》中所言,"在对某一本文进行翻译的时候,不管翻译者如何力图进入原作者的思想感情或是设身处地把自己想象为原作者,翻译都不可能纯粹是作者原始心理过程的重新唤起,而是对本文的再创造"②。于是,奈达所谓"最接近的自然的对等"也被乔治·穆南驳斥为"一种停止的、试图一次完成的、反辩证法的观点"。基于这样的认识,必须打破译者的传统身份,肯定译者的主体性,或者说,译者作为翻译主体在翻译过程中的主观能动性。实际上,翻译不仅仅是一个静态的结果,更是一个动态的过程,而译者正是这个过程中的决定因素。近年来,有不少翻译理论研究者对译者的主体性加以关注,特别是翻译观受到解释学理论和"后殖民主义"思潮的影响以来,译者主体性的受重视程度大大加强。

然而,胡庚申教授在研究了翻译研究的各个时期和译论发展的不同阶段对译者的态度之后指出:"我们又不无遗憾地看到这样一个事实:对译者中心地位和主导作用的认识并没有因此而发生根本性的变化,译者的职业形象和地位也并没有因此而得到实质

---

① 陈福康.中国译学理论史稿.上海:上海外语教育出版社,1992:421.
② 伽达默尔.真理与方法.洪汉鼎译.上海:上海译文出版社,1999:492.

性的改善。"①翻译研究虽然不再对译者的作用"视而不见",但关
注的程度仍然只是停留在一般的呼吁"正名"阶段,缺乏对"译者背
后的总的原因、机理和特征"的深入探讨。于是,作者特别强调应
当"确立译者在翻译活动的'中心'地位,从机制上、特别是从理论
上真正对译者的'中心地位'和'主导作用'给予明确的定位,并据
此对翻译过程做出新的、全面系统的描述和诠释"②。这不仅是本
书作者研究的初衷,更是翻译界必须认真审视的问题。

那么,"翻译适应选择论"是如何从理论上对译者的中心地位
和主导作用进行定位的呢? 作者避开传统翻译研究中的原文取向
和译文取向两极,从"三元"关系(原文—译者—译文)、诸"者"关系
(作者、读者、委托者、译评者、译文使用者)、译者功能、译品差异、
意义构建、适应选择、翻译实践等不同视角系统、深入地探讨"译者
为中心"的理念、构建以译者为中心的翻译观。更重要的是,作者
并没有停留在上述各个层面和角度的考察,而是力图在深入分析
的基础上进一步从理论上明确译者在翻译过程中的中心地位,把
译者的适应/选择行为从经验的、单一的、本能的层次提升到理性
的、多维的、能动的层次。我们知道,立足于翻译的理论研究,首先
需要明确的问题便是:翻译是什么? 翻译的本质是什么? 当代有
代表性的主要翻译理论都从各自的理论基础、各自的研究角度出
发对翻译进行了不同的定义,例如语言学译论认为"翻译是双语的
语义转换",文艺学译论认为"翻译是原文的艺术再现",文化学译
论把翻译定义为"再现原著文化的语言表现",多元系统译论把翻
译定义为"文学、社会多元系统的互联互动",交际学译论则认为
"翻译即交际"③。在"翻译适应选择论"中,"翻译的本质"这一问

---

① 胡庚申.翻译选择适应论.武汉:湖北教育出版社,2004:53.
② 胡庚申.翻译选择适应论.武汉:湖北教育出版社,2004:54.
③ 胡庚申.翻译选择适应论.武汉:湖北教育出版社,2004:33-34.

题同样得到关注，并首次将"译者为中心"的翻译理念明确体现在翻译的定义之中，将翻译定义为"译者适应翻译生态环境的选择活动"①，也就是说，翻译即适应和选择，而适应和选择的主体是译者。作者进一步解释，这里的"翻译生态环境"指的是"原文、源语和译语所呈现的世界，即语言、交际、文化、社会，以及作者、译者、委托者等互联互动的整体，是译者和译文需要适应的多种因素的集合"②。由此可见，在本书中，作者不仅把译者置于动态的翻译过程中加以考察、研究，在理论上确立其中心地位，更进一步从译者能动性的角度对翻译进行了生态学研究途径的定义。

2. 以"适应/选择"论为中心、贯彻始终的研究体系。在《中国译学理论史稿》的"引言"部分，陈福康曾指出，"翻译理论本身是一个综合的、开放的系统，它与许多学科与艺术的门类息息相通，从语言学到文艺学、哲学、心理学、美学、人种学、社会学乃至数学、逻辑学和新起的符号学、信息学等等，都有关系"③。确实，近年来，翻译学作为一门新兴的、不断发展的学科越来越显示出综合性和跨学科性，在陈福康先生的上述列举中我们还可以加入文化学、传播学、后殖民研究、女性主义研究，甚至环境主义学说等，许多学者也积极尝试从不同学科的理论途径对翻译活动进行研究。如杨自俭先生在"序"中所言，《翻译适应选择论》正是"属于借用不同学科理论来创建新的译学理论系统的研究模式"④。在"引论"中，作者指出，"本课题的研究目的，在于试图找到一种既具有普适的哲学理据、又符合翻译基本规律的译论范式"，具体来说，就是"借用达尔文生物进化论中'适应/选择'学说的基本原理和思想，从'自然

---

① 胡庚申. 翻译选择适应论. 武汉：湖北教育出版社，2004：16.
② 胡庚申. 翻译选择适应论. 武汉：湖北教育出版社，2004：174.
③ 陈福康. 中国译学理论史稿. 上海：上海外语教育出版社，1992：2-3.
④ 胡庚申. 翻译选择适应论. 武汉：湖北教育出版社，2004：2.

选择''适者生存'理论的视角出发,利用作为人类行为的翻译活动与自然法则适用的关联性和通融性,探讨翻译活动中译者适应与译者选择的相互关系、相关机理、基本特征和规律"①。可以看出,作者尝试借用达尔文进化论中的学说和原理,从生态学角度来描述和解释翻译现象,探索翻译研究的新范式。然而,作为"人类有史以来最重大的科学发现之一"的进化论毕竟属于并列于社会科学和人文科学的自然科学范畴,虽然一百多年来该学说的理论影响已经远远超出了生物学本身,渗透到人类社会发展的各个领域,包括人文领域,但它究竟是否可以被引入翻译研究,或者说,把它引入翻译学是否能对翻译活动中的现象进行解释并发现新的问题,真正从理论和实践两方面成为翻译研究的新领域?抑或只是"为赋新诗强说愁",牵强地套用所谓的新理论、新的学科途径,而并不能切实起到促进翻译学发展的作用?我们必须承认,"虽然有许多文章都强调要重视从相关学科中吸收新的理论与方法,但大都只是提提而已,很少有人从哲学、文化学、心理学、社会学、美学、认知科学等学科中借来新的理论与方法进行系统研究,发现新的问题,开拓新的研究领域"②。本书作者也充分意识到这样的情况,并从两个方面力图避免上述问题。首先,从理论上奠定"翻译适应选择论"的哲学理据。我们知道,达尔文的巨著《物种起源》内容非常丰富,而生物进化论从内容上看又包括生物变异、生存适应和物种进化三个最基本内容。但作者并没有不加鉴别地全盘照搬"生物进化论"的全部理论,而只是合理地借用了该理论中"关于生物体对环境'适应'和环境对生物体'选择'的基本思想和原理",对"翻译过程中译者如何适应翻译生态环境和译者如何进行选择性

---

① 胡庚申.翻译选择适应论.武汉:湖北教育出版社,2004:9-10.
② 杨自俭.译学新探.青岛:青岛出版社,2002:19.

适应与适应性选择"等问题进行重点研究,因此,仅与"选择""适应""生存""淘汰"等观念密切相关,而"与特定的'物种进化'和'生物变异'等关系不大"①。这一理论基础的奠定为"翻译适应选择论"的构建进行了充分、合理的理论准备,同时也体现了作者的一种选择。其次,为了回答"适应/选择"学说是否真正对翻译研究具有借鉴性,作者在"引论"部分提出了三个假设:(1)达尔文的"适应/选择"学说能够用来解释翻译活动;(2)作为翻译选择适应论的核心内容,"译者为中心"的翻译观能够体现翻译的实际;(3)译者为中心的翻译适应选择论对翻译活动和翻译现象具有解释力,在实践上具有可操作性。假设提出之后,作者对他们分别进行了专题论证,首先,将生物对环境和生活条件的适应与选择转化为译者对翻译生态环境(即社会与文化环境)的适应与选择,对"适应/生存"论述与翻译活动的通融与类比加以分析,指出翻译即适应与选择,具体来说,就是翻译即"译者的一种自觉或不自觉的、被翻译生态环境因素所左右的选择活动"②。其次,分析指出译者在翻译过程中"以翻译生态环境的'身份'具体实施对译文的选择,最终产生译文"③,在翻译活动中具有主导作用,并强调译者的适应机制和制约机制,对"译者为中心"理念中的译者行为加以限定和制约,从而进一步加强了译者为中心的翻译选择适应论的可行性。再次,运用翻译选择适应论对翻译过程、原则、方法和译评标准进行解释,凸显"适应/选择"理论对整个翻译活动的解释功能以及在实践中的可操作性。最后,在"假设—求证"过程之后,作者在第七章中再次对假设的验证结果进行综述,表明译者为中心的翻译选择适应论适用于翻译活动,能够体现翻译实质并解释翻译本体。可以

---

① 胡庚申.翻译选择适应论.武汉:湖北教育出版社,2004:66.
② 胡庚申.翻译选择适应论.武汉:湖北教育出版社,2004:76.
③ 胡庚申.翻译选择适应论.武汉:湖北教育出版社,2004:100.

说,作者紧扣达尔文生物进化论中与翻译活动相通融的"适应/选择"学说,通过"假设—求证—结论"的层层深入过程对翻译的本质及其主要内容进行了理论性、系统性的分析、论证,表明译者为中心的翻译选择适应论是一个创新的、富有建设性的译论架构,是对译学研究新途径的有益探索。

3. 归纳、实证的研究方法。除了内容上值得我们思考之外,《翻译选择适应论》在研究方法上让人耳目一新。长期以来,由于文化背景和思维方式的原因,"我国传统的翻译研究中比较习惯使用的方法带有浓厚的中国文论方法的色彩,主要特点是重体验,重悟性,重辩证的融汇整合……而西方学术传统中思辨式研究的重逻辑和实证式研究的重证据,都很讲究论证的过程,这却正是我们的弱项"①。翻译本身是一门具有开放性的学科,学者们在研究过程中已经意识到要充分借鉴西方的研究成果,以加快中国翻译研究体系的建立。但借鉴西方的研究成果应该包括理论成果和治学方法两部分,因为"缺乏严格的论证习惯、缺乏科学的研究方法训练对我国翻译研究的进一步发展已经形成了障碍"②。本书作者显然充分认识到这一点,并有意识地对课题进行了例证分析、调查实证及借助数据、图表等形式的"重逻辑""重证据"的实证研究。作者在论证过程中对当代主要译论比较、翻译适应选择论与其他理论的不同视角比较、从翻译研究看对译者主导行为的重视程度、从对译者身份态度看译者研究的发展阶段、"适应/生存"论述与翻译活动的通融和类比、译者在翻译活动中的中心地位和主导作用、选择适应论的翻译过程、"自然选择"的译文产生过程等内容的阐

---

① 杨晓荣.工欲善其事,必先利其器——《路线图:翻译研究方法入门》评析.中国翻译,2003(6):36.

② 杨晓荣.工欲善其事,必先利其器——《路线图:翻译研究方法入门》评析.中国翻译,2003(6):36.

述和分析均有图表加以说明，使研究思路清晰明了，整个论证过程前后照应、井然有序，使立论和论证缜密严谨而富有逻辑性。这样的研究方法是具有方法论意义的。此外，作者还对中国大陆、中国香港和中国台湾的翻译研究专家学者和翻译专业的师生开展了问卷调查，以收集他们对翻译选择适应论相关研究的意见和看法。调查的对象主要是三地著名高校翻译专业的高年级本科生和硕士、博士研究生，以及专业译员和译论学者，总人数将近两百人。调查涉及的内容主要有三点：一是翻译理论学者和翻译学师生对"整合适应选择度"较高的译文的认同程度；二是对照"预期"的"整合适应选择度"较高的译文，观察能够表明翻译适应选择论的解释性和可操作性的基本情况。三是受试者对"整合适应选择度"较高的译文的认同程度在人员、地域等方面的特征及其相关性。同时，各项调查在译例选择的原则和标准上体现出以下特点：以笔译为主，兼顾口译；以文学题材为主，兼顾经贸、科技、政治、新闻等；以当代译本为主，兼顾不同时期的不同版本。此外，作者还对调查可能存在的局限进行了客观分析，并在书后附有整合适应选择度、译文认同程度调查表。这些努力都促使调查具有充分的合理性和可靠的参考价值，从一个侧面对"翻译选择适应论"的构建提供了有力的佐证，既有助于提高该理论的可接受性，也显示出作者严谨、实证的治学态度和学者风范。

综上所述，《翻译选择适应论》没有囿于长期困扰译界的诸如"直译/意译""形式内容""忠诚/叛逆""归化/异化"等种种二元对立中，而是试图使翻译理论"在历经了丰富、细繁的研究"之后，回归到"翻译生态环境"，即社会、文化环境中去对翻译本质、主体、过程及诸多内容进行思考。对于一项不同于以往研究视角的、具有原创意义的理论，虽然可能会有人对书中的某些论述不能完全认同,对作者的观点也可能会有不同意见,但本书作者创建理论的勇气和执着探索的精神是值得充分肯定的。正如杨自俭先生在"序"中所言,本书开创了"译学理论研究的一个新视角",对拓展译学研究的思路、丰富译学研究的途径具有相当的价值。

本文系与刘云虹合作,原载《中国翻译》2004 年第 6 期

"外国翻译理论研究丛书"序

20世纪就要过去了,人类即将迈入新的世纪,在这一新旧世纪的交替时期,无论是自然学科,还是人文哲学社会学科,似乎都无一例外地在作自身历史的回顾,同时在思考新世纪的发展。20世纪,对翻译学科来说,具有特别重大的意义,因为正是在20世纪,尤其是在20世纪60年代以来,翻译研究向系统、科学的方向迈出了决定性的一步,翻译学科在不断发展,在与其相关的学科群中的地位日渐提高。英国比较文学家和翻译研究家苏珊·巴斯奈特在《比较文学》一书第七章"从比较文学到翻译研究"中,相当深入地考察了比较文学与翻译研究之间的关系。她指出:"当人们对比较文学是否可视作一门独立的学科继续争论不休之际,翻译研究却断然宣称它是一门独立的学科,而且这个研究在全球范围内所表现出来的势头和活力也证实了这一结论。"①回顾近二十年来中国翻译界所走过的路,我们可以看到,无论是翻译理论研究,还是翻译人才的培养,都取得了令人瞩目的成就。但是,我们也深切地感到,翻译学科的发展,任重道远。无论是在学科的体制上,还是在翻译研究中,我们都面临着相当大的困难,也存在着一些急需

---

① 谢天振.译介学.上海:上海外语教育出版社,1999.

克服的问题。

在《关于翻译理论研究的几点看法》一文中,我曾就我国近期译论研究的状况、目前译论研究值得注意的问题和译论研究的发展方向提出了自己的看法,其中特别谈到,在目前的翻译研究中,存在着三个方面的倾向,十分不利于翻译学科的发展和建设:一是翻译文艺学派对语言学派的绝对排斥倾向。从最近一些翻译研究和外语教学的刊物所刊载的探讨翻译的文章中,我们特别注意到不少译论研究者明确地阐明自己的译论主张,将自己的观点鲜明地标为文艺学派。在译论研究上,有自己的明确的理论追求和主张,并以此为基础渐渐形成自己的理论体系,建立起自成一体的学派,应该是值得鼓励的事。然而问题是,翻译是一项复杂的活动,涉及多方面的问题,在对翻译的探索中,我们往往处在种种矛盾之中,如艺术与科学的矛盾、形式与内容的矛盾、创作和模仿的矛盾、原作者与译者的矛盾等,这诸多的矛盾使我们的研究也形成了一种二元对立、非此即彼的习惯,翻译的文学学派和语言学派相互排斥,水火不相容。二是中西译论的相互排斥倾向。在许多不同场合,我曾谈到在近十几年来的译论研究中,我们走过一些弯路,如有的研究者一味推崇西方译论,而否定我国传统译论的价值,认为我国的传统译论没有科学的定义和统一的术语,更没有系统性,总之,是不科学的;而另有一些研究者则排斥西方译论,认为西方译论只能指导西方的翻译实践,对我国的翻译实践没有指导价值。目前,这种中西方译论相互排斥的倾向仍然存在,甚至有越来越明显的趋势。我们认为,翻译研究应该与翻译实践相结合,诚如罗新璋先生所说,"任何一种翻译主张,如果同本国的翻译实践脱节,便成无本之木,无源之水,没有渊源的崭新译论,可以时髦一时,终难遍播久时"。但是,翻译作为人类的一项普遍性的文化交流活动,自然会遇到许多带有共性的问题,也会在几千年的翻译实践中积累一些可以相互启发、相互借鉴的经验。在这个意义上说，翻译理论研究不能与本国翻译实践相脱节，并不意味着对别国、别的民族的翻译经验或理论研究成果的排斥。实际上，从我国目前的译论研究状况看，我们对国外的翻译研究成果的了解和研究不是太多了，而是太少了、太片面了。三是翻译研究的片面性倾向。翻译研究涉及面很广，涉及的问题很多，对一些具体问题的专门研究不仅是应该的，而且是必然的。翻译学科的建设并不是一些具体问题的专门研究的简单相加，需要有一种整体的意识，宏观的把握和理论的系统化，不然翻译研究就有可能因支离破碎，缺乏系统化而丧失其科学性。

如何克服这些问题，深化翻译研究，进一步加强翻译学科建设，是摆在每个译学工作者面前的重要课题。近几年来，译界不少有识之士实际上一直在思考这个问题。杨自俭先生多次指出，译界要重视学科理论建设，不要用中国的排斥外国的，也不要用外国的排斥中国的；不要用微观研究排斥宏观研究，也不要用宏观研究排斥微观研究，而是应该在二者的"结合"上下功夫。这里谈的，不仅仅是方法问题，而且是涉及了我国译学建设的方向问题。译学研究要有理论意识、学科意识，这是翻译研究进一步系统化、科学化的认识上的保证。而要在实际工作中，把翻译研究推向深入，势必涉及对中国文化遗产、传统译论如何对待、如何继承的一面，也涉及对外国译学的优秀成果如何借鉴、如何吸收与融合的一面。最近读了沈苏儒先生的《论信达雅——严复翻译思想研究》，沈先生的观点非常明确，态度也十分积极，指出："我们的任务就是要在严复开辟的道路上继续前进，去创立和发展一个完整的理论体系。在这样做的时候，我们必须从外国已有的译论研究成果中去吸取营养。"我很赞同这一观点。我们都知道，翻译研究历史悠久，西方的译论最早可以追溯到古罗马的西塞罗一篇题为《论最优秀的演说家》(公元前 46 年)的文章,我国的译论则以三国时期佛经翻译大师支谦的《法句经序》(约公元 244 年)为发端。在传统的译论研究中,以经验为基础,附有哲学、文化和语言的思考,在对翻译的一些基本问题的思考与讨论中,中西方译论有不少共同点,但由于文化的差异,对翻译的认识、要求乃至标准等,也有相异的地方。在以往的研究中,中西方译论家基本上基于各自的文化传统,注重翻译原则、标准、过程以及具体方法的探讨,更多的是翻译的微观研究,对翻译本质、翻译理论体系、翻译价值等诸多重大问题缺乏交流与沟通。20 世纪 80 年代以来,中外译论家中有部分学者提出译论研究相互交流的重要性,指出在国际文化交流日益频繁的今天,为使翻译研究得以发展成为一门独立的学科,培养跨文化交流的人才,必须在译学领域加强交流,跨越不同的传统与体系,对翻译的诸多重大问题进行比较研究,挖掘翻译的本质内涵,客观认识与正确评价翻译在人类文化交流史中的作用,比较与梳理中西译论对翻译基本问题的思考与研究成果,构建翻译理论的价值体系和翻译教学理论。而"外国翻译理论研究丛书"正是基于这样的认识之上展开的一项基础性的工作。

我们的这项工作,一开始就得到了湖北教育出版社的大力支持。这几年来,湖北教育出版社从文化交流和精神文明建设的高度,为推动中国翻译理论研究,促进中国翻译事业的进步与发展,做出了翻译界有目共睹的贡献,"中华翻译研究丛书"和《中国翻译词典》就是明证。我认真读过丛书责任编辑唐瑾女士在 1995 年 6 月写的那段"编辑的话",她对翻译事业的关心,对译学建设的眼光,特别是随着她所策划和责编的一部部翻译研究著作的问世,使我看到了我国翻译研究和翻译学科在新世纪的希望。所以,当我有意组织国内译界从事外国翻译理论研究的一批专家学者,对外国翻译理论进行系统的研究,以促进中外译论的交流时,我想到了唐瑾女士，写长信跟她谈了课题的研究设想和具体计划，没想到一拍即合。唐瑾女士当即对这一课题的研究加以肯定，提出了一些新的设想，并与我多次商量，定下了编撰"外国翻译理论研究丛书"的一些原则性意见。

首先，我们认为，翻译是人类文化交流最悠久的活动之一，有翻译实践，就必然有对翻译活动的思考、探索与研究。中外译论在长期的发展中，对翻译以及对与翻译有关的一些重大问题都有着各自的认识，有同有异。特别是第二次世界大战以后，在许多国家，翻译理论研究有了长足的发展，形成了各自的特色，如苏联的翻译语言学理论和文艺学理论，法国的释意派理论、翻译诗学理论，德国哲学思辨与文化思考相结合的翻译研究，英国的"翻译研究学派"，美国的多元翻译理论以及加拿大的双语交流与翻译研究等，对我国的译学研究都具有启迪意义。无论是翻译的基本理论、翻译史，还是翻译批评、翻译教学理论研究，都纳入了我们的视野之内。各个国家不同的研究途径、方法，也是我们关注的主要对象。

第二，我们展开这项工作，既出于学科建设的考虑，也是从我国翻译研究和教学的实际工作需要出发。我们看到，目前在国内翻译研究与教学中，国外的翻译研究资料相当缺乏，加之语言的障碍，各语种的翻译研究与教学人员，基本囿于各语种手头有限的一部分资料，对开阔研究视野，吸取外国译论研究的成果，有很大的障碍。"外国翻译理论研究丛书"的编撰出版，既可作为"中华翻译研究丛书"的补充，促进中外译论的交融与发展，也可为从事翻译教学与研究的同行和有志于翻译事业的广大学生提供帮助。

第三，本丛书以借鉴国外翻译理论研究的优秀成果，促进国内译论研究的发展，加快翻译学科的建设为目的，在掌握近四十年来外国翻译理论研究的基本成果和资料，了解其现状，把握其趋向的基础上,按国别,有选择地对国外翻译理论研究的成果作系统的研究与评介,介绍与评论相结合,力求有介绍、有评论、有比较、有分析。

第四,我们的翻译研究要体现一种开放、创新的精神,本丛书为一种开放性的丛书,除了苏联、美国、法国、英国等国之外,德国、加拿大、日本等国的翻译研究也在我们的视野之内,有关成果,将视国内专家研究的实际进展,适时推出。

从我们提出研究课题和设想开始,到研究工作的实际展开,我们得到了国内外翻译研究专家和有关翻译组织、机构和大学翻译系的支持。国际翻译工作者联盟、《巴别塔》与《国际译联通讯》编辑部、国际比较文学学会翻译委员会、法国国际文学翻译中心、加拿大《媒他》编辑部等,给我们提供了宝贵的资料。国际知名翻译理论家奈达、纽马克、巴斯奈特、威尔斯、塞莱丝柯维奇、阿埃瑟朗、让-克洛德·热玛尔和中国翻译工作者协会副会长、中国译协翻译理论与翻译教学委员会主任林戊荪先生、北京大学申丹教授、北京外国语大学王克非教授、南京大学张柏然教授、青岛海洋大学杨自俭先生、上海外国语大学谢天振教授以及香港中文大学金圣华教授、香港翻译学会刘靖之先生和岭南学院的张南峰先生,都以不同的方式,为我们的研究工作提供了无私的帮助,我们在此表示衷心的感谢。但愿本丛书的出版能为我国译学建设和翻译人才的培养起到积极的促进和推动作用。

1999 年 7 月 4 日于南京玄武湖畔南京大学公寓

《当代西方翻译理论探索》序

几年前去法国，在法国国际文学翻译中心读到加拿大学者罗贝尔·拉罗兹的一部著作，题目叫《当代翻译理论》，是魁北克大学出版社于1989年出版的。研读之后，发现书写得不错，对我们中国学者了解西方翻译理论研究的现状和发展趋势很有启发意义，但有个明显的不足，所谓的当代翻译理论，谈的只是西方的，对东方的译论基本一字不提，仿佛当代翻译理论只在西方，而在东方各国无任何翻译理论研究可言。在后来与西方翻译理论家的交流中，我曾以各种不同方式提到该书所反映出的中西方翻译理论界缺乏交流的缺憾，极力主张各国翻译理论研究应该相互了解与借鉴，以促进译学的发展。

这几年，情况有了一些改观，西方翻译理论界渐渐地对中国翻译理论研究发生了兴趣，不少学者以不同的途径了解与研究中国翻译研究的情况。比如法国巴黎高等翻译学院，这几年就在中国留法学生中招收了数位攻读翻译理论方向的博士生，指导他们结合西方翻译理论的成果，对中国传统翻译理论进行系统的梳理和研究，以推进中西译论的交流与借鉴，从新的角度切入，争取译论研究有新的突破。又如加拿大翻译协会和蒙特利尔大学主办的《媒他》杂志与中国同行合作，将在明年推出"中国翻译研究专号"，向世界同行展现中国翻译理论的研究成果。美国、丹麦、比利时、英国等国也有这方面的举措,想进一步推动世界范围内翻译理论研究的交流。

回顾我国翻译理论界近三十年来所走过的路,我们可以基本归纳为这么几个阶段:一是梳理与总结传统的翻译理论;二是学习借鉴西方翻译理论研究的成果,包括研究的方法、手段与思路;三是对中国翻译研究的现状与发展进行深刻的思考和多方面的探索,在总结与借鉴的基础上,通过比较、思考与探索,结合中国翻译的实际,在翻译史、翻译理论史、翻译基本理论、翻译批评、翻译教学等各个领域取得了一系列令人瞩目的成果。

在学习借鉴外国翻译理论方面,我国学者无疑是走在了前列。我国的翻译理论工作者具有开放的精神,近二十年来,在译介外国翻译理论方面做出了很大的成绩,有选择地对不同国家、不同流派的翻译理论进行学习,加以评介,同时,还注意结合中国翻译理论研究的情况进行比较,吸收外国翻译理论的长处,以促进中国译论研究的发展。但我们也应该看到,在这一工作中,我们还有许多事要做,还有许多的不足。比如对外国翻译理论研究的译介不够系统,不够全面:翻译的多,研究的少;零碎的介绍多,系统的研究少;理论术语照搬的多,思想精髓吸收的少,如此种种,确实需要我们的翻译理论工作者进行反思与总结。最近,不少学者提出,应在掌握外国翻译理论大量资料的基础之上,通过与外国翻译理论工作者的各种交流,对外国翻译理论进行系统的研究,真正将外国翻译理论研究的精髓吸收到中国翻译理论研究中来,互通有无,取长补短,以促进翻译学科的发展。我们欣喜地看到,廖七一教授积其十余年的研究成果推出的这部《当代西方翻译理论探索》,正是体现了学习、借鉴与研究的精神,在系统性和全面性上下了功夫,把我国对西方翻译理论的研究工作推进了一步,弥补了以往这一工作中的诸多不足。这是我国学者对当代西方翻译理论第一部系统的研究著作,相信它的问世,不仅可以为我国翻译教学提供珍贵的资料,为研究者拓展新的思路,更可以为中西方译论的交流与对话,为我国译论研究的进一步深入和翻译学科的发展起到推动作用。

1998 年 12 月 10 日于南京玄武湖畔南京大学公寓

《中国翻译教学研究》序

三年前,听说海南大学文学院的穆雷教授以"中国翻译教学研究"为课题,申请到了国家社会科学基金,我的第一个反应是这个课题很有价值,但难度太大了,恐怕难以完成。然而,三年的努力之后,穆雷教授却把不可能变成了现实,当她托友人把二十余万字的书稿从海口带到南京,嘱我过目时,我感到异常惊喜,迫不及待地细细拜读,随手记下一些不成熟的想法和体会,权充作序。

《中国翻译教学研究》的研究思路和目的非常清晰,就我的理解,恐怕可以用"梳理历史、分析现状、立足改革,促进教学"十二个字加以简要概括。法国著名翻译家、翻译理论家安托瓦纳·贝尔曼在《异域的考验——德国浪漫主义时代文化与翻译》一书中谈到:"翻译史的构成是现代翻译理论的头等任务。对自身的反思,就是自身的确立。"读《中国翻译教学研究》,明显可以感觉到作者具有强烈的学科意识。该书上下文由三章组成,分别为"中国翻译教学的发展""中国翻译教学的现状"和"翻译教学的改革"。第一章是对中国翻译教学的历史梳理和反思,其价值是显而易见的:通过对中国翻译教学的历史考察,探寻中国翻译教学的历史渊源,分析中国翻译教学在不同发展阶段所具备的特点,从而给中国翻译教学进行正确的历史定位,明确其自身的发展基础。作者指出,中国的翻译教学历史与中国翻译史及外语教育史是紧密相联系的,而翻译教学在历史上一直是作为外语教学的一个部分，一种手段，基本上没有作为一个独立的学科加以建设与发展。近三十年来，随着译学研究的不断深入与发展，人们对翻译教学有了新的认识，特别是改革开放以来，国际的科学、文化、经济及各个领域的交流越来越频繁，对翻译人才的要求越来越高。在这种背景之下，译学界开始对翻译教学进行反思，建立独立的翻译学科的意识日渐觉醒。作为一个具有强烈学科意识的翻译学者，穆雷在对中国翻译教学历史进行客观梳理的基础之上，指出了中国翻译教学发展滞后的症结所在。她认为，迄今为止，中国还没有严格意义上的翻译教学，而束缚中国翻译教学发展的根本原因之一，就是人们，特别是学科管理与决策部门对翻译学科的本质与特性缺乏科学的、一致的认识，不能对翻译学科进行正确的定位，如 1992 年 11 月国家技术监督局发布了《学科分类与代码》，其中"翻译学"被列为语言学（一级学科）中应用语言学（二级学科）之下的三级学科，跟"语言教学""话语语言学""计算语言学"等并列，致使翻译学科处于尴尬的地位。在实际的学科建设与管理中，翻译学科被迫局限在应用语言学的范围之内，无法得到真正的发展。

穆雷在把握了限制中国翻译教学发展的根本症结之后，站在学科的高度，对中国翻译教学的现状进行了系统而深入的分析，其中涉及了学科建设、课程设置、教材建设、师资培养、教学方法、口译教学、翻译测试、教学研究等八个大的方面。作者没有局限于对上述八方面的基本问题的简单罗列与描述，而是始终抓住"翻译学科建设"这个根本的问题，对涉及翻译教学的主要问题进行了全面的观照与分析，因为只有在对翻译学科进行正确定位的基础之上，认清"翻译学科是一门跨学科的综合性学科"这一本质，把翻译学科作为一门独立的学科加以建设，才能够正确认识目前中国翻译教学在各个方面所存在的问题，客观地评价其成绩，进而指出其发展方向。在我看来,作者正是基于这样的考虑,在"中国翻译教学的现状"一章中,首先就提出了"学科建设"问题,将其单独辟为一节。在这一节中,作者对翻译学科的归属与定位、学科建设的规划与管理、翻译人才培养的机制、翻译理论研究与翻译教学的互动关系、翻译教学的方法论建设等方面从多个角度进行了独到的分析,提出了从事翻译研究与翻译教学的人们所关心的许多问题。我相信这些分析以及她所提出的一些具有建设性的意见,无疑会引发人们进一步的思考和探索。

从作者对与翻译有关的八个方面的问题的分析看,作者是把翻译教学作为一个系统来加以研究的。翻译人才的培养是一个系统的工程。20 世纪 60 年代以来,为适应大规模的翻译人才的培养工作,许多国家相继设立了翻译院系或翻译培训中心,进行系统的人才培养工作,而随着翻译教学工作的深入与发展,提出了不少有关的理论与实践问题,不少直接从事翻译人才培养工作的教师对教学中所提出的一些具有共性的问题进行了深入研究,取得了一系列成果。如法国在翻译人才的培养方面,积累了相当的经验,特别是巴黎高等翻译学校自 1957 年始建以来,为联合国、欧共体和在欧共体基础上发展起来的欧盟以及为法国各行各业培养出了一批批优秀的翻译人才,得到了国际社会的赞誉;在翻译教学理论研究方面,针对翻译教学的性质、特点、目标、方法,进行了较为系统的探索,提出了许多富有启迪意义的观点,总结了可资借鉴的经验。在"中国翻译教学"这个课题的研究中,穆雷表现出了宽阔的学术视野,在对中国翻译教学现状的分析中,她善于吸收外国翻译教学研究的成果,没有孤立地就翻译教学论翻译教学,也没有陷入中国翻译教学所存在的种种问题的纠缠中,而是始终把握翻译教学和翻译人才培养这一系统工程的内在联系,在对涉及翻译教学诸方面问题的客观分析的基础上,总结成功的经验,进行理论的梳理,着力于理论升华,为翻译教学的改革提供理论依据,并提出切实可行的具体建议与措施。

在《中国翻译教学研究》一书中,没有空泛的议论,也没有主观的臆断,每一个观点的提出,每一个问题的分析,都有丰富翔实的资料和多方面的调查作为基础。我曾经跟北京的一位同行说过,恐怕中国也只有穆雷"会"做这个课题的研究。我说的这个"会"字,有两个含义,一个是指她"甘愿"去碰这个难题。就课题的价值而言,无论是理论上,还是实践上,都是不可否认的。但要进行这个课题的研究,难度的确很大。作者在搜集资料,开展调查中,遇到了她难以想象的困难。从书的附录中所提供的"翻译论著书目"(1973—1998)、"翻译教学研究论文目录"(1980—1998)、"翻译专业硕士研究生论文目录""部分外国语言文学博士论文目录"及"外国语言文学学科点情况"来看,要搜集整理这些珍贵的资料,恐怕不是一年半载之功,而是凝结着作者多年的心血。据了解,有的资料,还是作者花"高价"查来的。在我们这个时代,掏自己的腰包,"花5元钱去查一个研究生论文的题目",搜集整理之后,再无私地奉献给译界同行使用,具备这种牺牲精神的学者,如今恐怕不多了。"会"的第二个含义,是指作者具备完成这个课题的能力。穆雷是个有心人,自从1987年从事译学研究以来,一直十分注意搜集各种学术资料,可以说,国内掌握翻译研究资料最多最全的恐怕要算她了。有丰富、翔实的资料做基础,又有强烈的学科意识、敏锐的学术目光、扎实的理论功底、系统的研究方法,《中国翻译教学研究》能成为现实,看来是一种必然了。

去年,我多次参加教育部高等学校外语专业改革讨论会。教育部委托高等学校外语专业教学指导委员会紧抓高等学校外语专业面向21世纪教学内容和课程体系的改革工作,穆雷的这项"中国翻译教学研究"工作做得很及时,很有价值,无疑给中国翻译教学改革打开了一个新的思路,提供了可靠的理论依据,指出了努力的方向,相信我们国家的学科决策与管理部门,翻译研究者和从事翻译教学工作的同行可以从中得到有益的启示。

1999 年 4 月 25 日于南京玄武湖畔南京大学公寓

《翻译学》序

　　学兄谭载喜教授来信,嘱我为他的新著作序。我打开书稿,"翻译学"三个大字赫然呈现眼前,心中为之一振,觉得有话要说,算不上什么序,只是想借谭先生的书,表明一下自己对翻译学的认识、立场和观点。

　　认识谭载喜,是在 1985 年 7 月在烟台举行的中国首届文学翻译经验交流会上。那次出席会议的,绝大多数是老一辈翻译家,正式代表中,只有三四位年轻人,谭载喜是其中一位。会上,谭载喜虽然言语不多,但表现出的翻译理论素养和意识引起了与会者的特别关注。因为都是年轻人,我们之间的交流机会自然要更多些。后来,我们在国内多次翻译研讨会上相逢,一起交流看法,我对他的学术思想和研究重点,也有了越来越深的了解。十多年来,他发表的有关翻译研究的每一部著作、每一篇文章,包括他所编译的奈达的翻译论著,我都认真拜读过,甚至可以说"研究"过。尽管我对他的某些观点,比如对严复的"信达雅"的看法和评价,并不完全赞同,但我认为,在中国近二十年的译学探索中,谭载喜教授是做出重要贡献的。在给研究生开设的翻译理论课中,我曾这样说过:中国新时期的翻译理论研究,是一个不断探索、不断发展的过程。在这个过程中,谭载喜的贡献有二:一是在对外国,特别是对美国翻译理论家奈达的研究基础上,为中国译学研究引进了新的观念、新的方法,拓展了研究的视野;二是对翻译学的建设做了许多扎实的基础性的开拓工作。他以坚定的学科立场和敏锐的理论意识,对翻译学的学科性质、学科内容,以及翻译学的研究目的、范围、任务和方法等重大问题进行了不懈的探索,对翻译实践所面对的语义传达和文化交融等核心问题进行了最系统的理论阐释,对翻译学的健康发展起到了积极的推进作用。在我看来,谭载喜的这部《翻译学》可以说是他在近四分之一个世纪以来对翻译学进行不懈探索的忠实的记录和理性的总结,对每一个关心译学发展的人士来说,无疑是值得欣喜和振奋的。

十几年前,当译界有人大胆地以"翻译学"为自己的一部并不成熟的著作冠名的时候,我曾有过不同的看法;五年前,当我有机会与国际翻译理论界的几位代表性人物讨论翻译学的建设问题时,我对翻译学的前途也有过迷茫的感觉。但五年后的今天,当我们认真审视近二十年来中国译学所走过的路,当我们对法国、加拿大、美国、英国、德国等国家的译学成果和学科发展有了较为深入的了解的时候,我们有理由相信,翻译学的建立,是一个客观的存在,翻译学之路,是一条必由之路。我最近注意到,大连外国语学院的《外语与外语教学》杂志发起组织了一场关于翻译学科建设的大讨论,不少专家和学者发表了观点,我想,那些对翻译学的建设持怀疑、消极甚至反对意见的朋友,如果先读读谭载喜教授的这部论著,也许会有一些新的认识。我赞同谭载喜的观点:"翻译学是研究翻译的学科、翻译学应当享有独立的学科地位"这一命题,就好比"语言学是研究语言的学科、语言学应当享有独立学科的地位"的命题一样,是不应加以怀疑的。我们与其在到底"要不要翻译学""有没有翻译学""翻译学究竟是现实还是'迷梦'"的问题上老生常谈,倒不如把精力放在译学框架内部具体层面的研究上,通过对这些具体层面和具体问题的研究,来充实译学框架的内容与内涵,促进译学理论的健康发展。谭载喜在其著作前言中的这段话,我们可以理解为他对译学建设的一种立场,也可以理解为他对译学探索的一个指导思想和基本思路。读了《翻译学》,我们可以发现,作者正是在这一指导思想之下,做了一项踏实而具有探索意义的工作。全书共九章,第一章为绪论,作者对制约翻译理论发展的诸因素作了概要的分析,以明确译学发展所急需解决的主要问题和译学界应该扎扎实实去做的几项基本工作。第二至四章,分别为"翻译学的学科性质""翻译学的研究途径"和"翻译学的任务和内容",是为翻译学定位、指路,属于宏观的把握。第五章与第六章研究的是"翻译学与语义"和"翻译学与词汇特征",是翻译学对翻译实践所提出的问题必须做出的解答,是翻译理论对实践的指导价值的表示。最后三章,是作者近几年来的研究重点:中西译史译论的比较研究,其目的非常明确,那就是"开阔我们的视野,从别国的经验中摄取对我们有益的养分"。从某种意义上说,作者是想让历史说话,让事实说话,有比较才能有鉴别,作者是要通过比较来明确翻译学的任务和努力的方向。

翻译是人类最悠久的文化交流活动。在世界经济趋于一体化的今天,追求多元的精神与文化价值已成为一种必然。无论在人类的物质生活中,还是在人类的精神活动中,翻译的作用越来越重要。而有翻译,就必然会有翻译的思考。要培养翻译人才,促进翻译事业,增进人类之间的各种交流,不能不对翻译进行研究,翻译学有日益频繁的国际交流和丰富的翻译实践为基础,它的前景是广阔的。但我们知道,一门学科的诞生和发展,就像一个人的成长,需要精心的培育。译学的发展,必有赖于译界同仁的努力,有赖于有识之士的关心和支持。谭载喜的这部《翻译学》,在新千年为我们作了一个良好的开端,相信译界会有新的成果不断问世,为译学的发展,谱写新的篇章。

2000 年 3 月 16 日于南京

《古诗词曲英译论稿》序

　　不久前，上海大学的黄禄善教授来访，谈起他的同事顾正阳先生完成了一部很有意思的著作，叫《古诗词曲英译论稿》，希望我给这部书写个序。写序不敢当，但直觉告诉我这一定是部很有特点的书，很想先睹为快。黄禄善先生很快满足了我的愿望，送来了书稿，我迫不及待，细读全书，读后深有感触，不免想说几句。

　　说到译诗，常可听到诗歌难译或诗歌根本就不可翻译的说法。然而，我们却看到这样一个事实，那就是诗歌的难译和不可译并没有阻碍千百年来人们在不断地翻译诗歌。对于诗歌翻译问题，我曾经有过一些思考，还有幸和诗歌翻译家江枫、屠岸等先生探讨过译诗的问题。如今再读顾正阳先生的《古诗词曲英译论稿》，发现有许多问题值得再进一步思考与探讨。

　　《五十奥义书》上说，人之精英为语言，语言之精英为颂祷之诗，诗之精英为"高声唱赞"。在某种意义上说，诗歌是人类最本质的活动，它最早是一种"唱"，一种"吟"，都是人类情感抒发的特有方式。各个国家、各个民族的诗歌，虽然形式各异，都具有共通的结构和原则，因此，在我看来，无论从理论上，还是实践中，诗歌都应该是可译的。但是，我们又不得不承认，由于诗是内容与形式高度统一的语言艺术，讲究意境和神韵，追求节奏和韵律，在形式方面，给翻译造成了巨大的困难。亦步亦趋译其形，往往难再现其神;而大胆地抛其形,其神韵又往往无可附丽! 于是,在诗歌的翻译上,出现了不同的主张。有人主张"形神兼备",也有人主张神似重于形似。不同的主张,产生了不同的实践。其中的得与失,有心的读者自有明鉴。顾正阳先生没有陷入非此即彼、二元对立的理论之争中去,而是以中国古诗词曲的英译为研究对象,在对一些具有代表性的译家的观点的梳理和重要译作的比较与分析的基础上,去具体地探讨中国古诗词曲英译的可能性,尤其是针对中国古诗词英译所遇到和可能遇到的主要障碍,有的放矢,具体而微地进行剖析,由技的层面切入,探索克服障碍的途径,总结出一些可资借鉴的方法,由技入道,既开拓了人们的思考空间,更为后人翻译指出了可行之路。

从全书的章节安排看,作者是深谙中国古诗词曲英译之道的。在简要地评述了理雅各、瞿理斯、韦利、宾纳、翁显良、许渊冲和杨宪益等中外英译中国古诗词曲大师的观点之后,作者提出了有关古诗词曲翻译的三个问题:一是用现代语言好,还是古典语言好;二是格律体译文好,还是自由体译文好;三是意译好,还是直译好。这是三个具有普遍性的问题,虽然作者没有从纯理论的角度去加以深入探讨,但却依据国内外的古诗词曲英译的广泛实践所提供的典型例证,从"实用"的角度对之做出了明确的回答。我之所以强调"实用"二字,是想引起读者的注意:无论是在"技"的层面,还是在"道"的层面探讨翻译,其主要目的之一,便是要拓展翻译的可能性。而作者顾正阳近于"实用"的简要回答,建立在对翻译经验的分析和对比的基础之上,对有意在古诗词曲英译领域一显身手的人而言,无疑是"实用"的。明确了其"实用"的翻译观之后,作者还是沿着其选择的实践之路,针对古诗词曲英译所可能遇到的主要困难,如"标题""典故""时令节气""数字""星斗""曲牌"以及"比喻辞格""借代辞格"与"双关"的处理问题,对这些困难和障碍存在的原因进行分析,对如何克服这些困难和障碍的方法加以探讨与总结。针对障碍,有目的地寻找克服困难的途径,可以说是本书的一大特色。

从全书的主要内容看,作者确实是将重点放在"技"的层面的探讨。一般来说,对翻译技巧的探讨往往会局限于语言的层面,但是,顾正阳先生的研究显然没有"重技轻道"和"重语言轻文化"的倾向。实际上,从作者所选取的有关古诗词曲英译的主要障碍看,无一不与"文化"密切相关,而作者正是处处提醒读者注意"文化特点"之于翻译的困难,着力于从文化交流的高度去探讨翻译的可能。作者的这一明确的"文化观",在某种意义上起到了"统领"全书的作用。大凡有过翻译经历的人,都深知翻译之难。而中国古诗词曲翻译之难,恐怕不亚于李白在古时所感叹的蜀道之难。而知难而上,由技及道,由语言而至文化,从各个方面探讨中国古诗词曲的传译之路,无疑是有其积极意义的,也是值得称道的。

以上看法,不知诸位读者是否认同?

2003 年 4 月 15 日于南京大学

《古诗词曲英译美学研究》序

近三十年来,译学研究在中国取得了长足的进展,翻译学科的建设也有了可喜的成果。随着翻译本科专业的开设,翻译学硕士点、博士点的设立,翻译学科在体制上的地位得以确立,译学研究由此进入了一个全新的时期。回顾近三十年的翻译研究道路,从"翻译无理论论"到"翻译理论无用论",中国译学界在与各种错误观念的斗争中,不断地加深对翻译活动的理解,积极探索翻译研究的途径,拓展翻译研究的疆界,在默默的耕耘中,一步一个脚印地在译学研究与翻译学科建设的道路上前进。在勇于探索、不懈前行的翻译学者队伍中间,我特别注意到了上海大学的顾正阳教授。

多年来,顾正阳教授一直从事翻译教学与翻译研究,在教学实践中不断积累经验,又在理论探索中对翻译的一些基本问题进行步步深入的探索,进而结合自己的研究特长,开辟了"古诗词曲英译研究"这一方重要的译学研究天地,为中国译学研究和翻译学科建设做出了有益的贡献。对顾正阳教授所走的研究道路,我之所以特别关注,原因有三:

首先是顾正阳教授有着清醒的理论意识。我们知道,翻译研究具有跨学科的特性,涉及内容广,研究领域多,如没有自觉的理论追求和明确的研究目标,研究者往往有可能在"众声喧哗"中人云亦云,重复前人的研究,走别人已经走过的路。然而,顾正阳教授却始终保持清醒的理论意识,从文化交流和文明传承的高度,选择了中国古诗词曲的英译作为自己的研究领域,从基本的理论思考,到系统的理论探索,再到前人少有涉足的古诗词曲的英译的美学研究,顾正阳教授在开拓中不断前进,取得了令译学界欣喜的研究成果。2003 年,上海百家出版社推出了他的《古诗词曲英译译稿》;2004 年,上海交通大学出版社又出版了他的《古诗词曲英译理论探索》,再加上我有幸先睹为快的这部《古诗词曲英译美学研究》,三部沉甸甸的著作,见证了一位有着清醒的理论意识的翻译学者在译学研究领域不断探索、不断进步的可贵努力和勇敢精神。

其次是顾正阳教授的研究具有重要的意义。翻译就其本质而言,是一种跨文化的交流活动。在我看来,在中外文化交流中,翻译所起的作用是不可替代的,拿季羡林先生的话说,“翻译之为用大矣哉”。从文化交流的角度来审视顾正阳的研究,我们可以看到,其意义并不局限于他的研究所具有的理论价值和方法论意义上的参照价值,更在于他的研究有助于推动中华文化的瑰宝——古诗词曲的对外传播和交流。近年来,中国文化界开始注意到了中外译介的不平衡现象,呼吁加强中华文化精华的对外译介工作。应该说,顾正阳教授对古诗词曲英译的多方面的研究,特别是他在文化层面的思考和对翻译可能性方面的探索,不仅可以在理论的层面为中华文化瑰宝的对外译介提供具有启发性的参照,也可以在实践的层面为有志于中国古诗词曲外译的翻译家提供可资借鉴的方法与技巧。

再次是顾正阳教授的研究具有鲜明的特色。顾正阳的古诗词曲英译研究,不是泛泛而论,而是在跨文化交流的宏大视野下,展开多层面的探索:既有从宏观意义上由技入道、由语言及文化对古诗词曲的传译之道的探讨,也有对古诗词曲英译中所遇到的障碍,有的放矢、具体而微的剖析。无论是对诗歌翻译形而上层面的理论见解,还是古诗词曲英译修辞层面的障碍分析与方法探讨,还是在美学层面上对古诗词曲英译展开的具有开拓意义的研究,都体现了顾正阳教授研究的一贯风格:善于发现,善于思考,善于分析,善于总结。我们相信,很快就可以与广大读者见面的这部《古诗词曲英译美学研究》不会是顾正阳教授独具特色的研究的一个终点,他一定会在自己开辟的这方别有洞天的研究天地里不断走下去,为中国译学研究做出更大的贡献。

2006 年春于南京大学

《古诗词曲英译文化探索》序

初冬时节,在北京参加全国作家协会代表大会,听说上海大学的顾正阳教授又有新著问世,我感到几分诧异,因为就在今年春天,我拜读了顾正阳教授的《古诗词曲英译美学研究》,那是一部四十余万字的长篇巨著,从美学层面上对中国古诗词曲的英译展开了具有开拓意义的研究,相隔仅仅几个月,又有新著要推出,实在令我诧异。但诧异之中,更多的是惊喜,因为听说顾正阳教授的新著名为《古诗词曲英译文化探索》,当时正在会上跟代表们学习胡锦涛总书记为作家代表大会所作的重要讲话,其中特别注意了他提出的关于建设"和谐文化"的构想,出于职业的缘故,不觉又联想到翻译,自然而然地想到了翻译之于和谐文化建设的重要性。

"和谐文化"的建设,是"和谐社会"建设的核心内容之一。要建设和谐文化,必须继承与发扬中国的传统文化,也要注意吸收世界其他民族的优秀文化。而翻译,既可在语内的层面,为民族的传统文化的延伸与发展,起到不可替代的作用,也可在语际的层面,有助于对域外优秀文明成果的吸收,以丰富中华文化,促进其和谐发展。翻译对于文化建设的重要性由此可见一斑。正是在这个意义上,顾正阳教授的《古诗词曲英译文化探索》令我欣喜,因为就其根本而言,翻译的重要作用,唯有在文化交流的层面才能得到真正的发挥和体现,而从文化层面对中国古诗词曲的英译进行探索,其意义便不言而喻了。

要真正理解顾正阳教授的这部新作的价值,把握其精神,我认为,不能不了解二十余年来他在中国古诗词曲的英译领域执着的研究历程。他的研究价值是随着研究的深入和系统化而逐渐凸显出来的,当初他涉入中国古诗词曲的英译研究这一领域,只是因为对中华文明之中的这一瑰宝非常热爱。因为热爱而开始思考,而随着思考的深入,他开始了自觉的探索和执着的研究。

应该说,顾正阳教授对古诗词曲英译的研究是经历过不同的阶段的。从他已经发表的几部著作看,从对古诗词曲英译的语言转换的研究到诗学层面的探索,再到文化的思考,构成了其研究不断深入、不断发展、不断系统化的渐进的脉络。而他所走的这条研究之路,恰恰与中国译学发展的道路是分不开的。

就总体而言,以往的翻译研究,往往注重语言转换的技术层面,而忽视语言之艺术所特有的诗学价值和语言植根其间的深厚的文化土壤。从 20 世纪 80 年代之后,翻译的文化取向将研究者的目光拉向了翻译活动所置身的广阔的历史和文化空间。翻译与文化的关系研究,逐步进入了翻译研究者的视野。但是,令人遗憾的是,近些年来,翻译的文化研究越来越脱离文本,出现了外部化的倾向。研究者主要关注的是翻译的文化语境、翻译的文化动因和翻译的文化功能,而对文本内部的文化因素的理解与阐释则关心不多。由此而造成的结果是,翻译的文化研究越来越泛化,有时甚至显得空洞无物。我们承认,对翻译的外部因素的研究是重要的,它可以拓展翻译的研究范围,开阔我们的研究视野,有助于深化我们对翻译的认识。但是,我们也不能不看到,翻译研究,若从一个极端走向另一个极端,从"唯文本"到"无文本",则有可能使翻译研究丧失其本身的价值,而成为泛文化研究的一种牺牲品。鉴于此,关注文本,从语言、文学、文化三个互动的层面去探讨文本的翻译问题,便显得弥足珍贵。细读顾正阳教授的《古诗词曲英译文化探索》,我们可以发现他的研究恰恰是以文本为基础,从文本中去领悟、发掘其中蕴涵的丰富的文化因素,进而探讨传达这些文化因素的具体方法与途径,既有文化的关照,又有诗学的品味,更有语言转换技巧的探索和总结,三者呈互动之势,由此充分地显示了作者在这一领域进行探索的独特性。对于我的这一判断,不知翻译界的同行是否认同,但我相信,顾正阳教授的研究会随着时间的推移而不断凸显其价值。

2006 年冬于南京大学

《古诗词曲英译文化视角》序

　　我刚开完傅雷百年诞辰纪念暨"傅雷与翻译"国际学术研讨会,上海方面传来了翻译界的喜讯,上海大学顾正阳教授又有新作问世——《古诗词曲英译文化视角》,翻阅这部四十余万字的学术专著时,我浮想联翩……

　　噫!艰者译事,然最艰者莫过于古诗词曲英译,何艰之有?语言异也,文化异也。上下五千年的文化沉淀在古诗词曲中,多少波澜壮阔的历史画面浮现其中,多少美丽动人的神话传说隐含其中,寥寥几十字的译文难以包含丰富的内涵,即使勉强凑合,译文也难以拨动西方文化熏陶下的读者的心弦,难以使他们欣赏到高山流水这种天籁之音的美丽。Robert Frost说得对:"诗歌就是在翻译中失去的神韵(Poetry is what is lost in translation)。"瞿理士担心得没错:"译文可能是月光与水,而原文却是日光与酒。"诗歌似乎是不可译的,古诗似乎是不可译的。

　　然而仍然有不少中外译者明知不可而为之。他们是蜀道上的攀登者,他们不屈不挠,征服了一个又一个的险阻,登上了一个又一个的高峰,他们写出了不少绝妙的译文,将古诗中的风姿神韵生动地展现在了西方读者面前,他们是勇敢的、胸怀阔远的、刻苦的、充满创造性的学者。

　　顾正阳教授也是勇敢的。他在译学研究生涯中经历过挫折,经历过失败,但他没有被击倒,他从挫折和失败中努力地悟出道理,勇敢地继续前行,继续向上。

顾正阳教授也是胸怀阔远的。他知道文明和文化是没有国界的,他认为自己在诗中得到的愉快是小乐,而让全世界人民从中华文化中得到愉快是大乐。

顾正阳教授也是刻苦的。他一年四季笔耕不辍,他白天黑夜都在苦思冥索。他认为炎夏酷暑是愉快的,他说:"我在夏天好像走进了密密的树林里,那里有潺潺流水,那里有丝丝凉风。"他认为夜半更深是美丽的,他说:"漫漫的黑夜中时或有灵光闪现。"

顾正阳教授也是充满创造性的。他有时把视野拉得很广——拉到了绘画、雕刻、哲学、摄影、戏剧等领域,他在寻找"道"。从"道"的层面讲,诗与这些领域是相通的,他有时候又把视野凝聚到其中一点,并将其放大,他在寻找"技",从"技"的层面讲,诗与这些领域也是相通的,小技巧能展现大境界——一粒沙子可以展现一个世界。

顾正阳教授已经发表了五部古诗词曲英译专著,我知道,这些令译界欣喜的成绩是他胸怀远大志向的步步前行,是他在漫漫译学研究征途的不懈探索,译界应该鼓励祝福这位孜孜不倦的中华文化遗产的挖掘者和展示者,愿他在译学研究方面取得更大的成就。

2008 年 5 月 18 日于南京大学

《古诗词曲英译文化溯源》序

我到上海参加学术活动,与老朋友顾正阳教授联系,得知他又有新书要问世——《古诗词曲英译文化溯源》。每有新书发表,顾教授总让我先睹为快。我认真拜读后,写上几句话,谈谈自己的一些想法,权充作序。

好的诗歌,包括民歌,是人们发自心底的声音,人心是相同的、相通的。因此,无论是"下里巴人"的诗歌,还是文人雅士的诗歌;无论是西方的诗歌,还是东方的诗歌;无论是古代的诗歌,还是当代的诗歌,都能强烈地震撼人们的心灵,从这个意义上说,诗歌是可译的。

文学翻译,特别是诗歌翻译,有两个问题是无论如何都回避不了的,那就是语言与文化。而文化问题越来越受到译者的关注。尤金·奈达(Eugene A. Nida)就说:"对于真正成功的翻译而言,熟悉两种文化甚至比掌握两种语言更为重要,因为词语只有在起作用的文化背景中才有意义。"文化有广义和狭义之分,从广义的层面上说,文化包括了人类文明史进程中的任何标记;从狭义的层面上说,文化包括历史、神话、传说、传统、习惯等等。人们对狭义的文化更有兴趣,因为它更贴近他们的生活,更贴近他们的心,

埃兹拉·庞德(Ezra Pound)在翻译中,特别是在孔子作品以及中华诗词——《华夏集》的翻译中,关注文化。他抓住细节、突出

意象,惟妙惟肖地表达主人公的语气口吻——展示中华文化魅力,轰动了西方世界。正如吴其尧在《庞德与中国文化》中所说的"《华夏集》所带来的文化影响远远超过译文本身"。

林语堂在翻译中,特别是在《浮生六记》和中国古诗词的翻译,以及其他著作(有许多是翻译)中,关注文化。他向西方读者展示了中国文化最具特色的情趣而使西方读者如醉如痴,他们对于杂志连载的译文甚至"徘徊不忍卒读"。他们羡慕的目光开始投向遥远的东方。文学界对他的成就给予高度评价,并将其推至离诺贝尔文学奖仅一步之遥的地方——他四次获得诺贝尔文学奖的提名。

顾正阳教授的翻译研究,对文化尤其关注。实际上,在他所有的著作中,文化观起到了"统领"的作用,他的文化观是通过两个过程来实现的:一是探索文本中沉淀千年的文化因素,这个过程也可以说是"探宝";二是探讨传译这些文化因素的"道"与"技"。值得指出的是,他对"道"与"技"的研究不局限在翻译的单个领域,而是拓展到文学、艺术等更为广阔的世界。这个过程也可以说是"示宝",这两个过程前呼后应,密切相关,其目的只有一个,那就是用译语读者喜闻乐见的方式把古诗词曲蕴含的文化及意境展示在他们面前。

顾正阳教授已发表五部有关古诗词曲英译的专著,但应该说,这五部著作所帮来的影响远远超过著作本身。

在全球化进程不断加快的今天,文化交流更为频繁,顾教授以其不懈的努力和独特的方式,向外域的人民展现广博、深厚、富有魅力的中华文化,展现世界文化百花园中最美丽、最芬芳的花朵,让世人充分感悟到越是民族的,越是世界的。

顾正阳教授激流勇进、不断进取的精神激励了译界不少年轻学者,树立了一个好的榜样,影响了众多的青年学子,使他们积极投身翻译的理论研究与翻译实践中去。

我为顾教授的精神所感动，在此衷心地祝愿他在翻译研究中取得更大的成就，为传播中华文化做出更大的贡献。

2010 年春于南京大学

《古诗词曲英译文化探幽》序

　　深秋时节,我到上海参加学术活动,老朋友顾正阳教授来访。他为我带来了珍贵的礼物,是他的新作,题为《古诗词曲英译文化探幽》,这对我来说,确实是一个很大的惊喜。去年,我有幸拜读了顾正阳教授的《古诗词曲英译文化溯源》,余味犹存,这两本著作显然是姊妹作,我怀着浓厚的兴趣,一气读完全书,感触良好,不免写上几句。

　　诗发于口,出于心,其语真善美,其情亦真亦善亦美。人类情同心也大同,真善美的东西可以超越时空,不分时代,不分地域。好诗可以广为流传,千年不衰。真善美的音乐能拨动所有人的心弦。从根本的意义上来说,古诗词曲是可译的。

　　自英国人理雅各(James Legge)推出《诗经》英译本以来,中外译者译出了不少中国古诗词曲作品。伴随着中华民族走向世界的历程,发挥着越来越广泛的影响。从人类实践的角度看,古诗词曲也是可译的。

　　翻译的成功与否,有很多标准。科学文本求准确,尚唯一;文学文本趋多元,求共鸣。中国古诗词曲的翻译,无论在语义层面,还是在美感层面,都有特别的要求。翻译的情要真,言要美,要译出义,也要译出味。

　　味源自何处?顾正阳教授有自己的认识。在他看来,中国古诗词曲的韵味在很大程度上源于文化的独特性。大多数时候，文化与我们的现实生活密切相关，如风俗、习惯、人情等。有时候，文化又超越了我们的现实生活，如神话、传说等。但有一点可以肯定，那就是，无论什么时候，无论什么地方，文化从不离开我们的思想与心灵。文化就像罗伯特·弗罗斯特(Robert Frost)笔下的溪流："溪水潺潺流淌着，在我们之间，在我们之上，与我们融合在一起。溪水是时间、力量、音乐、光明、生命和爱情。"

世界各民族的文化有着不同与差异，差异是丰富性的体现。文化的差异，有时构成了异域情调，而异域情调往往又成了不同民族人民彼此产生好奇心的重要因素。中华文化广博深厚，中华文化的大江小溪在广袤的国土上奔腾、流淌了五千余年。中华文化有着巨大的魅力，中国的古诗词曲是中华文化的一道独特的风景线，无处不闪现着中华文化的身影，无处不回响着中华文化的音韵。

顾正阳教授在英译领域走过的二十余载苦苦"求索"的历程与译界的"大道之行"是同步的。但他的研究有其独特的一面，那就是关注文本而不失去视野，从语言、诗学与文化三个互动的层面探讨古诗词曲的翻译。他对文化的关注与探索，目的在于发掘蕴含文本之中的文化要素，继而领悟诗情诗韵味的真之源、美之本。

至今，顾正阳教授先后发表了七部有关中华古诗词曲英译的专著。这些著作是他在译学研究道路上不懈前行取得的成果，我相信他会在这条道路上义无反顾地走下去。在全球化进程不断加快的今天，文化交流的重要性日益凸显。顾教授的努力与进取，在中国文化走向世界越来越高的呼声中愈发显得实在而珍贵。

我为顾教授的非凡的努力与痴迷般的执着深深感动，愿他在译学研究中取得更大成就，为中华文化的对外传播事业做出更大的贡献。

2011 年秋于南京大学

《古诗词曲英译文化理论研究》序

我在外地参加学术活动,顾正阳教授打来电话。他是我的一位老朋友,正确地说是知音——我们同奏译学之音,他研究古诗词曲的翻译,这是中国译学不可或缺的一个领域。虽然他只偶尔来电,或表示节日的祝贺,或报告他学术方面的好消息,但随着岁月的流逝,我们之间的友情渐行渐深,这大概是同气相求,同声相应吧。这次也不例外,他告诉我他学术方面的进展,又完成了一部著作,书名叫《古诗词曲英译文化理论研究》。但这部专著同以往的专著也有不同之处,它是上海市哲学社会科学研究项目的最终成果。几年前,他跟我说过,该项目的立项是上海外语界对他的鼓励和期待,他会全力以赴,精益求精,完成此项目。他"两耳不闻窗外事,一心只为此项目",埋头苦干了四年,现在终于大功告成,真是可喜可贺。对于他的学术研究精神,我一直很钦佩,对于他的研究,也始终很关注,日久形成了一种默契,他每次完成新作,我都会说几句话,或探讨他著作的意义,或结合他的研究就翻译研究的发展谈谈看法,同时表达我对他的敬意。

顾正阳教授潜心研究古诗词曲的翻译已经二十多年,他乐此不疲,欲罢不能,因为他在研究的道路上有愉快相伴。他有两重的欢悦,他首先取悦自己,然后通过取悦读者再取悦自己。第一重愉快是难能可贵的,因为它包含两个方面:一是过程,二是"研究"结了果(成果)。看到成果感到愉悦是理所当然的事,这是人之天性;上下求索感到苦,这也是理所应当的事,这也是人之天性。他曾告诉我,在探索的过程中他是苦过,但探索结了果,有一种说不出的快乐,而且渐渐地,所有的苦化成了乐,其乐无穷。应该说,一位学者在学术的漫漫征途上渐渐地只感到乐,不感到苦,在一定意义上说明他已经进入了人生一个不一般的境界。

顾正阳教授以信为本,求真尚美,多年来潜心于古诗词曲的翻译研究,不断发掘古诗词曲的真善美,追寻古人、古事留下的历史踪迹。那是真实的存在,历史的印迹在闪着光,光中闪耀的是他们不朽的精神。他也在不断地寻找有关古人美丽动人的故事和传说。美丽的故事和不朽的精神深深扎根于人们的记忆中,延续着历史的血脉。在拥有五千年文明史的辽阔大地上,不知积淀了多少闪烁着真善美之光的文与人,其魅力在历史演变中现出多彩的光芒,发出独特而动人的声音,且不断拓展着空间,在异域焕发出新机,给域外的读者带去别样的美的享受。

顾正阳教授善于从多个角度展示古诗词曲中的真善美。因为"艺术难以与自然争胜",所以他在研究中特别注重从不同角度展现自然的美,展现美人(自然的杰作)最美的一刹那,展现其在不同时刻的独特姿态,将最美的角度、最美的一刹那展示给读者,引发异域读者对中国古诗词曲所蕴涵的独特异质之美的向往与热爱。

顾正阳教授已出版了八部古诗词曲英译研究专著,吸引了越来越多的读者,特别是青年读者。他以独特的方式,给读者带去真善美的体验,带去愉悦的感受,带去启迪的光芒。

顾正阳教授是幸运的,他个人的追求与民族的需求——文化建设紧密相关,融为一体。他在学术研究的道路上不但有探索的愉悦感,更有传播中华文化的神圣追求。

我为他锲而不舍、勇往直前的精神深深感动,热烈地祝贺他在学术研究道路上又取得了新的成果,衷心地祝福他在翻译研究中取得更大的成就,为传播中华文化做出更大的贡献。

2013 年 7 月底于南京大学

《文学翻译比较美学》序

十几年前,读过朱光潜先生的一部小书,叫《谈美书简》,里边说过这么两句话,印象很深,对我启发很大。第一句话是:"研究文学、艺术、心理学和哲学的人们如果忽视美学,那是一个很大的欠缺。"第二句话是:"研究美学的人如果不学一点文学、艺术、心理学、历史和哲学,那会是一个更大的欠缺。"我想,这两句话,对我们研究翻译同样有用。做文学翻译,不能对原作之美熟视无睹,翻译失却了原作的美,无异于断其生命;做文学翻译理论研究,不能不对美学有所关注,忽视了美学,文学翻译研究至少是不完整的。

美学是一门深奥的学问。研究文学翻译美学,我一直有一种担心,怕这种研究或流于概念,或流于玄虚,给翻译学这门正在成长的年轻学科蒙上一层"空洞的阴影"。可当我拜读奚永吉先生的这部《文学翻译比较美学》时,我的这种担心逐渐消失了。

我们看到,奚永吉先生将文学翻译美学这样一个深奥的问题置于了中国文学翻译实践的坚实、丰富、具体可触的大背景之中。他没有从抽象概念出发,去空泛地议论文学翻译"美的本质",而是深深地根植于中华民族源远流长的美学传统,从三十余部中外名著名译中摘取实例,试图从美学的高度,对文学翻译作跨文化、跨时代、跨地域的比较研究,目的极为明确:"广泛约取,以实涵虚,藉大量例证,于比较之中寓比较,藉此纵横比照,交相发明,以探其美。"

奚永吉先生的这部著作，有着鲜明的特点，就我的体会，至少有三：

一是主旨明了。著者认为研究文学翻译，"必赖之于比较，求之于美学"。而文学翻译的比较美学研究，绝不应该仅仅"泥守于译品的表层结构和形态，而应对其所蕴含的代表不同文化系统的审美特征，乃至可对不同国家和民族所特有的不同审美理论和思维方法做出美学价值的判断，从而寻绎和探索其审美本质和规律"。《文学翻译比较美学》正是建构于这一明确的主旨之上。全书十章，紧紧围绕这一主旨，加以系统的阐发。

二是内涵丰富。著者没有就文学翻译谈文学翻译，也没有为美论美，而将文学翻译的美学研究置于一定的时空之中，置于一定的文化体系之内。我曾说过："文学是文字的艺术，是文化的一个重要组成部分，而文学中又有文化的沉淀，因此，文字、文学、文化是一个难以分割的整体。"奚永吉先生没有囿于时下译界流行的"音美，形美，意美"之说，而是从语言、文体、艺术性等各个方面，对文学翻译的美学问题进行全面的观照与探索，同时，强调文字、文学之美根扎于文化的深厚土壤才会富有丰富的美的内涵，书中跨时代、跨地域的文学翻译美学比较，处处都以跨文化的比较为基础和着眼点，从而赋予了他构建的文学翻译比较美学以深厚的文化内涵。

三是立意深远。通观全书，比较的方法贯穿于始终，著者在第一章中专辟一节，阐述了自己的文学翻译比较美学的"比较观"，确立了宏观比较与微观比较相统一的方法，以期达到"总体认识"与"局部认识"相结合；界定了比较的范畴和不同途径，如"东西方译者译品、不同时代或同一时代译品、不同地域或同一地域译品、同一译者不同时期之译品、同一原著不同译者多种译品"等的比较，以"通同""辨异",彼此渗透,相与参互。但我们看到,著者的比较既是一种手段,更是一种目的,其本意是通过比较,以探索文学翻译美学之精核,但同时又透过比较,建立一个内在统一的文学翻译比较美学体系,著者所说的"于比较之中寓比较",恐怕就是这个用意。

洋洋五十万言的《文学翻译比较美学》,远非此三个特点所能概括,其宏旨,其内涵,其理论追求,其新意新见,唯细加品评研读方能深刻领悟。我有幸先睹为快,欣喜之余,匆匆写下一孔之见,权充作序。

1999 年 10 月 20 日于南京玄武湖畔南京大学公寓

《莎士比亚翻译比较美学》序

　　奚永吉先生，是我老师辈的学者，先是有幸拜读他论翻译美学的书，后来通过书与他相识、相知，成了忘年交，转眼就是十几个年头过去了。在我的记忆里，我们每次见面，时间长短不一，短如在南京大学校园相遇匆匆交谈几分钟，长如在办公室在书房交流心得，一谈就是数个时辰，每次谈的只有一个话题，那就是翻译。

　　奚永吉先生是一个非常执着的学者。七十多岁的老人，退休都十几年了，但还是老习惯，心系教学与科研，白天教书，晚上研究，教的是翻译，研究的也是翻译。他搞教学，是因为如今高校大扩招，教学资源匮乏，培养学生需要像他那样有经验、有责任心、有专长的老师；他做研究，是因为他心里实在放不下翻译，对翻译的不断思考与探索，已经成了他的生命的意义所在。

　　奚永吉先生不仅执着，而且专一。别的不说，单就他近十几年来所发表的有关翻译研究的成果而言，只要看一看他的专著和论文的题目，就不难发现他的研究范围十分明确，研究的目标始终如一，整个研究基本上是围绕着"翻译美学"而展开：从《翻译美学比较研究》到《文学翻译比较美学》，再到凝聚着他数十年心血的研究力作《莎士比亚翻译比较美学》，一条红线贯穿始终，借"比较"之法，探美学之理，觅翻译之道。

　　《莎士比亚翻译比较美学》的完成，对奚永吉先生来说，是实现了人生的一个梦。半个世纪前,奚永吉先生考入南京大学西方语言文学系,攻读英语语言文学专业,教授"理论文与文艺文选读"的郭秉龢教授在一次授课时曾对英语专业的学生说:"学英语语言文学专业的人,若不懂一点莎士比亚,岂不是枉为一生。"这句话,深深地刻在了奚永吉先生的心底。半个世纪以来,奚先生读莎士比亚,思莎士比亚,解莎士比亚,一步步走近莎士比亚,最终由翻译之门而入,把目光投向了莎士比亚在中国的生命历程,悉取莎士比亚翻译各家之所长,探究莎士比亚翻译之道,以求莎士比亚翻译之真,而其所本之宗旨,则"尤在美之一字"。半个世纪的追求与探索,如今终于有了结晶,有了奉献给学界同行的这部《莎士比亚翻译比较美学》,奚先生感慨道:此生,足矣!

《莎士比亚翻译比较美学》凝聚了奚永吉先生半个世纪的努力与心血,有着多个层面的重要价值。首先是理解莎士比亚的独特路径。有人说,古今中外无数文学作品中,论受到举世注重的程度,论翻译和研究的质和量,除了《圣经》之外,莎士比亚的戏剧是数一数二的[①]。此言不虚,几个世纪以来,在西方各国,最优秀的作家、诗人、批评家,几乎都谈过莎士比亚,这样一来,要把莎士比亚说出点新意来,恐怕是非常困难的。奚永吉先生有感于此,他从歌德《说不尽的莎士比亚》一书中得到启迪,更从古今中外的戏剧史中悟出"趣"之特殊重要性,认为"纵观莎士比亚所有作品,均可以一个'趣'字提挈其中审美意蕴:在他的笔下,文体、语言、意象、无不以'趣'擅胜"。先生以"趣"识莎士比亚,解莎士比亚,再以"趣"立目,探究莎士比亚之汉译,为人们理解莎士比亚,走近莎士比亚,又开辟了一条新的路径。

《莎士比亚翻译比较美学》的价值,还在于为译学研究拓展了

---

① 　周兆祥.汉译《哈姆雷特》研究.香港:香港中文大学出版社,1981(引言).

新的领域。莎士比亚的影响是巨大的,但我们知道,莎士比亚的生命在时间上的延伸和空间上的拓展,在很大程度上是靠了翻译。在这个意义上,数百年来莎士比亚对世界各国的影响,也就是莎士比亚的翻译对世界各国的影响。奚永吉先生看重的正是这一点,他探究的重点不是莎士比亚的原作,而是其作品在中国文化语境中是如何翻译,如何保存其精华,又是如何拓展其生命的。全书以"美"字为着力点,探讨翻译之难,审视翻译之技,比较翻译各家之长,一步步深入,把握莎士比亚汉译之灵魂所在,不仅开拓了文学翻译研究的疆域,更具有文学翻译研究方法论层面的参照意义。

　　以上两点,是我初读《莎士比亚翻译比较美学》的粗浅体会。先生看重后辈,嘱后学为其作序,我愧不敢当,只是想借此机会,向奚永吉先生的为人与为学表达我深深的敬意。

2005 年 10 月 5 日于金陵

《思维科学与口译推理教学法》序

半个月前，接到了刘和平从北京打来的电话，她告诉我说达尼卡·塞莱丝柯维奇教授走了，我们一起发个唁电吧，声音沉重而哽咽，分明可感觉到她心中巨大的悲痛。过了一个星期，又接到了刘和平的来电，她说中国对外翻译出版公司准备出她的《思维科学与口译推理教学法》一书，我说好，这不是对塞莱丝柯维奇教授最好的纪念吗？

我知道，《思维科学与口译推理教学法》一书写得很不轻松，或者可以说，这部书写得很苦。作为刘和平的同行，近几年来，我一直关注着她的翻译教学与研究的进展。我知道在十年前，她与北京第二外国语学院的鲍刚、广东外语外贸大学的蔡小红自发组成了一个科研攻关小组，共同合作研究口译理论和教学。他们走到一起，是因为有共同的志向，也因为他们在学术上与创立翻译释意派理论的塞莱丝柯维奇教授和勒代雷教授有着共同的师承关系。他们先后都曾求学于巴黎第三大学高级翻译学院，在两位女教授的门下或攻读译学博士学位，或进修合作。对这三位弟子，曾先后担任高级翻译学院院长的塞莱丝柯维奇教授与勒代雷教授是赞赏有加，在我1998年赴法讲学期间，两位教授曾多次深情地跟我提起她们在中国的这几位弟子。我对她们说，这几位弟子是她们的骄傲，应该说，他们无愧于恩师的培养、教诲与提携。在某种意义上,他们可以说是翻译释意理论在中国的传播者、继承者,并且在传播与继承中发扬了他们的老师所开创的理论。鲍刚的《口译理论概述》、蔡小红的博士论文《交替传译过程与能力研究》与刘和平的这部《思维科学与口译推理教学法》,就是有力的证明。

说《思维科学与口译推理教学法》写得很苦,是因为这部书是刘和平苦苦探索十年的结果,也因为在研究过程中她还经历了合作者鲍刚教授积劳成疾,42岁便早早离开这个世界而给她造成的心灵上的痛苦。当我捧着刘和平的这部著作细细研读时,我感受到的,不仅仅是其沉甸甸的学术分量,更体味到了学术探索所蕴含的一种崇高的精神。

近几年,与刘和平有不少交流与合作,我组织编撰的《当代法国翻译理论》中,就有她写的"翻译释意派理论"一章。1997年,在北京外国语大学举办的国际翻译研讨会期间,我与应邀参加会议的塞莱丝柯维奇教授就释意派理论有过一次深入的交谈,就是刘和平牵的线。后来,就鲍刚教授的著作和蔡小红的博士论文,我们也交换过意见。关于她的这部《思维科学与口译推理教学法》,她曾多次跟我谈起她的设想和具体写作计划。就我的了解,她的研究初衷是这样的:借助思维科学的研究成果,对口译的程序进行研究,进而揭示口译思维的基本特征,在此基础上,探索口译思维的内在规律,从加强口译的技能意识入手,形成一套以分析、综合为基本手段的教学方法。所谓"推理教学法",就我的理解,恐怕指的就是这种旨在训练学生科学的翻译思维,激发学生的口译技能意识,提高学生口译技能的教学方法。细读全书,我们可以看到,作者基本上是按照这一初衷,去进行研究、探索的。在本书的第一章,我们特别注意到了作者所强调的以下两个观点。

其一,翻译不是单纯地从语言A到语言B的解码和编码,它涉及思维机制的运行;满足于传授经验不行,因为经验是别人思维机制运作的结果,而不是思维的动态过程,无法解释怎样才能获得类似的经验,不能提供到达彼岸的方法。对翻译思维机制的研究揭开了翻译程序的内幕。翻译机制有内在规律,训练掌握这种规律才是翻译教学的根本任务。技能训练由认知(感悟)到掌握有一个内在过程,有一个从知识到能力的过程,技能意识从潜隐的自在状态到能动的自为状态,翻译实践是变化的关键。应该说,技能意识不是被动的,而是积极的、能动的,译者/译员会不断总结自己的翻译经验,以丰富对翻译理论的理解,增加成功的信心。用心理语言学理论解释,积极的动机是从自在到自为的条件之一。

其二,翻译思维中的语言理解过程是借助记忆中存贮的信息对语音、语法、言语结构进行整合、联想和逻辑推理的过程。口译这样的双语交际活动自然从始至终处于动态之中:交际环境因人而异,因地而异;交际主题不断变化;交际人心理因素、认知因素及社会因素在交际中发生变化;语音的感知辨识、语言、语义、语篇、文体、修辞、文化、社会心理分析、意义推断和综合等均在瞬间发生着变化。总而言之,简单地只从语言角度谈论翻译不可能解释口译的思维过程,只有借助相关学科的研究成果从动态思维的角度剖析口译程序,才有可能科学地解释口译现象,找到口译思维的规律,从而指导口译教学。翻译是一种特殊的技能,这种技能可以通过系统训练获得。教学翻译虽然也是交际,但其目标不是自然交流,而是传输知识,帮助学生获得外语语言交际能力。翻译教学则是利用学生已经获得的双语交际能力,训练他们掌握双语交流的特点和技术。

作者的理论追求是十分值得鼓励的。她所定下的研究目标也是明确的,但这种理论能否指导实践? 或者说,作者提出的理论,如何体现在其教学法中? 在实际教学中又怎样达到如期的目的呢? 带着这样的疑问,我们继续往下读。在第二章,我们欣喜地看到,作者没有停留在"理论推导"阶段,而是在理论的指导之下,朝着预定的目的,为我们设计了一套十分详细、完整的"口译教学大纲",从教学对象、教学目标,到教学基本要求与教学内容、安排,再到口译教材的选择、教学进度,乃至测试方法与手段等,都有详尽周密的考虑与安排。在第三章,则更推进一步,在理论与实践的结合上,探讨口译推理教学法的具体应用,其步骤之明确、内容之紧凑、方法之具体,真可谓步步深入,环环相扣,让人产生一试的冲动。

综观全书,我觉得刘和平的这部著作至少具有两大特色:一是理论意义上的探索性,二是实践意义上的可操作性。作为一部口译教学理论的开拓性著作,书中自然存在不少值得继续探索的地方,有些观点的论证也欠充分。但作者十年的探索,开辟了口译教学研究的新途径,尤其是她设计的整套教学大纲与口译推理教学法的具体运用步骤,值得各语种从事口译教学的同行结合各自的教学实际情况进行实验,在此郑重推荐。

2001 年 5 月 18 日于南京大学

《信达雅的翻译——经验谈和译作选》序

　　七年前,有机会读到沈苏儒先生的《论信达雅——严复翻译理论研究》,有感于沈先生敏锐的学术目光、严谨的治学方法和"中西译论应交融互补"的富有建设性的观点,曾撰文一篇,题为《译学探索的百年回顾与展望——评〈论信达雅——严复翻译理论研究〉》,就该书的主要内容、研究路径和理论特色作了评价。我清楚地记得,文中有这样一段话:"全书始终体现了一种开放的精神。从对'信、达、雅'之说的历史渊源的追溯到'信、达、雅'之说的学术内涵的发掘,从'信、达、雅'之说与外国译论的相互参照与阐发到对'信、达、雅'之说合理内核的探幽与价值体系重建,作者的学术视野是十分开阔的。"①同时,我在文章中还特别强调沈苏儒先生在整个研究中,"始终注意两点:一是现在的世界已随信息时代的到来而成为'地球村',翻译已渗透到人类物质生活的各个方面和精神生活的诸多领域,所以'必须从广阔的视野来看翻译,而不能仍然只在语文学或语言学的框子里打转。翻译的原则必须适用于各行各业各种翻译,才能真正具有普遍意义'。二是理论来源于实践,又作用于实践,所以理论应该密切结合实践和实际"。回头检

①　许钧.译学探索的百年回顾与展望——评《论信达雅——严复翻译理论研究》.
　　中国翻译,1999(4):48.

视自己对沈苏儒先生的这些评价,我感到欣喜,因为七年后的今天,我又有幸捧读沈苏儒先生的新作《信达雅的翻译——经验谈和译作选》的书稿,而它有力地证明了我在七年前做出的评价应该说是经得起时间和实际的检验的。

读沈苏儒先生的新作,心中陡生感慨,同时也对沈先生产生了由衷的敬意。感慨的是,近十几年来,中国翻译研究界在借鉴与吸收西方翻译思想和翻译研究成果的过程中,有一些学者似乎对中国传统的翻译思想和原则越来越不屑,对严复的"信达雅"之说更是持批判、否定的态度。有学者甚至把前些年中国译学研究的相对滞后归咎于严复的"信达雅"这一"三字经",认为是这一个"三字经"束缚了中国翻译思想的发展;还有的学者不敢甚或羞于提起"信达雅"之说,生怕被人视为译学观点的老套或落后。然而,值得注意的是,当中国译学研究界的一些新锐学者批判或摈弃严复提出的"信达雅"之说时,它却被国外翻译研究界的一些有影响的学者奉为中国最有代表性的译论而受到关注,足见其生命力之强;同时,除翻译界之外的国内学界一提起翻译,往往会推崇严复的"信达雅",足见其影响之大。两者之间强烈的反差,值得译界的同行深加思考。

对沈苏儒先生的深深敬意,源于我的这份感慨,也基于沈苏儒先生在理论追求上的独立和执着。长达六十个春秋的翻译实践和伴随其漫长的翻译生涯的不断深入的思考,使沈苏儒先生的这部新著的分量显得格外地重。《信达雅的翻译——经验谈与译作选》,单凭这一书名,就可在一定意义上透现出作者理论上的执着追求和实践上的自觉要求。如果说1998年在商务印书馆出版的《论信达雅——严复翻译理论研究》,是沈苏儒先生对闪烁着中国传统翻译思想光辉的"信达雅"之说所进行的一次深刻而系统的研究的话,那么《信达雅的翻译——经验谈和译作选》则是以"信达雅"为理论指导进行自觉的实践的一次自我经验总结和理论升华，在某种意义上也可以说是以"信达雅"为标准，对自己的漫长的翻译生涯的一次检视和反思。沈苏儒先生在系统研究"信达雅"之说的基础上，有了对"信达雅"之理论内涵和指导价值的深刻理解，认为它"至今仍然是最为人知，也最有影响力的翻译原则和标准，没有任何一种其他原则或标准能够取代它"①。我们有理由相信，沈苏儒先生对"信达雅"之说的这份笃信不是盲目的，而是自觉的。为了说明这一点，我们不妨以沈苏儒先生在其著作的前言"'信达雅'的理论与实践"中说的一段话为证："'开宗明义第一章'，我先要对这本集子的书名作一点说明。书名中用了'信达雅'字样，只是为了想表示我奉'信达雅'作为我从事翻译工作的信条，而不是表示我完全掌握了这一原则和方法，我的译作可作为'信达雅'翻译的范本。"细读这一句"开宗明义"的话，我们可以清楚地体会到作者的良苦用心：奉"信达雅"为译事之信条，指导翻译实践，反过来又以自身丰富的翻译实践和经验为基础探讨"信达雅"之说何以有"如此坚强而持久的生命力"，验证"信达雅"这一"最具有影响力的翻译原则和标准"的指导价值。理论与实践的结合与互动，如此又构成了这部著作的基调。

　　为了更深刻地理解沈苏儒先生撰写这部著作的理论追求和学术期待，我们有必要认真地了解一下这部著作的基本构架和主要内容。从书名看，该书由两大部分构成，一是"经验谈"，二是"译作选"。然而若细细阅读和体会，可以发现第一部分的"经验谈"，已经不是一般意义上的经验之谈，而是基于对翻译的本质的清醒认识，探讨翻译活动过程中所存在的基本障碍，揭示出跨文化交流中"归化"与"洋化"这一"古老而现实"的问题的症结所在，进而以"信

① 沈苏儒.论信达雅——严复翻译理论研究.北京：商务印书馆,1998(前言).

达雅"为理论指导,提出解决翻译障碍的根本途径。第二部分,由32篇不同类型、相对完整的译文片断组成,名曰"译作选",但作者的目的显然不在于向读者展示他尽可能向"信达雅"靠近的精彩译笔,而是以这些富有代表性的译文为例,结合自己的实践经验和体会,以"漫谈"的形式,有的放矢地从各个角度来探讨涉及翻译活动的一些带有根本性的问题,如翻译本质与功能问题、不同语言、文化与思维的差异问题、语言的社会心理与文化背景问题等。这些带有根本性问题的探讨,对于一个具有六十年翻译实践经验的老一辈翻译家而言,无疑具有重要的意义,那是他在漫漫译道中探索翻译之真谛的心灵轨迹。除了道之层面的探讨之外,每一篇译作后所附的"译余漫谈"还涉及诸如风格的传达、译语的品质、语言艺术的处理、"雅"的再现等翻译的艺术层面的问题。至于"俏皮话的翻译""中国成语的翻译"和"中国或东方特色事物的翻译"等篇,则直指语言转换层面中"异"之因素的处理原则与方法,具有可借鉴性,而"诗可译而又不可译""'虚'比'实'难译""越通俗越难译""要注意译出细节"这些包含哲理的经验之谈,则富于启迪性。读着这一篇篇既有理论深度又具有针对性、启迪性和可借鉴性的精彩而生动的"经验之谈",我仿佛在细细聆听一位译界老者充满智慧的教诲,眼前浮现出了一位自觉地信奉"信达雅",努力实践"信达雅",在译道上不懈探索的老翻译家的亲切面影。我与沈苏儒先生虽然素未谋面,但我们神交已久。承蒙先生厚爱和信任,让我有幸先大家一步,读到他的新作,在感慨与欣喜中,拉拉杂杂写下这些文字,权充作序,以表我对这位译界前辈深深的敬意。

2005 年 2 月 16 日于南京大学

《文本意义与翻译批评研究》序

20世纪80年代，自己在南京大学读研究生时，曾有幸参加普鲁斯特的不朽名著《追忆似水年华》的翻译。该书的选择、翻译、传播和接受过程引起了我的特别关注，有关文学翻译批评的许多思考就是由此产生的。对于翻译批评，我一直非常关注，曾先后发表过不少文章，也出版过有关著作，如1992年由译林出版社出版的《文学翻译批评研究》、1996年由南京大学出版社出版的《文字·文学·文化——〈红与黑〉汉译研究》。基于翻译批评在翻译理论建设和翻译实践中的特别重要性，我特别希望有志于翻译研究的青年学子能够更多地关注翻译批评事业的发展，从事翻译批评研究，在理论和实践两个方面做出成绩来。在博士生指导和培养过程中，我也自觉地影响学生，引导学生进行翻译批评的理论思考，关注翻译批评实践。刘云虹就是在我的引导之下，潜下心来，十余年来坚持进行翻译批评研究，并做出了重要成绩的优秀青年学者。

刘云虹毕业于南京外国语学校，自初中起便学习法语，法语功底好。中学毕业后，她考入了南京大学外国语学院法语专业学习，从她大学四年级起，我就一直关注她的成长。她在我的指导下攻读硕士学位，成绩优异，毕业后留校任教，之后又在我门下在职攻读博士学位。她一方面认真教学，教书育人，一方面潜心读书、思考，选择了翻译批评作为研究的主攻方向。她很有悟性，也有开拓性。对于翻译批评,她有自己的独特看法,认为翻译批评应当关注"意义"这一翻译的核心问题,从翻译的本质中探寻理论建构的有效途径。正是基于这一认识,刘云虹很有见地并富有挑战性地选择了《文本意义与翻译批评研究》作为博士学位论文的题目,借助语言哲学、现代解释学与文学批评的观点与理论,论述对文本意义问题的关注为翻译批评研究带来的重要启示与可靠的理论资源,并由此探讨翻译批评研究的可能途径,力求使翻译批评从经验主义的种种矛盾对立中摆脱出来,重构从单一走向多元、从独白走向对话的翻译批评观念。她所呈献给学界同行的这部著作便是以她的博士学位论文为基础,再经过多年思考和认真修改而成的重要学术成果。书中提出的一些观点对于翻译批评的理论建设、翻译批评的具体展开以及对翻译活动本身都具有重要的参考价值。实际上,刘云虹博士近年来在翻译批评研究领域做了许多探索性的工作,在 *Méta*、《中国翻译》《外国语》等中外重要学术期刊上发表了一系列高水平的研究论文,引起了学术界的充分关注。她还参与了我编著的《翻译概论》以及我与穆雷教授主编的《翻译学概论》的研究工作,撰写了有关翻译批评研究的章节,充分体现出她良好的学术素养、宽阔的学术视野、严谨的学风和勤于思考、勇于开拓的精神。我相信,在翻译研究,特别是在翻译批评研究的道路上,她一定会越走越远。

2010 年 2 月 22 日于南京大学

《齐向译道行》序

办公桌上放着金圣华教授写的专栏文章75篇，《英语世界》杂志社魏社长来电说，还有5篇会陆续寄来。我等不及，一篇篇读起来，读了便放不下，边读边想，想起了金圣华笔下的人与事，想起了与金教授一起谈与翻译有关的字与义、形与神、技与道。

《齐向译道行》，我在没有读金教授的一篇篇相对独立而又相互紧密联系的文章前，一直在揣摩金教授为何要给自己在《英语世界》开的专栏起这么一个名字。读了手头的75篇文章后，我想我离金教授的用意应该是不远了。我在她的文章的一字一句背后，依稀读出了她的心：她的热心、她的用心和她的信心。

译道之于金教授，我想有多层含义。首先是指翻译之路，说的是翻译的事业。她写过一部书，叫《译道行》，我认真读过，我想，金圣华教授之所以义无反顾地选择翻译之路，一辈子从事翻译事业，做翻译，教翻译，研究翻译，组织翻译活动，培养翻译人才，推动翻译事业，是因为她对翻译有着越来越深刻的认识，对翻译有着越来越全面的理解。我至今还清楚地记得，2000年12月12日，作为香港中文大学翻译系的讲座教授，她发表了一篇如今被翻译界广为称道的演讲，题目为《认识翻译真面目》。在这篇演讲中，她说："翻译本身是一种跨文化交流的复杂活动。一国或一地的人民要了解他国他地的文化，除了要学习外语，沉浸其中之外，当然唯有依赖翻译一途。"跨文化交流,翻译是必经之路。基于如此的理解,我们不难明白,金教授为何对翻译事业如此热心,为何能坚守香港中文大学翻译系的教学岗位,"伴着中大翻译系一起成长,一起闯过无数关卡与险阻",在艰辛的译道上一路前行,无怨无悔地献身于翻译事业。

译道之于金教授,我想还有第二种含义。多少年来,金教授对翻译不离不弃,翻译"必然有其内在的价值与意义"。翻译之道,我想金教授也许还指理论意义上的形而上的翻译之道,其为大道,关乎何为译、为何译、译何为以及"如何译"之背后起着无形的重大作用的一切,讲的是翻译的道理。在译道的探索之中,金教授说:"翻译好比做人,译道恰似人生,沿途虽然曲折迂回,崎岖不平,但山阴道上,却也时有百花争艳、千岩竞秀的旖旎风光,因而使先行者勇往直前,后来者络绎不绝。"由此,我想到了钱锺书先生谈及翻译的一段话,翻译,"从一种文字出发,积寸累尺地度越那许多距离,安稳到达另一种文字里,这是很艰辛的历程。一路上颠簸风尘,遭遇风险,不免有所遗失或受些损伤"。金教授深知译道的艰辛,但译道通往的是跨文化的交流,是历史的奇遇,是人类灵魂的共鸣。在如人生的译道上,金教授专心思考,用心领悟,在字词的移译中,寻找翻译之通道,小中见大,参透译事之奥妙。

于是,在翻译的重重障碍中,经她一点拨,迷雾散去,突显一片旖旎风光;原本狭隘的翻译空间,经她一开拓,竟能"周转回旋,从容自处"。她告诉我们,翻译既然如做人,那就"必须慎言慎行,掌握分寸,方能在翻译的重重险阻中立于不败之地。要掌握好分寸,须大处着眼,小处着手"。"翻译中分寸的掌握,与译者有否敏锐的语感息息相关",怪不得她"在指导研究生的'翻译工作坊'时,一开始就要测验学生对语言的感受能力及其语域的宽广程度"。她还告诉我们:"翻译,是把一种语言转换成一种语言的智性活动,讲求的是'先入而出'。入，是指对源语的彻底了解；出，是指对译语的充分表达。入时，要与源语紧紧相守，耳鬓厮磨；出时，要对源语挥手握别，扬长而去。最忌讳的是'入而不出'，跟原语纠缠不清，藕断丝连，把原文一些不必要、不相干的元素都拖泥带水地搬到译文来。"在金教授看来，如何摆脱原文的束缚，还包含着"如何从惯有的思维方式挣脱"的道理，不出原文，就不能在接受语新的文化环境中获得新的生命。读金教授的一篇篇文章，有不断的欣喜，有不绝的共鸣。她谈翻译的文字，说白话为常贵在应变的道理，借前辈的经验，嘱咐我们翻译时文字要点烦切忌添烦；她不惧翻译之难，探讨色彩、亲属关系、容貌、季节的翻译，举一反三，给人启迪；她谈翻译常见的毛病，在人们不经意的征兆中一针见血，指出翻译值得特别注意的一些问题。我知道，没有数十载的翻译经历，没有不懈的探索和思考，没有对翻译事业的热心与用情，不可能发表这样独到的见解，道出如此深刻的译理。

金教授知道，译道之行，关键在于一个"行"字，为此，她身体力行，在译道上勇往直前，她做翻译，译了包括康拉德的《海隅逐客》、厄戴克的《约翰·厄戴克小说选集》、布迈恪的《石与影》等多部外国文学名著；她研究翻译，关注译家译事与译品，大到翻译的本质、翻译的价值、翻译的功能，小到一字一词的移译，注重宏观与微观结合，尤其提倡理论与实践的互动，反对理论与实践的隔岸相望，而主张"中流相遇"，寓理论于实践，也从实践中探索理论；她教授翻译，从翻译科目的设置、教材的编写到人才培养，着眼于"译"，主张从译中求道、悟道、释道，为学生指点迷津，在学译中学做人，在跨文化交流中让翻译精神发扬光大；她推助翻译与文化事业，组织"新纪元全球华文青年文学奖"，组织海峡两岸暨香港的翻译学术研讨会，组织与文化交流相关的种种翻译活动，因为她深知，在全球化的时代，跨文化交流是维护文化多样性的重要途径，而翻译责任尤其重大。读金教授的《齐向译道行》,我愈发感到,为译之道,贵在于行。我愿意在余生中紧随金教授在译道中前行,也呼吁所有热爱翻译、关心翻译的人们,齐向译道行!

(原载《英语世界》2011 年第 1 期)

《跨学科的翻译研究》序

　　最近一段时间,一直有些困惑,也有些担心:近二十年来,翻译研究的领域不断拓展,翻译研究的途径日益丰富,翻译研究渐渐地从边缘走向了学术中心,如今的人文社会学科,凡能与翻译有点关系的,几乎无不在关注并开始研究翻译问题。这固然是好事,但与此同时,翻译研究却面临着失去自身的危机,因为其他学科研究翻译的目的在于解决自身的理论问题,虽然可为我们探索翻译问题给予启迪,提供某种理论参照,但翻译研究若不以"翻译"为本,关注自身的问题,使研究向系统、科学的方向发展,那么,翻译学科的建设将是一句空话。由此而引出一个值得我们思考的重大问题:在多学科介入的跨学科语境之下,译学研究应如何保持自身体系的相对独立性?

　　在思考与困惑之中,欣喜地看到了王东风教授的书稿:《跨学科语境下的翻译研究》。这是一个很有价值的课题,要进行名副其实的研究,应该说是非常有挑战性的,其原因有三:一是研究者必须要对翻译研究所涉及的相关学科理论有相当的了解和把握,对翻译的跨学科语境有清醒的认识;二是研究者必须将整个研究落实在"翻译"上,如我在上文所说的,以"翻译"为本,紧紧围绕着翻译的基本问题展开;三是研究者必须把握近半个世纪以来的翻译研究的发展脉络,有独立的翻译学科意识,并对译学研究的趋势有前瞻的目光。面对挑战，王东风教授没有退却，而是迎难而上，勇敢探索。做研究，要有勇敢的探索精神，要有理论胆识，而在国内翻译理论界，应该说王东风给人的突出印象之一，就是敢于探索，往往能见他人之未见，言他人所未言。但是我们知道，一个学者，除了勇敢的探索精神还不够，还须有宽阔的理论视野，深厚的理论素养和敏锐的学术目光，不然，很难把有价值的研究课题真正做出价值来。

带着对作者的勇敢探索精神的赞许和对其研究价值的期盼，打开了王东风教授的书稿。单从目录，便不难看出作者有着明确的理论追求和精心的理论构建。全书共分四个部分。前三个部分体现了不同的研究范式对翻译行为的不同的理论视角，而最后一个部分，即第四部分，则从宏观的角度对翻译学的历史和现状进行描述，全书由此而体现了作者的理论追求：力图构成一个有机的跨学科译学研究内在体系。目前的译学研究者的研究范式，或经验主义，或语言学，或诗学，或文化学，但基本上还是各说各的话，无论在国内还是在国外，能系统地将跨学科的研究范式熔于一炉的还不多见。该书的出现终于使"跨学科的译学研究"这一理想，从口号走向了现实，至少可以说是一个十分有益的尝试。

于是，我们在第一部分"翻译的语言学研究"里会看到经验主义和语言学译论中乐见的那种"例句分析"，所不同的是，这里的分析已经融入了跨学科的研究思路。这一部分里所涉及的语言学分支学科就有语义学、语用学、篇章语言学、系统功能语法，同时也有其他学科的理论介入，如文体学、修辞学、甚至还有中国的孙子兵法。这一部分一共有七章，涉及语境、功能、意义、义素、语序和连贯。表面上看，所涉及的方面还不能穷尽语言的各个方面，但真正从事翻译研究的人就会看出，这些领域基本上都是翻译研究所应关注或被忽略的问题。对于那些已经成熟的研究领域，如词语和句子的翻译，该书有意识地跳过了。

　　第二部分"翻译的诗学研究"把第一部分中有关意义的讨论置于了诗学的视野之中,对意义在翻译中的体现作了更为深入的探讨,既有古典诗学对言语美的辩证认识,也有后现代诗学的那种善于反思的反叛精神。这一部分的前三章是论及"信达雅"的,但作者没有走人云亦云的路子,而是独辟蹊径,用他的话说是:"信,从者多;达,议者寡;雅,反者众。本部分这前三章,将对上述这三种情况反其道而行之:从者众的,我反;议者寡的,我论;反者多的,我辩;故有'解"信"''论"达"''辩"雅"'之说。"作者从诗学的角度,对译学传统中似乎无可争议的"信"、没有争议的"达"和争议不休的"雅"都做了深刻的反思。该部分的另外两章"诗学与信息"和"变异与差异"也是不乏创意的思考,提出了在文学创作和翻译中作家和译家的审美意识和文体能力上存在着冲突的问题,从诗学的角度进一步阐释了内容与形式的审美关系,从而也进一步加深了自第一部分起对功能和意义的认识。

　　如果说第一部分是结构主义的语言学范式,第二部分是在结构与后结构之间的边缘往返的话,那么第三部分"翻译的文化研究"基本上就是从结构主义走向后结构主义了,研究的视野就此转向了翻译的外部环境,追问译本生成的历史和文化动因。举例的方式也基本上从第一部分的纯例句式,第二部分的例句与案例相结合式,转向了纯案例式,这正是研究范式的不同而形成的必然结果,反映了自 20 世纪 60 年代以来国际翻译研究范式的演变。在这一部分里,作者采用了文化比较和后现代理论中的新历史主义、后殖民主义,甚至文化控制论等手法,对翻译与文化的历史互动进行了深刻的探讨,对奈达的读者同等反应论、归化异化、意识形态对翻译的操纵、翻译的后殖民问题均作了有益的反思和研究。必须指出的是,作者在这一部分里,虽然运用了不少西方的理论,但却并不是那种盲目的应声附和,而是有着自己独特的思考,并且对外国学者的理论大胆提出了不同的见解,如对奈达的同等反应论的批判、对勒菲弗尔的意识形态与诗学分野的商榷、对佐哈尔的多元系统论的修正,而且能有效地将理论与中国的实际相结合,运用现代理论重新审视了一些被传统译学理论误解或忽略的问题,如在佛教中国化的历程中翻译所起的作用、严复和林纾的再认识问题、后殖民语境中的中国学者的文化立场和角色定位问题等。

九九归一,最后一部分自然还是落到了译学本体上来,在这一部分里,作者的视野从翻译研究跳到了翻译学的学科建设这一宏观命题,回顾了翻译学学科建立的历程,分析了我国翻译学的现状,并对在翻译学学科建设过程中出现的一些反理论、反学科建设的言论提出了理性的商榷。

综观全书,可以说在某种意义上印证了近十余年来与王东风教授的学术交往中给我留下的基本印象:富有探索精神,且有扎实的理论功底;理论视野广阔,但又始终以"翻译问题"为研究根本;勤于思考,好提出不同的观点。从全书的内容看,应该说其中大部分都在国内的学术刊物上刊登过,从中倒又让我看到了作者的另一个特点:那就是作者在近二十年来的研究中,始终有着一个明确的方向,随着译学研究的发展而使自己的研究不断深入。由此,从王东风教授的研究中,我们也不难看到近二十年来国内外译学研究的发展轨迹和某些前沿成果。对这样的研究,我们不能不给予关注,而对译学探索中提出的富有挑战性的问题,对作者在书中以"论辩性"的笔触提出的一些也许有些"偏激"的观点,相信译界同行也一定会做出自己的思考,作出有力的回应,从而将译学研究推向新的高度。而这也许正是作者将自己近二十年的译学研究成果作一梳理与总结,毫无保留地呈现给译界同行的本意所在吧。

2003 年 11 月 12 日于南京大学

《生态翻译学——建构与诠释》序

老友胡庚申教授来电，嘱我为其即将由商务印书馆出版的大作《生态翻译学——建构与诠释》作序，我欣然接受了。原因有三：论年龄，胡教授比我长；论学术追求，他的坚韧不拔让我敬佩；论书稿内容，我很熟悉，多少年来，我一直关注胡教授在生态翻译研究领域所做的开拓性的工作。

在《生态翻译学——建构与诠释》(以下简称《构与释》)一书中，生态翻译学的定位是"一种从生态视角综观翻译的研究范式"。该生态翻译研究范式以生态整体主义为理念，以东方生态智慧为依归，以"适应/选择"理论为基石，系统探究翻译生态、文本生态和"翻译群落"生态及其相互作用和相互关系，致力于从生态视角对翻译生态整体和翻译理论本体进行综观和描述。我认为，说该书构建了生态翻译学的理论话语体系，对生态翻译学做出了全景式的描述与诠释，一点也不为过。全书对生态翻译学的研究对象、理论基础、研究内容、核心理念、研究方法、翻译策略、实践应用、发展取向、启示意义等都有深入浅出的论证和阐述。生态翻译学将翻译活动视为一个由"译境 ＋ 译本 ＋ 译者"构成的翻译生态"共同体"，是一个复合翻译生态系统，是一个活的有机的生态整体。我初步归纳了一下，生态翻译学至少提出了"十论"，包括翻译生态的"平衡和谐"论、翻译文本的"文本移植"论、翻译主体的"译者责任"

论、翻译行为的"适应选择"论、翻译方法的"多维转换"论、翻译过程的"汰弱留强"论、翻译标准的"多维整合"论、译品生命的"适者长存"论、译者追求的"译有所为"论、以及译学发展的"关联序链"论等。我认为这部专著的主题鲜明,内容丰富,综观系统,正可谓"由简入繁繁又简,简内尽是精华点",引人入胜,催人思考。

关于生态翻译学的研究与发展,我想起了2011年在上海召开的"第二届国际生态翻译学研讨会"上,中国译协翻译理论与翻译教学委员会副主任杨平博士所做的"从生态翻译学看中国翻译理论研究"的大会发言。她在发言中讲到了三点:一是,生态翻译学的发生与发展,前后已经十年了,这是一个事实,是一个客观存在。不论其中有多少我们可以接受,或者有多少我们仍有质疑,但事实上它已经存在了。既然是客观事实,既然是现实存在,这就说明它有存在的必要性和客观需要,我们就要以一种宽容的心态去关注它,也要以一种科学的态度去正视它。二是,生态翻译学肇始于中国,是中国学者开拓的新的研究领域,是一项自主创新、具有独立知识产权的学术研究。经过十余年的努力,生态翻译学已经从无形到有形、从"照着说""接着说"到"领着说"。这一点确实难能可贵,令人欣慰。三是,从学科发展的角度来看,生态翻译学毕竟时间不长,还处在初创阶段,不少议题还需要更深入地探讨,还需要不断地改进和完善。对于杨平博士的判断和见解,我是非常赞同的。

事实上,我本人对生态翻译学研究的关注,并非始于今天,而是十年以前。当2001年10月22日胡庚申教授在香港浸会大学做了相关生态翻译学研究演讲的第二天,就有人向我通报了他的博士论文研究,我的第一反应就是颇为"新奇",颇有"创意",因为这种探索是应当鼓励的。因此,当胡教授的专著2004年刚刚出版不到一个月,我就和刘云虹博士联名写了长达近四五千字的书评在《中国翻译》上发表。2010 年初,"国际生态翻译学研究会"在中国澳门成立,并举办了"首届国际生态翻译学研讨会",我本人因其他安排的时间冲突而未能到会,但专门委托代表发言,以致贺意。总之,近年来生态翻译学研究的丰硕成果及其在国内外的扩散发展,表明当年我们并没有看错,同时也表明我们多年来的关注和支持是值得的。

长期以来,在国际学术界,我们中国学者话语权不多,原因是,我们缺乏自主的、创新的、具有活力的学术话语系统。说老实话,"译介"和"转述"都不是我们最终的目的。中国应当拥有原创的、具有自主知识产权的,并且能够"走出去"的学术话语系统。

生态翻译学基于(西方)生态整体主义的基本原则,又受惠于中国传统的生态智慧,是一项翻译学和生态学的跨学科研究。分析这句话,前面一小句涉及现代和西方,中间一小句涉及古代和中国,后面一小句涉及人文和科学,从这个意义上可以说,生态翻译学是一种中西结合、古今结合、文理结合的产物。令人可喜可贺的是,这种"贯中西""融古今""汇文理"的生态翻译学研究是在中国的土地上成长的,是由中国翻译界学者创生的。

因此,通读《构与释》,很自然地涉及生态翻译学的创导者胡庚申教授。

胡教授十数年如一日,淡定执着,艰苦努力。这是一种学术的努力,这是一种时代的努力。对于生态翻译学的研究和发展而言,如果说,前十年多是胡庚申教授个人的努力,那么,我认为,从今往后,这种努力应当不能继续只是一个人的努力,而应当是我们大家的事,应当是一种大家的努力。我们帮助胡庚申教授,进一步完善生态翻译学,在某种意义上讲,或者在不同程度上讲,也或者在某个环节上讲,就是在帮助我们自己,就是有利于中国翻译研究"走出去"。因为,在当今世界上,中国人拥有自己"原创"的东西是很不容易的,在人文社科领域尤其如此。但像我们这样的泱泱大国,有这么庞大的翻译队伍和翻译实务,应该有自己的理论拿出来,与外国同行真正平等地对话;在宏观翻译理论方面应该有中国学者的声音,在世界译林有自己的一席之地。事实上,中国翻译界从事系统宏观翻译理论研究的学者不多,已有建树者更是为数甚少。现在,既然我们拥有了这样的"生长点",或者说,既然我们拥有了这样的"拓展点",我们应当怎么办呢? 我认为,我们的翻译界、我们的学术界应当思考和重视这个问题。我想,我们应当提高到"责任感""使命感"的高度来认识这个问题。

从无到有地构建一个全新的翻译理论体系,遇到的困难和挑战是可想而知的。记得有一次会议期间我与胡教授谈到这个话题,他说,整个构建过程中的犹疑、困惑或受挫简直就是"家常便饭",有些时段甚至就是"寝食难安"。这些年大都是在"夹着尾巴"做人,时时都有"如履薄冰"之感。他说,事情已经做过了,现在回想起来还真有点"后怕"。可以想象,大凡是第一个"吃螃蟹"的人,大凡走了前人没有走过的路的人,我相信大都会有类似的感觉。从事范式特征的系统理论研究更是如此。

胡庚申教授能做到这一点,表明了他具有一种"开发本土学术资源"的定力和拓荒创新的功力。说实话,为了准备这篇小序,我还是做了点"功课"。我查阅了相关的文献资料,发现胡教授的这种弄潮、创新的学术定力和功力绝非偶然,绝非一日之功,而是厚积薄发、多年一贯,早在二十多年前,就已显现。

1990 年,胡庚申的"双外"交叉研究论文在《现代外语》首篇发表,该刊为之专辟"涉外外语"栏目,并加"编者按",明确提出了是否能"自成一体在国内蓬勃发展起来"的学科建设问题,并"希望和读者诸君共同努力,把涉外外语应用学科的研究认真开展起来"①。

1991年,胡庚申的口译研究论文在《外语教学与研究》首篇发表,该刊罕有地加了长达近1200字的"编者的话",指出作者"代表了眼睛向着国内语言活动这样一个选择","表现了一种值得支持的倾向",具有"开发本土资源之功","这是最最需要的","我们自当为他们的开发精神欢呼!"②

2009年,胡教授的翻译研究论文在《上海翻译》首篇发表,该刊开辟"生态翻译学"专栏,在长达千余字的"编者按语"中开宗明义地指出,由中国学者胡庚申创导的"生态翻译学与新世纪齐步",并呈散发的趋势③。

2011年,胡教授的翻译研究论文在《中国翻译》首篇发表,该刊在"本期聚焦"中集中推介两篇关于生态翻译学研究方面的专题文章,引发学界关注。④

2013年,《外语学刊》在"翻译研究"专栏里,首篇刊登了有关生态翻译学的研究论文,在"编者按"中开篇的第一句话就是:"从生态学角度研究翻译,是胡庚申2004年首先开辟的研究路子。"⑤

上述这些不同的重要学术期刊,对一个人的学术研究二十多年来不间断地点评和推介,而且大都集中在"开拓""开创""开辟"等方面,这种情形并不多见。无疑,这是对胡庚申教授"勇于探索,志于构建,成于坚持"开拓实干精神的一种肯定。可以说,这是一种持之以恒的学术追求。这种追求,已经超脱了一般意义上的学

①　现代外语.1990(4):1(编者按).
②　外语教学与研究.1991(1):1(编者的话).
③　上海翻译.2009(4):1(编者按语).
④　中国翻译.2011(2):1(本期聚焦).
⑤　外语学刊.2013(1):122(编者按).

术研究,进而体现出了一种"精神"———一种"敢为人先"的精神,一种"创新进取"的精神,一种"执着追求"的精神。据我所知,即便是某些对生态翻译学理论观点有质疑、有批评的学者,他们也都公认和钦佩胡庚申教授的学术精神和实干精神。我认为,做学术研究,我们应当提倡的是这种精神!中国文化"走出去"需要的是这种精神!中国学术的繁荣昌盛需要的也是这种精神!

关于理论应用与发展问题,我认为,一个理论成功与否,在于它是否能实际应用,在于它是否能经得起实践的检验和时间的考验。一个翻译理论,只有在翻译研究和翻译实践中得到应用并发挥效益时才能体现其价值、延续其生命;同时,也只有在广泛应用中才能发现其不足并得到改进与发展。在理论的指导性和实践性方面,恰如功能主义学派的创始人马泰休斯(Mathesius)曾经说过的那样:"每一个真正伟大的思想一定来自实际应用,具有实际效果。"①

前不久,我浏览了 CNKI、"中国硕士/博士学位论文全文数据库"、百度等网站,当我键入"生态翻译学""翻译适应选择论"或"胡庚申"等关键词时,我惊奇地发现,已有数千篇、上万篇的相关研究论文(我相信可能会有重名,或其他方面的研究论文),但肯定是以"生态翻译学"或"翻译适应选择论"为关键词和主题词的研究论文居多。数据也表明,全国已有超过百篇的、以生态翻译学为整体理论框架的硕士/博士学位论文通过答辩、获得学位(如上海外国语大学已有 3 篇博士论文)。与此同时,国际上一些知名翻译学者也都做出了积极的点评,如美国 Edwin Gentzler 的"a powerful model"(功能强大的研究模式);西班牙 Roberto Valdeón 的"an

---

① Fried,V. *The Prague School of Linguistics and Language Teaching*. London:Oxford University Press,1972:preface.

emerging paradigm with a great potential for research and study"（一种新兴的翻译研究范式，具有巨大的研究和学习潜力）；丹麦Cay Dollerup 的 "being superior for explaining—actual translation practices even in the West"（乃至拥有优于西方翻译理论的解释力）；南非 Marion Boers 的"This new theory will grow from a small sapling into a fruitful tree!"（这门崭新的理论必将从一株纤纤细芽成长为硕果累累的参天大树!）①，等等。所有这些现实，的确既令我们欣喜，又令我们思索。我认为，任何理论，只要持续受到关注，只要不断得到应用，都应该是它具有生命力的一种体现。

翻译理论家安德烈·勒菲弗尔多年前就曾指出："翻译研究将从一个更为一体化的话语中大大获益，要使所有研究人员都认为，这个话语即使不是自己研究的中心，也是密切相关的。"②近年来，翻译界已在"更为一体化的话语"方面做出种种努力。现实的翻译研究也表明，在当代翻译理论研究中，开始出现了向学理的普遍性、学科的整合性、视野的全景性、范式的多元性、认知的复合性、评价的多向性以及视界的融会性等方面渐进嬗变的发展趋势。这又令人朦胧地察觉，实现"多样统一""多元一体"翻译理论体系是否已呈现某种前兆，也值得进一步地认真观察与思考。

我本人对生态翻译学的研究和发展是看好的。生态翻译学不但有了自己的话语理论体系，而且还有一批得力的研究骨干，特别是又有了自己的"同仁学会"（国际生态翻译学研究会）和"同仁学刊"（《生态翻译学学刊》），这就有了强有力的"着力点"，有了可持续发展的平台。再加上有连年召开的"国际生态翻译学研讨会"，

---

① 中国翻译.2011(1):34.
② Lefevere, A. Discourses on translation: Recent, less recent and to come. *Target*, 1993 (2): 229-230.

国内外学者集思广益,交流研讨,生态翻译学的发展前景将会更加可观。

最近,我一直在思考这样一个问题。长期以来,我们的翻译学学科发展都在学习、借鉴和应用其他学科的理论、方法和研究成果;同时,我们又大都是西方翻译理论的"追随者""译介者""求证者""实践者"。但是,当我们翻译界有了自己的话语体系,并通过我们的努力使之更加完善、更加丰富的时候,或者,当中国翻译界拥有了自己的话语体系,并通过我们的努力使之更加科学、更加有用的时候,这是否就为中西翻译理论研究的真正的平等对话提供了一种可能? 同时,这是否也使得翻译学研究反过来"回馈"和"反哺"其他学科成为一种可能? 我想,经过我们大家的共同努力,这个问题的答案应该是肯定的。由中国学者领衔的"国际生态翻译学研究会",由中国译界主导的"国际生态翻译学研讨会",并能够吸引越来越多的国内外学者关注和参与的生态翻译学研究,就是一个有说服力的例证。

记得清代名家郑板桥说过,"学者当自树其帜"。我认为,《构与释》对于生态翻译学研究和发展来说,是一部具有里程碑意义的专著,也是我国进入 21 世纪后最具影响力的翻译理论著作之一;而胡教授的翻译理论研究在中国乃至国际翻译界也称得上独树一帜。在这方面,西方学者所言极是:"胡庚申的研究工作具有创新性,前景可观,并将能长期位居开路先锋。"(Hu Gengshen's work is innovative and promising, and will stand for long time as a trailblazer.)①同时,生态翻译学的研究、发展和传播已有一定的基础,经过进一步地研究和运作,它对国内乃至国际翻译理论研究的

---

① 见 Dollerup,C. On Professor Hu Gengshen's scholarly contributions:A western scholar's view. [2007-05-28] http://www. language-international. net. 又见《生态翻译学学刊》,2013(1-2).

导向意义不能低估,有望使中国在国际翻译界的宏观理论研究领域里占有一席之地。可以说,这也是中国从"翻译大国"到"翻译强国"的一步标志性的跨越。有鉴于此,作为一个学翻译、教翻译、做翻译,并协助"管翻译"的人,我觉得我们有责任当好"推手",现在是到了"东学西进"的时候了,是到了把中国翻译理论成果"译介"出去的时候了。

最后,我愿意引用以下两段话来表达我的心意,并结束本文。

一是,北京大学胡壮麟教授为胡庚申教授另一本专著所写序言中的一段话:

"干什么事都需要有百折不挠的精神。庚申教授是在年已53岁高龄的情况下把博士学位攻下来。在此以前,他早聘任为清华大学教授,要名有名,要钱有钱,要房有房,满可以舒舒服服享受生活,领受众弟子的敬慕和喝彩。但是,学术的追求是无止境的,庚申能说服领导给予支持,扫除业内人士的疑虑,毅然走自己的道路。本书就是最真实的见证。"①

二是,以胡庚申教授为会长的国际生态翻译学研究会有一个颇具号召力且表达了坚强信念的口号:

Be part of it. Be proud of it.

我将它翻译成中文:一起参与,为之自豪!

是为序。

2013 年 4 月于南京大学树华楼

---

① 胡庚申.国际交流语用学——从实践到理论.北京:清华大学出版社,2004:1.

《文学翻译的境界：译意·译味·译境》序

  暑假前，大亮给我来信，说他的国家社科基金后期资助项目已经结项，研究成果拟在商务印书馆出版。作为他博士后研究的合作导师，听到这个消息，知道他潜心研究多年的学术成果很快就要与广大读者见面，确实为他高兴。

  我与大亮的相识缘于学术。记得在2003年底，《中国翻译》编辑部给我来信，说收到一篇文章，对我提出的有关翻译主体与翻译主体性的观点有不同的意见，请我看看。对于学术上的不同观点，我向来十分看重。从寄来的文章的观点与论证看，我觉得作者很有思想，文章观点鲜明，论证也很扎实，争鸣有助于推动学术发展，我强烈建议编辑部采用该文。2004年《中国翻译》第2期上发表了这篇文章：《谁是翻译主体》，我才知道作者的名字，也了解到当时他还在南京师范大学读硕士。这篇文章针对国内翻译主体与翻译主体性的研究现状勇于提出自己的看法，说明大亮注意追踪学术前沿，敢于探索求真，具有年轻学者应该具有的开拓意识和创新精神。自此以后，我开始关注大亮的学术研究，他也经常向我提出一些学术问题，在交往与交流过程中逐渐加深了对他的了解。我发现大亮善于钻研，勤于思考，长于思辨，对学术有执着的追求，有明确的研究方向与研究领域。

  总的来看，大亮这些年的学术研究可以分成三个阶段，涉及了三个研究领域。硕士阶段起,他关注并研究翻译主体性与主体间性的问题,读硕期间及毕业之后陆续在《中国翻译》等期刊上发表了系列论文。博士阶段,他从哲学的角度,对金岳霖的翻译思想进行研究,博士学位论文几经修改,最后形成了一部专著,并获得国家社科基金后期资助项目。博士后阶段研究,他特别关注中国传统译论的伦理与审美问题,重新考量中国译论的核心价值。在我看来,这三个领域虽各有侧重,但有着内在的联系。

大亮这次献给翻译学术界的书,是他承担的国家社科后期资助项目的最终研究成果,是一部系统研究金岳霖翻译思想的学术专著。我觉得大亮这个选题很有意义,金岳霖提到的译意(意义)、译味(意味)、意境与境界问题具有重大的研究价值。金岳霖就语言与翻译问题提出了许多富有启发性的见解和主张,如语言文字的情感寄托、意念上的意义与情感上的寄托之间的关系、译意与译味的区别、文学翻译的困难等。这些主张和提出的问题对于翻译研究具有重要的启迪意义。但是,金岳霖也留下一些翻译问题没有解决,如译意与译味的联系、如何兼顾译意与译味、如何解决文学的不可译难题等。这些问题需要后人进一步探索。

读了大亮寄来的书稿,我发现他对以上一些问题已经有了自己的思考,并尝试对金岳霖留下的问题提出解决的办法。大亮研读了金岳霖的《知识论》,解析了知识论的研究对象、立场与态度对金岳霖的语言观与翻译观的影响,发现了金岳霖翻译思想的矛盾,探究了问题形成的原因,并提出了解决问题的思路与办法。大亮认为解决文学的不可译难题不可能在知识论的领域内找到答案,只有跳出知识论的逻辑思维领域,借助中国哲学美学的境界论来超越概念和命题的局限性,从知识论转向境界论,利用境界翻译的超越思想才能打破二者之间的对立与冲突,从而完成从知识论的二元对立到境界论的层级超越,最终实现译意与译味的和谐共存。

大亮并不满足于金岳霖提出的译意和译味,他在译意和译味的基础上增加了译境,形成了文学翻译的三种境界。其中,译意是基础,译味是关键,译境是理想。三种境界之间不是彼此独立的三种翻译类型,而是相互联系的三个翻译层次。尽管大亮从理论上把文学翻译划分为三种境界,但他认为在实践上三者是"三位一体"的整体,三境归一。这样的思考,目的非常明确,那就是试图不仅从理论上而且从实践上解决文学翻译的一些重要问题,而且试图实现理论与实践的和谐统一。

大亮提出的文学翻译的境界论对于文学翻译有何理论与实践指导价值呢? 首先,境界翻译传播的是正能量,提倡的是一种创造意识、超越精神和积极的翻译态度,这对于我们思考文学的不可译性具有拓展性的意义。正如王国维在《人间词话》中所说的那样:"词以境界为最上,有境界则自成高格,自有名句。"文学当然是很难译的,但中外文学翻译家并没有因为文学很难译而放弃文学翻译。相反,优秀的文学翻译家面对翻译的障碍,总是在文字、文学与文化的不同方面,在认知与审美活动的互动中,创造性地超越不可译因素,把文学翻译提升到至高的审美境界。其次,文学翻译三种境界的提出可以用来评价文学翻译的可译性大小、文学性强弱以及翻译水平高低,从而为文学翻译批评提供了一定的参照系。从可译性大小来看,意义的可译性最大,意境的可译性最小,意味居中,三者之间形成一个连续体。从文学性强弱来看,意义的文学性最低,意境的文学性最强,意味处于中间,成为连接意义和意境的桥梁与纽带,文学性从低到高排列。从翻译质量的高低来看,只能译意的作品,翻译质量居下品,能在译意基础上译味的作品,翻译质量居中品,意义、意味及意境三善具备的作品,翻译质量最高。

金岳霖的翻译思想涉及哲学、美学、文学等不同的学科,需要研究者具备跨学科的知识视野与研究方法。大亮运用跨学科的研究方法,尽可能融汇中国哲学的境界理论、西方哲学的意义理论和中国美学的意味与意境理论,选取具有代表性的中西文学翻译的实例进行分析,以境界为主线贯穿全书,把译意(意义)、译味(意味)、译境(意境)联系起来,把握其内在关系,建构其理论关联。首先,大亮运用回归中国译论原点的研究思路,探究了意义、意味、意境、境界的哲学基础、美学渊源及文学传统,历时地追溯了四个范畴之间的概念变迁与继承发展关系,以便能够语境化和历史化地把握理论的原貌。其次,大亮借鉴俄国的形式主义、新批评、结构主义以及现象学文论有关作品层次论的研究思路与方法,把文学作品划分为意义、意味与意境三个层面,然后在作品的结构中界定了这三个概念的内涵与外延,并运用辩证法的“中介环节”理论,解决范畴之间的意义交叉关系。再次,大亮合理运用了西方的逻辑分析法,把意义、意味与意境分解成不同的类别与层级,使其衍生出二级范畴和三级范畴,并通过逻辑推理与辩证逻辑建立范畴之间的内在联系。这些思考与探索,无论是在理论层面,还是在翻译实践层面,我觉得都是很有价值的。

我相信,翻译学术界的同行会和我一样,为大亮的探索与进取精神点赞,但同时,我也期待,翻译学术界的同行对大亮在研究中提出的一些重大问题加以思考,提出自己的观点,乃至提出批评与争鸣。

2015 年 8 月 28 日于南京大学

《译者行为批评：理论框架》与
《译者行为批评：路径探索》序

　　周领顺是我国翻译研究界最为活跃的中青年学者之一，我与他认识已有多年，知道他具有跨学科的学术背景。我也经常在国内学术杂志读到他以跨学科的视野，对翻译，特别是对翻译批评所做的探索性工作。就我的了解，周领顺最早是做语言学研究的，但最近这些年，他将主要精力转向他一直以来有着浓厚兴趣的翻译学研究领域，而其对翻译学的独特思考与新见，最初表现在他2003年于《上海科技翻译》发起的那场有关翻译理论与实践关系大讨论。

　　翻译学作为一门学科，不及学科意义上的语言学和文学研究的历史那么悠久，走过的路也不那么顺利。从严格的意义上说，翻译学还比较年轻，其分支领域还有待细化和进一步拓展，而作为翻译学主要分支的翻译批评，尤其如此。

　　在国际译学界，对于翻译批评的用力还比较分散，而在具体的批评标准上，还时而有人云亦云、随感而发的现象。鉴于这样的状况，周领顺立下长志，矻矻经年，潜心著书立说，一写就是五个春秋。他首次提出批评意义上的"译者行为"概念而聚焦于该专题的翻译批评研究；他把"译者行为"研究系统化，使之凸显于翻译批评学科并合理地冠以"译者行为批评"之名；他从中提炼出译者行为评价的理论框架,并尝试性地将其用于批评的实践;他提出翻译批评三个阶段的划分等等。他有足够的学派意识,自成一格。

译者行为批评是翻译批评学科的进一步细化,将翻译批评推进到了翻译内外相结合的翻译社会学研究阶段。在我看来,周领顺所探索的译者行为批评是对译者语言性和社会性角色行为之于译文关系的评价,是对于译者在翻译社会化过程中的角色化及其作用于文本的一般性行为规律特征的研究。在社会视域下,从译者及其行为切入所做的研究,对于提升翻译批评的全面性、客观性和公正性,都有着十分重要的理论意义和实践意义。如何更有效地开展翻译批评,也是国际翻译批评界亟待克服的难题。

任何译文的诞生,都不可能发生于真空,而译者的意志性始终左右着译文的生成并反见于译者的行为中。各个译者虽有意志个性,但各类译者在相似的意志性支配下,其行为却有着共性的规律可循。摸透译者行为的规律,对于透彻认识翻译活动的本质特征,意义非同寻常。译者行为研究是在对译者行为规律进行描写的基础上展开的,其研究成果为理性规约未来译者的行为,做了理论上的准备和实践上的预验证,更为翻译研究开展的有效性,提供了可资深化的主题。

理论上一个概念的创生,可以使研究方法得到很大的改观。周领顺为了细化翻译批评的执行细则,提出了"译内效果""译外效果""角色化"等概念和连续统评价模式等,还提出了"翻译"和"译者"的描写定义,即:

翻译是译语再现源语意义程度不等之物或之为。

译者是借译语再现源语意义程度不等之执行者。

他所坚持的,就是学术上强调的"范畴化",不仅要细致,而且要在细化的基础上尽可能实现客观。

周领顺的译者行为研究走的是一条可持续发展之路。几年前,我应邀在扬州大学讲学时提到,他挖的是一座"金矿",他是为数不多的有个性、有潜力的中青年研究者之一;我在 2011 年马鞍山"国际化背景下的翻译与翻译研究学术研讨会"开幕式上讲到,他的译者行为研究处于"国际前沿"。我在给他的信里写道:"读了你很多文章,为你活跃的思想和精辟的见解叫好。"我一直关注着他的系列研究,从他早年的英汉"转性词"对比系列到目前的"译者行为"研究系列,无不透出他扎实、肯干、敢于探索的精神。

我特别看重踏踏实实的学者。研究是一个过程,尽管研究结果还有这样那样的不足。他所做的终究不是"应景"之作,不是急功近利之作。这样的探索精神,我们要给予积极的肯定,而国家社科课题和教育部社科课题的立项,也是对这种精神的诠释。

周领顺的汉语专题研究和翻译专题研究都相当专,虽然各自独立,但其透出的探索精神是一致的。他在社会科学文献出版社出版的专著《汉语移动域框架语义分析》和这两部在商务印书馆出版的专著《译者行为批评:理论框架》与《译者行为批评:路径探索》,都在见证着他坚毅而求实的不懈探索之路。

这两部专著有很多新见,有的见解有异于传统,有的观点也许还值得商榷。我特别希望译学界的同仁关注这两部著作,关心翻译批评理论建设,在目前翻译市场混乱,版权引进盲目,翻译质量下滑的情况下,在正确的理论指导下,展开有效的翻译批评,真正发挥翻译批评的作用,促进我国翻译事业健康地发展。

是为序。

2013 年 12 月 14 日于南京大学树华楼

翻译:崇高的事业

——"巴别塔文丛"代前言

在博洛尼亚大学成立九百周年的大会上,意大利著名思想家、符号学家恩贝托·埃柯作了主题演讲,他在演讲中为欧洲大陆明确提出了在第三个千年的目标:差别共存与相互尊重。在他看来,"人们发现的差别越多,能够承认和尊重的差别越多,就能生活得更好,就能更好地相聚在一种相互理解的氛围之中。"[1]然而"在承认差别的情况下,人类如何沟通呢?"[2]对于这一个有关跨文化交流的根本问题,也许会有各种不同的答案,但是,翻译家的回答恐怕是最直接,也是最有力的,因为自从操着不同语言的人类有了相互交流的需要,为克服语言的障碍而寻求人类心灵沟通的努力就已经凭借翻译而实实在在地存在着。

人类凭翻译而致力于沟通的努力是伟大而崇高的。打开《圣经》,在《创世纪》中可以读到有关巴别通天塔的记载:人类向往"大同",他们要筑一座通天高塔,扬名天下。这触怒了上帝,上帝惩罚人类,让人类流离四方,言语不通。然而,人类没有屈服于上帝的

---

① 乐黛云等.跨文化对话(第四卷).上海:上海文化出版社,2000:2.
② 乐黛云等.跨文化对话(第四卷).上海:上海文化出版社,2000(卷首语).

惩罚,他们以英雄般的事业——翻译,向上帝发出了挑战:凭借翻译,他们使上帝变乱的语言得以变成一笔笔带有民族特性的财富,在保存各族文化特质的同时,打破语言的桎梏,沟通着人类的精神。法国哲学家雅克·德里达曾经以《巴别塔》为题,对"翻译"这份伟业进行过深刻的的哲学思考和令人近乎绝望的解构,在他看来,当上帝驱散人类,变乱其语言时,就已经不可避免地产生了这样一个不解的悖论:"一瞬间把翻译这项工作强加于人类,同时又禁止人类翻译。"就我们的理解,这一悖论既昭示了翻译的必要性,同时也意味着翻译在绝对意义上的不可能性。然而,我们看到的,却是这样一个事实:人类不能没有翻译。数千年来,人类始终没有放弃过对"翻译"的努力,一代又一代的翻译家们在"不可为"中争取有所为,而正是通过他们的有所为,人类得以不断沟通,人类文明得以不断延续与发展,恰如季羡林先生所言,"翻译之为用大矣哉"。

有关翻译可能性的形而上的种种论点,非但动摇不了翻译在实践上的必要性,反而给我们提供了一个思考翻译活动的新视角:面对不同的语言,翻译家们是如何克服语言的隔阂,使看似不可能的翻译活动一步步在实践上成为可能,并有效地推动着人类不可缺少的跨文化交流? 在外国文化、文学作品的译介、引进与接受过程中,作为翻译主体的译者到底起了什么样的作用? 他们的视界、选择与思考对翻译活动到底有何直接或间接的影响? 他们在翻译过程中对出发语文化与目的语文化有过怎样的思考? 这一个个问号打开了我们的思路。若能对国内富有经验、译绩卓著的翻译家对翻译、文学、文化的思考文字进行某种总结,编成一套文丛,那无疑会有助于我们进一步认识翻译家的高尚情怀和神圣追求;有助于我们追踪他们在种种"异"的考验中,不懈地致力于不同文化交流的生命历程;有助于我们在他们展示的宽阔的文化视野中,更深刻地领悟到翻译的真谛所在。于是,便有了这套精心组编的十二集的文丛。

这套十二集的文丛,事实上,是十二位翻译家所走翻译道路的一个缩影。十二位翻译家,有内地的,有香港的。语言涉及英语、法语、德语、日语、西班牙语和意大利语等六个语种,他们在中外文化的"异"与"同"之间跋涉。在但丁的故土,在莎士比亚的家乡,在歌德纪念馆的门前,在夏多布里昂的墓旁,在福克纳走过的小径上,在博尔赫斯的塑像下,在川端康成写作的汤本馆里——留下了他们不懈地求真求美的足迹。他们谈翻译、谈人生的文字,他们对文学、对文化的思考,他们对生命、对精神的理解,为我们打开了思想的疆界,带来了永远的希望和梦想。当我们要为这套文丛起名时,"巴别塔"三个字不约而同地映现在我们的脑海:"巴别塔",通天之塔,它既是人类向往"大同"的历史记录,又象征着人类追求心灵沟通的美好愿望,更是翻译家们默默耕耘、不懈求索的见证。让我们记住巴别塔,记住建设巴别塔的众译家!

许 钧 唐 瑾

2001 年 6 月 27 日

思考应该是自由、闪光、多彩的

——《翻译思考录》代前言

一

据说犹太人有一句格言:人一思考,上帝就笑。上帝的这一笑,恐怕意味深长,需要人类细加领悟。不过,对于上帝的意愿,人类似乎并不绝对理会,巴别塔的神话就是一个证明。当初,巴比伦人想建立一座城和一座"通天"的高塔,上帝不乐意,便变乱他们的语言,想让人类互不相通。未料,人类非但没有受到惩罚,反而从中获益匪浅,殊不知一门语言就是一个新的世界,一座开掘不尽的宝藏,而人类靠了翻译,得以相互沟通,不断丰富自身,在思考与交流中走向成熟,走向文明。

翻译是人类思想文化交流最悠久的实践活动,对于翻译活动本身,人们也从来没有停止过思考。前段时间,读了法国译论家米歇尔·巴拉尔的一部新著,叫《从西塞罗到本雅明——译家、译事与思考》①,这部著作以翻译作用(在人类发展史中的作用)作为一

---

① 原著为 Ballard M. *De Cicéron à Benjamin*: *traducteurs*, *traductions*, *réflexions*. Lille: Presses Universitaires de Lille, 1995.

条主线,将翻译活动、翻译家的思考放在整个历史中进行梳理和考察。巴拉尔强调,翻译不仅仅是语言活动,更是人类的思想交流活动,而把翻译作用作为主线,恰好说明了作者的用心所在:强调翻译这项人类思想文化交流活动在人类文明史中所起的作用,从而给翻译、给翻译家对历史发展所做的贡献进行恰当的定位。在该书中,作者同时着重于翻译理论发展史的勾勒,以西塞罗为起点,至本雅明。作者通过对古希腊、罗马时代、中世纪、文艺复兴时代以及 17 至 19 世纪的西方翻译史的考察,发现人们在进行翻译实践的同时,不断进行对翻译活动的思考。从历史的角度看,译家关注的基本问题从古有之,例如翻译的忠实性问题,是伴随着翻译史的发展而不断提出的,任何译家都不可避免。从理论角度看,翻译的思考是一个历史、发展的过程,两千多年来有着继承与发展的关系。比较中西译史,我们可以看到,译家在各个不同的历史时期,尤其是在伴随着历史大发展的翻译高潮时代,对译事有着许多弥足珍贵的思考,而且在一些基本问题上,有着较为一致的看法。比如我国所讨论的翻译的“形”与“神”的关系,翻译与绘画的比较,翻译竞赛或超越论等,西方也有过讨论与思考。如超越论,在古罗马翻译时期就有人提出过。关于“形”与“神”的关系,法国的古斯代尔(Coustel)在 17 世纪 80 年代就有过明确的精辟的论述。我总觉得,历史上众译家,包括一些哲学家、作家对翻译的思考,若能进行一番梳理,一番比较与研究,恐怕对我们以后的翻译实践会大有裨益。鉴于此,在关注历史的同时,我也留心于本国译家和众多关心翻译事业的人士在现阶段对翻译的种种思考,这部《翻译思考录》,就是我国译界或文化界的专家学者近年来对翻译的思考与探索的一份有目的的记录。

二

翻译思考的内容应该是丰富的:有形而上的,也有形而下的;有宏观的,也有微观的;翻译思考的角度应该是多种的:有历史的、文化的、社会的、语言的、艺术的,也有美学的、哲学的、心理学的……而思考的形式也应该是不拘一格的:有系统的、逻辑的、缜密的,也应该有偶感性的、顿悟性的、启发性的。思考更应该是自由、闪光、多彩的。我们编选这部思考录,便是基于这样的认识,体现了一种开放的原则。

有心的读者可以看到,本书由上、中、下三编组成。

上编为"翻译纵横谈",着重翻译的宏观思考,有季羡林这样的大学者"看翻译":"倘若拿河流来作比,中华文化这样一条长河,有水满的时候,也有水少的时候;但却从未枯竭。原因就是有新水注入。注入的次数大大小小是颇多的。最大的两次,一次是从印度来的水,一次是从西方来的水。而这两次的大注入依靠的都是翻译。中华文化之所以能长葆青春,万应灵药就是翻译。翻译之为用大矣哉!"古希腊哲学研究专家苗力田先生持同样的观点:"古代外国典籍的翻译,是一个民族为开拓自己的文化前途,丰富精神营养所经常采取的有效手段。这同样是一个不懈追寻、无穷探索、永远前进的过程。"翻译作为跨文化交际的重要手段,它所面对的障碍是多重的:文化的、语言的、审美的等等。张学斌认为:"语言反映一个民族的微观思维方式和微观文化特征。"当年鲁迅的直译,"是为了原原本本地反映原文的面貌,从而尝试穿越跨语言文化交际中的差异"。哲学家贺麟先生对翻译的哲学思考是深刻的:"从哲学意义上讲,翻译乃是译者(interpreter)与原本(text)之间的一种交流活动(communication),其中包含理解、解读、领会、移译等诸多环节。其客观化的结果即为译文(translation),它是译者与原本之间交往活动的凝结和完成。而译文与原本的关系,亦即言与意、文与道之间的关系。"诗人莫非对翻译家的期待是合理的:"在'原作'与'译文'之间穿梭的翻译家,是语言奇迹的创造者和传达者;因此,我们对翻译家有更高的期待。"在译与不译的尴尬处境中,在异同与得失之间,翻译家有着自己的选择和追求:要在"归化"与"异化"的两极中寻找一个度;要在对原本的创作中创造某种不朽的生命;更要在一次又一次的复译中朝理想中的"范本"与"定本"靠近。

中编为"翻译艺术探",着重文学翻译的思考与探索。这里有比较文学与文化学者谢天振对翻译文学的总体定位和对文学翻译的独特界定:"文学翻译,一种跨文化的创造性叛逆。"有翻译家罗新璋的"译作"释:"译者的创作,不同于作家的创作,是一种二度创作。不是拜倒在原作前,无所作为,也不是甩开原作,随意挥洒,而是在两种语言交汇的有限空间里自由驰骋。"有文学评论家王彬彬对翻译的特殊体验:"翻译是一种相遇,翻译者与所译作品之间,应该有一种前定般的'缘分'。"德国文学翻译家杨武能对文学翻译的阐释与断想,著名学者李锡胤对文学翻译的符号学思考,文体学与叙事学专家申丹对译者客观性的分析,是富有启迪意义的。老一辈翻译家叶君健、方平、王佐良、许渊冲、江枫等对小说与诗歌翻译的探索,更把我们带入了一个涌动着艺术生命的再创造世界。

下编为"翻译理论辨",着重为翻译的理性思考。张泽乾先生的"翻译百思",虽然不寻求对翻译与翻译学的系统研究和深入分析,对中外译史的全面反思,但却以其敏锐的目光和开放的视野,对翻译理论与翻译实践的若干重大问题进行了考察与探索。王克非的"关于翻译的哲学思考"告诉我们:翻译之理在于意一言多;"信"是第一位的,但绝对的信只是理想;翻译以译意为主,区分译

意与译味;翻译之难,既有语言上的因素,还有文化上的因素;翻译
的价值体现在内在化外来学术思想。方梦之的译学方法论思考针
对翻译研究在观念上的冲突,理论上的不完备和方法上的缺陷,强
调译论研究应有科学的方法论的指导。而孙致礼的翻译辩证观则
通过分析翻译,特别是文学翻译中存在的种种矛盾,如科学性与艺
术性的矛盾、"神似"与"形似"的矛盾、"克己"意识与"创造"意识的
矛盾、整体与细节的矛盾、"归化"与"异化"的矛盾,指出在这一对
对矛盾中,矛盾的双方不仅是对立的,而且应该是统一的。他认
为,"翻译理论的核心问题是唯物辩证法"。董史良的对"当前翻译
研究的思考"则对我国近年来理论研究的现状进行了考察与分析,
对中西译论研究的关系、翻译研究的走向等提出了自己的看法。
怎么融合中西方译论的长处,推动译论建设,是近年来我国译界学
者思考的一个重要问题。谭载喜的"论比较译学"就是这方面探索
的重要成果。王宁对翻译研究国际化的认识以及对新的文化研究
语境下的翻译研究的思考虽然是一家之言,并不全面,也许还会引
起不同的意见,但他提出的一些问题,是值得译界同仁深思的。

三

　　直到今天,我们还不无遗憾地看到,翻译的地位是尴尬的,在
不少人看来,它似乎难登大雅之堂。而翻译无理论的看法,至今还
在学术界有相当的市场。但是我们坚信,这种状况不应该,也不可
能再持续多久。历史上,对翻译的思考与研究曾经堂而皇之地登
上过大雅之堂:早在1635年,刚刚成立一年的法兰西学院神圣的
讲坛上迎来了不朽者沃日拉,由他代为宣读法兰西学院最早的院
士之一梅齐利亚克题为《论翻译》的长篇著作。我们并不奢望这样
的殊荣,但我们有理由相信,"翻译之为用大矣哉!"翻译的艺术探

索,翻译的科学研究必定会拥有属于它们自己的一席之地,关键在于我们自身的努力。在《关于翻译理论研究的几点看法》一文中,我曾提出:译论研究应该走出象牙塔,关注文化、社会现象,争取更多的人关心翻译事业,思考翻译问题,如哲学家、社会学家、语言学家、作家。我们欣喜地看到,近几年来,随着我国改革开放步伐的加快,我国对外的经济、科学、文化交往日益频繁,翻译发挥着越来越重大的作用,人们给翻译以更多的关注,一些翻译思考的文字开始出现在国内一些重要的报刊上,如《读书》《光明日报》《中华读书报》《文汇读书周报》等。一些有识之士甚至指出,21 世纪,将是翻译的世纪。我想,这里所说的"翻译",是广义的翻译,它意味着人类文化的相互接触、相互碰撞、相互了解与相互交流,也意味着人类文明的更大发展。如此看来,我们的这部《翻译思考录》,既是国人近年来对翻译思考与探索的一个合奏,也是呼唤"翻译世纪"到来的一个先声。

1997 年 11 月 22 日于南京玄武湖畔南京大学公寓

"法兰西书库"序

三年前,法兰西共和国总理若斯潘来华访问,在访沪期间,邀请中方各界人士数十名在法国人设计的上海大剧院会面。记得在会上,我曾针对若斯潘总理在演讲中所强调的"文化价值"问题,向他发问:"文化与语言密切相关,面对世界的'英语化'和全球经济的'一体化',法国政府何以维护法语的地位,又何以发扬光大法兰西文化?"他没有直接回答我的问题,而是作了一个原则性的思考:一个民族语言的丧失,就意味着这个民族文明的终结。任何一个维护民族文化价值的国家都不会听任自己的语言被英语所取代。而对世界来说,经济可以全球化,甚至货币也可以一体化,但文化则要鼓励多元化。他认为,正是本着文化多元化的精神,法兰西文化在尊重其他民族文化的同时,得到了自身的不断发展与丰富。若斯潘的这番回答,尤其他对文化多元化原则的阐发,引发了我日后对文化问题,尤其是对翻译问题的不少思考,而这个冠以"法兰西书库"之名的开放性译丛,就是我们对文化多元价值观的一种认同,也是多元文化精神的一种直接体现。

若从政治的角度来看,法国鼓励全球文化的多样性,推崇文化多元价值观,也许是对抗美国经济霸权的一种策略。但以历史的目光来看,法兰西对文化价值的推崇,对文学艺术的追求,对实现文化多样性的努力,是以其深厚的民族传统为基础的。不然,很难想象法兰西民族会有其延绵千年、昌盛不衰、为世界所瞩目的灿烂文化,更难以想象近代以来西方思想、文化、文学、艺术领域的诸多思潮与流派大都会发轫于法国。近二十年来,随着我国改革开放事业的不断深入,国门一步步打开,国人的视野愈来愈广阔,于是,尽可能全面深入地了解异域的思想与文化,愈来愈成为一种必需。而这套"法兰西书库",便是我们为国人了解当代世界打开的一扇小小的窗口,也是我们为沟通中西文化,促进文化交流所做的一份实实在在的努力。

以"法兰西书库"来命名这套开放性的译丛,似乎太大,难以名副其实。而这一丛书名却体现了出版社、丛书策划和主编者的一种追求:以恒久的努力,不断汲取法兰西文化宝库中深刻而丰厚的思想资源,展示法兰西多姿多彩的当代文化风貌。在我们的计划中,这个书库应该是丰富的,其丰富性主要是体现在其内容上。在选择进入书库的书籍时,我们遵循的是多元的原则,旨在让广大读者能听到法兰西思想的不同声音,看到法兰西文化的不同侧面,欣赏到法兰西文学艺术的不同风采。为此,我们在"法兰西书库"的总名下,将以系列的方式,不断推出能在一定意义上反映当代法国思想、文化、文学、艺术领域最新成果的图书,在丰富、充实整个书库的同时,为中法文化的进一步交流与沟通提供一个有益的参照。

我们的努力得到了方方面面的支持。如果没有广西师范大学出版社领导的独特目光和非凡魄力,没有陈丰博士和楚尘君的精心策划,没有法国文化部门和有关出版社的实际推动,没有诸多译者的辛勤工作,就不可能有这个"法兰西书库"的开张亮相。但愿我们走出的这一步能得到广大读者的广泛认同,但愿我们能在广大读者的有力支持下,走得越来越远。

2001 年 7 月 22 日于南京

主编的话

——"镜与灯人文译丛"序

　　作为一个外国文学翻译者与研究者,有太多的机会接触大量外国文化,深深为世界各民族文化的缤纷多彩、丰富浩荡所折服。在这世界文化丰富多彩的浩荡之潮中,各民族文化的独特性与多元化彼此交融、互相渗透,并在此过程中不断发展着和变化着。这种发展与变化又进一步促发了各民族文化之间的激荡、交流、碰撞、吸收、借鉴、扬弃、融合与改造,进一步催发出更加无愧于时代和人民的优秀文化作品,使得各民族文化在不断丰富自己内涵的同时,也因此而丰富着全人类的文化宝库,使之日新月异,从而推动了人类社会的不断向前与发展。

　　在这样一种浩浩荡荡的交融与发展中,无论是个体,还是群体,任何把自己隔绝起来,独善其身的做法与想法,无疑都是愚昧、不可取的。唯有置身其中,勇敢面对,从这种交融与碰撞中博采众长,吸取自己发展的需要。问题是,面对这样丰富多彩、浩浩荡荡的海洋文化大潮,如何更加方便和自如地去选择我们自己的需要,并不是那么容易做到的事情。毕竟,就大多数人来说,直接阅读外国文化,依然要受诸多条件,特别是语言障碍的限制与影响。因此,不断推荐、翻译与出版更多的优秀外国文化给我们的大众,正是我们翻译工作者与文化出版人责无旁贷的职责。由江苏省翻译协会与江苏凤凰教育出版社联手打造的"镜与灯人文译丛",就是肩负着这样的职责,来为我们新时期的民族文化创新与未来文化发展战略服务的。

"镜与灯人文译丛"名取之于美国文学理论家艾布拉姆斯的著作《镜与灯》。镜者,映像其中,意在反映外在事物;灯者,明示外物,意在指示外物的发展变化。"文丛"之所以取名于此,一者表达入选著述皆为对外在现实或精神世界的心灵映照,一者意为入选著作提供理论或思想上的指引。

综观世界各民族文化,不论是古代的,还是现代的,也不论是东方的,还是西方的,一切文化思想的形成,都是人类智慧的结晶,都是人类文明发展的象征。研究借鉴世界各民族文化,对于光大人类文明,开拓智慧领地,扫除愚昧落后,振兴本民族文化,无疑具有重要意义。只有用人类创造的一切知识来丰富自己的头脑,才能成为无往不胜的力量拥有者。对于外国文化中的科学理性精神、现代人文精神与人道主义、近代民主政治与法制思想、现代市场经济理论、西方现代理论、可持续发展的思想和战略等,我们要以充分的民族文化自信,敢于敞开胸怀,大胆接纳,在激荡中学习借鉴,在碰撞中扬弃升华,在交融中丰富发展。我们完全有能力坚持以我为主、为我所用的原则,博采各种优秀文化之长,向世界展示中国现代文化建设的成就。我们也完全有能力把我们的民族文化建设成符合时代要求的、代表人类文化发展最高水平的社会主义现代化文化。这,就是我们中华民族的文化自信。

"镜与灯人文译丛"译介西方优秀积极的社会学、心理学或哲学或跨学科的著作,旨在反映当前国外理论界学术界的优秀成果和研究方法。镜,鉴也,景也。借鉴国外精华思想,领略国外学术风骚,是出版的重要使命。灯,光也,明也。引入国外优秀学术成就,照亮未来学术之路,亦是出版的重要责任。教育出版社秉承多年专业出版的理念,积极探索学术领域的发展和进步,举大教育概念,行大教育事业,始终致力于开发教育学术领域的先进思想,展示人文领域的先进成就。

"镜与灯人文译丛"的具体组织出版主要由凤凰教育出版社的社会教育出版中心负责实施,社会教育出版中心本就是教育出版社从事这一事业的中坚力量,此次具体实施中又获得了江苏省翻译界各位专家学者的全力支持和有益指导,相信本"文丛"的出版必定会给我们的文化界与学术界带来不凡的亮点。

2014 年 9 月 9 日于南京

绕不过去的翻译问题

——《生命之轻与翻译之重》代引言

有关翻译的问题,学术界终于开始有人严肃对待了。在历史上很长一个时期内,翻译的话题,好像一直是翻译家的事。而翻译家,由于更多的精力用在实践上,谈论翻译,自然而然都局限在技的层面,讨论最多的是怎么译。

近二十年来,情况有了改变,搞哲学的,符号学的,研究历史的,文化的,文学的,还有语言学家,作家们,对翻译问题似乎都有一点兴趣。诸如翻译本质,翻译的可行性,翻译的作用,翻译的思维过程,影响翻译的因素,翻译与跨文化交流,翻译的道德等等,这些有关翻译的问题,看来都是绕不过去的。于是,在国际上,我们听到这样的一些声音:意大利著名哲学家恩贝托·埃科在意大利博洛尼亚大学成立九百周年的大会上发表题为"寻求沟通的语言"的演讲,他宣称:"当代符号学和语言哲学的重大问题之一就是:翻译是可行的吗?"[①]美国学者希利斯·米勒不久前在北京召开的"文学理论的未来:中国与世界"国际研讨会上,明确指出:"翻译问题是比较文学的中心问题"[②]。印度学者泰贾斯维尼·尼兰詹娜

---

① 乐黛云,等.跨文化对话(第四卷).上海:上海文化出版社,2000:4.
② 文艺报,2000-8-29(3).

在 1992 年出版了《为翻译定位：历史、后结构主义和殖民主义语境》一书，认为"翻译是一种政治行为"，要"把译文置于殖民主义的背景下进行考察"①。法国哲学家德利达更是认为"哲学的中心问题是翻译的概念问题"。美国学者勒菲弗尔 1990 年主编了一部论文集，叫《翻译、历史与文化》，在导论中明确指出："翻译一直是决定世界文化发展方向的主要影响力量。"

在国内，我们也发现不少学科的学者开始把注意力投向翻译问题。比较文学专家乐黛云指出："而今比较文学的翻译学科不能不面对语言差异极大的不同文化体系，文学翻译的难度大大增加，关于翻译的研究随之成为比较文学学科当代最热门的话题之一。"②哲学家苗力田在汉译《亚里士多德全集》总序中这样写道："古代外国典籍的翻译，是一个民族为开拓自己的文化前途，丰富精神营养所经常采取的有效手段。这同样是一个不懈追寻，无穷探索，永远前进的过程。求知是人之本性。"德国哲学研究专家倪梁康从根本上提出：译，还是不译——这是个问题。③

一

研究翻译，对"翻译是什么"这个问题，是不能回避的。翻译一词在现代汉语的词汇系统里，实在也是很特殊的：它既可指翻译活动的主体，即翻译者；也可以指翻译的行为和过程；还可以指翻译活动的结果，即译文。"翻译"一词集三种含义于一身，主体、行为与结果，交织在一起，更使翻译的界定和翻译的研究显得复杂。德国翻译理论家沃尔拉姆·威尔斯在《翻译学——问题与方法》一书

---

① 郭建中.当代美国翻译理论.武汉：湖北教育出版社，2000：179.
② 乐黛云.21 世纪比较文学发展趋势.文艺报，1998-09-01(2).
③ 倪梁康.译者的尴尬.读书，1996(4).

中也谈到德语中有许多词都含有翻译一词的基本意义,所以"一部翻译理论史实际上相当于对'翻译'这个词的多义性的一场漫长的论战"①。

我们暂且先取"翻译"一词的动态意义,即翻译行为。《辞海》中有"翻译"这个词条,翻译,即"把一种语言文字的意义用另一种语言文字表达出来"。拿今天的观点看,这一个解释,显然是不全面的,还不如唐代经学家贾公彦所解:"译即易,谓换易言语使相解也。"如今,许多学者都试图对翻译一词加以界定,比较具代表性的定义有几十种,界定的角度不一。美国语言学家奈达说:"翻译就是在译入语中再现与源语的信息最切近的自然对等物,首先是就意义而言,其次是就文体而言。"这显然是一个语言学途径的定义。涉及的内容是丰富的。在我看来,翻译,有广义与狭义之分。就广义而言,从思到言,就是翻译。这包括了"理解"与"表达"两个方面。思的特征是理解,言是表达,是理解基础上的创造。两者密不可分。海德格尔在《论真理的本质》《艺术作品的本源》等文中多次谈到翻译问题。在谈到罗马—拉丁思想对希腊词语的吸取时,他这样说:"从希腊名称向拉丁语的这种翻译绝不是一件毫无后果的事情——确实,直到今天,也还有人认为它是无后果的。毋宁说,在似乎是字面上的、因而具有保存作用的翻译背后,隐藏着希腊经验向另一种思维方式的转渡。罗马思想接受了希腊的词语,却没有继承相应的同样原始的由这些词语所道说出来的经验,即没有继承希腊人的话。西方思想的无根基状态即始于这种转渡。"②按照孙周兴的解释,海德格尔的这段话的前半句,主要说明"翻译不止是字面改写,而是思想的'转渡'"。后半句则进一步强调:"罗

① 沃尔拉姆·威尔斯.翻译学——问题与方法.祝珏,周智谟译.北京:中国对外翻译出版公司,1989:19.
② 孙周兴.海德格尔选集(上).上海:三联书店,1996:234-244.

马—拉丁思想对希腊思想的'翻译'只是字面上对希腊之词语(复数的 Wörter)的接受,而没有真正吸收希腊思想的内涵,希腊的'话'(单数的 Wort)。"这里,涉及了思与言的关系问题。在某种意义上,翻译就是求真。限于字面的翻译,能否传达词语及词语之后的"真"? 在我看来,思与言,是一个互动的过程。而翻译所固有的"求真"的本质,应该是一个不断求索的过程。实质上,哲学家,特别是语言哲学家们经常提出的一个问题,对翻译研究是根本的,那就是意义和真理的关系问题。翻译,就其根本,是翻译意义。限于词语表面的翻译,能表现词语所赖以生存的文化土壤和文明空间吗? 能传达词语的真值吗? 这个问题,倒给翻译提出了一个本质的要求:翻译,决不应该是字面层次的语言转换,而应是思想的转渡,是文化的移植。由此,我们可以理解埃科为何会把翻译的可行性当作当代符号学和语言哲学的重要问题之一,也明白了"意义"的探究对翻译是第一位的。

翻译是可行的吗? 哲学家贺麟是这样理解翻译的:"从哲学意义上说,翻译乃是译者(interpreter)与原本(text)之间的一种交流活动(communication),其中包含理解、解读、领会、移译等诸多环节。其客观化的结果即为译文(translation),它是译者与原本之间交往活动的凝结和完成。而译文与原文的关系,亦即言与意、文与道之间的关系。"他还说,某些神秘直观论者认为这种交往活动是不可能的,可他认为"意与言、原本与译文、应该是统一的,道可传,意可宣……翻译的哲学基础,即在于'人同此心,心同此理'。心同理同之处,才是人类的真实本性和文化创造之真正源泉;而同心同理之处亦为人类可以相通,翻译之处"[①]。贺麟对翻译的这一认识,自然有其合理的一面。但我们也应该看到,至今在中国,翻

---

① 贺麟.谈谈翻译.中国社会科学院研究生院学报,1990(3):36.

译在大多数人的眼里,只不过是一种语言的简单转换,一种纯模仿的技术性工作,不需任何创造性。这种观点,直接源自于人们对世界、思维和语言之间的关系的简单化认识。长期以来,人们对翻译的可行性是深信不疑的,认为人类的经验、思维具有一致性,人类的认识形式具有普遍性,因此,人类的交流是可行的。但是,西方的一些语言学家却对翻译的万能提出了质疑。如新洪堡学派的加西尔认为语言不是一种被动的表达工具,而是一种积极的因素,给人的思维规定了差异与价值的整体。任何语言系统对外部世界都有着独特的切分。语言系统沉积了过去一代代人积累的经验,向未来的人提供一种看待与解释宇宙的方式,在这个意义上"世界并非仅仅由人们通过语言去理解与想象;人们对世界的观念以及在这一观念中生活的方式已经被语言所界定"①。这一观点实际上提出了一系列的问题,那就是语言的意义是否可以捕捉?操不同语言的人对同一的现实的认识是否一致?他们之间是否可以达到真正的交流?这也就在理论上给翻译提出了一个个需要解答的问题:不同语言的转换,能否传达对世界的不同切分和认识?一门语言的意义是否可以不走样地在另一种语言中传达出来?人类经验是否有其普遍性?若没有,以交流为目标的翻译是否可以进行?

二

上文中提出的有关翻译本质、意义与交流的这些问题,需要进行不断的探索。在理论上,翻译确实存在着种种障碍,但人类是不能没有交流的,交流也是不能不以理解为基础的。从实践看,只要不同语言文化系统的人们需要交流,就不能没有翻译。虽然翻译

① 转引自:乔治·穆南. 翻译的理论问题. 巴黎:伽利玛出版社,1963:46.

活动受到整个人类知识水平以及对世界的认识水平的限制,但翻译活动始终在进行着,它所能达到的交流思想的水平也在不断发展。关于翻译活动,布拉格学派的创始人之一雅各布森认为有三种类型:语内翻译、语际翻译和符际翻译。在我看来,这三种类型几乎概括了人类所有狭义的翻译活动。

语内翻译,指的是同一种语言,同一种文化内的翻译。一个民族的文化是不断创造、不断积累的结果。而翻译,在某种意义上,则是在不断促进文化的积累与创新。一个民族的文化的发展,不能没有传统,而不同时代对传统的阐释与理解,会赋予传统新的意义与内涵。想一想不同时代,对《四书》《五经》这些古籍的不断翻译,不断阐释,我们便可理解,语内翻译是对文化传统的一种丰富;是民族文化得以在时间上不断延续的一种保证。

语际翻译指的是不同语言、不同文化之间的翻译。我们现在通常所指的翻译,就是语际翻译。不同民族语言文化之间的交流,是一种需要。任何一个民族想发展,必须走出封闭的自我,不管你的文化有多么辉煌,多么伟大,都不可避免地要与其他文化进行交流,在不断碰撞中,甚至冲突中,渐渐相互理解,相互交融。在这个意义上,翻译又是民族文化在空间上的一种拓展,在内涵上的一种丰富。最近又在读牛津大学副校长阿伦·布洛克的《西方人文主义传统》(三联书店 1997 年)一书,是著名翻译家董乐山译的,书中谈到了西方人文主义的渊源与发展,我们可以从中看到翻译对文艺复兴,对西方人文主义的发展所起到的作用。无论是发生在9 世纪的加洛林王朝的古典文化的复兴,发生在 12 世纪的所谓的原始复兴,还是 15、16 世纪的文艺复兴,无不伴随着翻译的高潮,或者可以说,无不是以翻译为先声。在文艺复兴时期,那些著名的人文主义者都非常重视翻译,他们几乎个个都是翻译家。没有他们对古希腊、古罗马文献的新的理解、新的阐释、新的翻译,恐怕就没有文艺复兴运动的不断发展。对于中国文化而言,语际翻译的作用也是有目共睹的。著名学者季羡林说过一段话,非常深刻:"若拿河流来作比较,中华文化这一条长河,有水满的时候,也有水少的时候,但却从未枯竭。原因就是有新水注入,注入的次数大大小小是颇多的,最大的有两次,一次是从印度来的水,一次是从西方来的水,而这两次的大注入依靠的都是翻译,中华文化之所以能长葆青春,万应灵药就是翻译。翻译之为用大矣哉!"①

符际翻译,指的是不同符号之间的转换。按照符号学的观点,语言是一个相对自足的符号系统,音乐、绘画,也是一个符号系统。人类创造文化,依赖的是符号活动。符际翻译是以意义传达为目的的。诗歌、音乐、绘画有其相通之处,它们之间的翻译有着广泛而丰富的形式。罗丹创作过一座泥塑,很有名,叫《丑与美》。泥塑所表现的老宫女,皱缩的皮肤像木乃伊的一样,她"对着自己衰颓的体格叹息。她俯身望视着自身,可怜的干枯的乳房,皱纹满布的腹部,比葡萄根还要干枯的四肢"②。这座泥塑,可以说是对法国15世纪著名诗人维庸《美丽的老宫女》一诗的理想传译。在当今世界,音乐、绘画、诗歌、小说、影视等符际之间的转换与传译,有着无限的活动空间,对拓展人们的文化视野,认识不同创作符号的深刻内涵,起着极其重要的意义。

考察三种不同类型的翻译的历史,无疑有助于我们认识翻译的功能和作用。那么,翻译到底起着怎样的作用呢?

法国翻译理论家安托瓦纳·贝尔曼在《异域的考验——德国浪漫主义时代的文化与翻译》一书中,对翻译的作用有着生动而深刻的描写。著名诗人歌德一直呼唤要打破国界、积极进行不同民

① 林煌天.中国翻译辞典.武汉:湖北教育出版社,1998(序).
② 葛赛尔.罗丹艺术论.傅雷,译.北京:中国社会科学出版社,1999:43.

族文化间的交流。而翻译,在歌德看来,在人类文化交流中起着"至关重要的作用"。翻译不仅起着交流、借鉴的作用,更有着创造的功能。德国文学的生命,要得到地域上的扩展,必然要借助翻译。一部优秀的翻译作品,无疑是为原作延长生命,拓展生命的空间。歌德之所以成为世界性的歌德,他的文学生命之花之所以开遍异域,正是靠了翻译。当歌德看到自己的诗作被译成异语,获得极妙的效果时,他以形象的语言赞叹道:"我刚刚从芳草地采摘了一束鲜花,满怀激情地手捧着鲜花回家。因手热,把花冠热蔫了。于是,我把花束插进一只盛有凉水的花瓶中,我眼前即刻出现了怎样的奇迹!一只只小脑袋重又抬了起来,茎与叶重显绿色,整个看去,像是仍然生长在母土里,生机盎然,而当我闻到我的诗歌在异语中发出奇妙的声响时,我体味到的也正是这一感觉。"[1]一束从草地采摘的鲜花,一离开母土,便开始凋谢,但一放进凉水中,便重显英态,绿意盎然。这里,采摘鲜花的,是译者。诗歌之花一旦离开故土,便有可能凋谢。然而,译者将诗之花插入异语的花瓶中,使其英姿焕发,仿佛生长在故土。这无疑是个奇迹,实际上,这是各民族文化之精华相互移植之成功的象征。

翻译在不同民族文化交流和发展中所起的作用,如今已经成为翻译界、文化界甚至史学界一个普遍关心的问题。湖北教育出版社近两年推出了一系列研究翻译历史的著作,如马祖毅的《中国翻译史》、马祖毅和任荣珍的《汉籍外译史》、郭延礼的《中国近代翻译文学概论》等。另外还有黎难秋的《中国科学文献翻译史稿》(中国科技大学出版社 1993 年),热扎克·买提尼亚孜的《西域翻译史》(新疆大学出版社 1994 年)。前些日子去法国,见了巴黎第八

---

① 安托瓦纳·贝尔曼.异域的考验:德国浪漫主义时代的文化与翻译.巴黎:伽利玛出版社,1984:109.

大学前研究生院院长弗烈德·施哈德,他告诉我,欧盟有关部门正计划从翻译的角度,来研究欧洲与中国的思想与文化交流史。他认为,考察中西交流史,不能不去研究翻译活动及其历史与作用。看来,如何准确地为翻译的历史作用定位,又是一个绕不过去的问题。

三

翻译和有关翻译的问题,是多方面的:有技的层面,也有道的层面;有外部的,也有内部的;有宏观的,也有微观的。由于翻译活动历史悠久,且有广泛性,它涉及人类精神与物质生活的方方面面,在理论和实践上不断提出新的问题。就翻译思考而言,哲学家们关心的是思与言、真理与意义的关系,符号学家关心的是符号与意义的生成,语言学家们关心的是语言的转换与意义的传达,文化学者关心的是语言的沟通与文化的交流,翻译家们则努力探索如何正确处理原著与译作的关系,尽可能忠实地向目的语读者传达原著的意义和各种价值。所有这些问题,给翻译研究提供了广阔的空间,给有志于翻译研究的人们提出了挑战,也赋予了机会。写到这里,想起了法国哲学家萨特在 1948 年写的那部著名的论著,书名叫 *Qu'est-ce que la littérature*? 直译为《什么是文学》,实际上可以理解为《文学论》。萨特在书中探讨了四个方面的问题,分为四章,一是"什么是写作",二是"为什么写作",三是"为谁写作",四是"作家在 1947 年的境况",涉及了作家创作的一些最基本的问题。我想,若要研究翻译,不妨也效仿萨特,写一部《什么是翻译》,也分四个部分,第一部分为"什么叫翻译",第二部分叫"为什么翻译",第三部分为"为谁翻译",第四部分改为"多元文化语境中的翻译家"。按道理,还应加上"如何翻译"一章,但我想,只要翻译的实

质、目的、作用、原则等基本问题弄清了,对于"如何翻译",认识就
比较容易统一了。若能有哲学的指导,又具备宽阔的文化视野和
深刻的历史批评精神,再加上翻译家们在艺术上的不断探索,翻译
和有关翻译的许多问题是有望不断得到解决的。

2000 年 9 月 1 日于南京大学

文学复译是一种文化积累

——我译《不能承受的生命之轻》

　　2002年年初,听说上海译文出版社要全面系统地译介米兰·昆德拉,我心里真的很高兴:为中国有今天这样开放的社会政治环境而高兴,更为广大读者能有机会进一步了解昆德拉而高兴。但当赵武平兄邀我重译昆德拉的代表作《不能承受的生命之轻》时,我心里却很犹豫,一是因为当时正忙着写《翻译论》一书,担心出版社催得太紧,时间没有保证;二是韩少功十几年前主译的这部书红遍了海峡两岸和香港,担心自己的翻译没有什么突破,为广大读者带不来什么新的东西;三是自己在几年前曾参与过国内有关《红与黑》汉译的大讨论,对文学名著的重译提过了自己的看法,认为文学复译应该有所超越,至少应该对原著有一点新的理解,新的阐释。

　　犹豫之中,对比英文本、法文本,重读了韩少功先生的翻译,又读了国内哲学界、文学界和比较文化界一些学者写的有关这部书的文章,不料竟被昆德拉给缠住了,竟然放下写了一半的《翻译论》,由理论探索转向了翻译实践,试着翻译了一些章节,乘去珠海参加译林出版社组织的世界文学名著翻译研讨会的机会,向译界名家讨教,受到了施康强等大家的鼓励。后来,又在《南方周末》夏辰君的帮助下,有机会向韩少功讨教,就翻译的观念、障碍、方法等重要问题与韩少功先生作了一次很有意义的笔谈,觉得文学翻译绝不仅仅是一种语言的变异,而是原作生命时间上的延续和空间上的拓展,是原作的再生。在这个意义上,文学翻译不可能有定本,在前人的基础上,在文学接受环境大大改变的今天,推出一个新的译本,会有其价值。

在昆德拉的法文本的扉页上,标着这样一段话:"该书的法文翻译于1985年和1987年经作者本人作全文校订,与捷克文本具同一的真实性。"看来,昆德拉对其作品的翻译有着一个首要的原则,那就是文本的真实性。而要保证翻译的真实性,首先要保证原文本的可靠性和翻译的忠实性。正因为如此,昆德拉要求翻译必须"忠诚",至少不能有主观意义上的"背叛"。然而,如韩少功所言:"文字不光是字典上定义了的符号,其深层的文化蕴含超乎字典之外,在词源、语感、语法结构、修辞方法、理解和使用习惯等多方面很微妙地表现出来,因此用译文严格地再现原作几乎不可能。"确实,翻译是一个脱胎换骨,灵魂转世的过程。在这个过程中,由于语言的转换,原作的语言土壤变了,原作赖以生存的"文化语境"必须在另一种语言所沉积的文化土壤中重新构建,而这一构建所遇到的抵抗或经受的考验则有可能来自于目的地语的各个层面:文化层面、语言层面、读者的心理层面以及读者的接受层面等等。语言变了,文化土壤变了,读者也变了,译作由此为原作打开了新的空间。正是在这个意义上,著名哲学家德里达认为:"翻译在一种新的躯体、新的文化中打开了文本的崭新历史。"也正是在这个意义上,我们可以说译作为原作拓展了生命的空间,而且在这新开启的空间中赋予了原作新的价值。在新的文化语境之中,作为原作生命的延续的译作,面对新的读者,便开始了新的阅读与接受的历史。但是,不管怎么说,译作与原作有一种割不断的血缘关系,尊重原作,传达原作的精神与风貌,应该是每个译者所努力追求的。

翻译昆德拉的困难绝对不仅仅限于文字转换的困难。作为复译者，我充分认识到，文学复译是一个文化积累的过程，韩少功的翻译为昆德拉在中国的接受与传播起到了重要的作用，他的文本经由广大读者的接受而融合了中国文化的语境。作品的译名，有些关键词的处理，一旦被读者接受，就难以改变，哪怕当初译得并不贴切。在这个意义上，我在翻译中，应该说是充分尊重读者的选择的，像书名，尽管就意义与精神的传达而言，用"存在"远比用"生命"准确，但我还是保留了"生命"的译法。但由于"生命中……轻"与"生命之轻"在意义上有着巨大的差异，就如"生命的长与短"，并不能等同于"生命中的长与短"一样，我还是冒着对"读者不敬"的危险，做了改动，将《生命中不能承受之轻》改译为《不能承受的生命之轻》，以传达昆德拉直面生命的拷问，但愿广大读者能理解我的良苦用心。

常有记者朋友问我，"你的翻译与韩少功的到底有什么不同?"要真正回答这个问题，必须要有扎实的文本比较为基础。我不可能在电话采访的仓促作答中或千把字的文章中作一令人满意的回答。但简要地谈，我想至少有三个方面的不同:首先是韩少功与我所依据的版本不同;第二是影响与制约翻译的社会、政治环境和对翻译产生直接影响的一些重要因素，如意识形态因素在今天已经不同，换句话说，今天的翻译环境较之韩少功翻译时已有很大不同，翻译的可能性增多了，当初出于种种原因必须删改或作委婉处理的文字，也许今天就不用删改或处理了;第三是文学翻译是一种再创造，韩少功与我对原文的理解、领悟和阐释必然会有所不同。这种种的不同，想必在翻译文字上会有明确的体现，相信有心的读者会有自己的发现，会有自己的体会，也会有自己的评价。既然文学复译是一种文化积累，前译与后译不应该是一种对立的关系，而应该是一种互补的关系,是一种继承与拓展的关系。韩少功先生的译本为国人了解昆德拉起到了重要作用,而这次重译若能为广大读者进一步了解昆德拉提供新的可能性,就是译者的大幸了。

原载《文汇报》2003 年 7 月 9 日

我的翻译之路

——《历史的奇遇——文学翻译论》后记

  如果从 1980 年与钱林森先生合作翻译《永别了，病妈妈》(该书 1982 年出版)开始算起，自己从事文学翻译至今已经有足足三十五个年头了。我多次说过，自己这一辈子，会一直以翻译为生，做翻译、教翻译、研究翻译，三位一体，实为至福。

  三十多年来，我翻译出版了三十多部法国文学与社科名著，包括巴尔扎克的《邦斯舅舅》和《贝姨》、雨果的《海上劳工》、普鲁斯特的《追忆似水年华》(卷四，合译)、米兰·昆德拉的《不能承受的生命之轻》和《无知》、勒克莱齐奥的《诉讼笔录》和《沙漠》(合译)、波伏瓦的《名士风流》、图尼埃的《桤木王》、艾田蒲的《中国之欧洲》(合译)、布尔迪厄的《论电视》等。有朋友问我，这几十年来，我如此钟情于翻译，再忙碌，也没有放弃翻译。究竟是什么样的力量支撑着我呢？

  我选择做翻译，可以说既是偶然，也是必然。我的专业是法语，因此肯定要和各种形式的翻译打交道。但真正让我萌生翻译念头的，是我的法国留学生涯。1976 年，我到法国勃列塔尼大学留学。留学期间，我读到了很多国内无法读到的当代法国文学作品，被法国语言文学的美深深吸引。出于与更多人分享美和精神财富的渴望，我开始动笔翻译。如果要说有什么神秘力量指引我进入翻译领域，我想最重要的应该就是对语言文字的迷恋。随着年龄的增长，对于文学这位"恋人"，我的激情有增无减，这也是支撑我三十多年如一日，不知疲倦坚持翻译的重要原因。

除此之外，这几十年来我之所以坚持不懈地翻译，还因为我对翻译重要性的认识不断加深。我们都知道不同国家民族的交流离不开翻译，但翻译的作用并不止于双向的语言转换。只有从文化交流的高度去看待翻译，才能真正认识到翻译的价值。从整个人类社会发展来看，翻译能够克服语言差异造成的阻碍，达成双方的相互理解，为交流和对话打开通道。正是借助翻译，人类社会才从相互阻隔走向了相互交往，从封闭走向了开放，从狭隘走向了开阔。从某个具体国家民族的社会文化发展来看，翻译通过对别国先进科技文化的介绍，能够引进知识，开启民智，塑造民族精神和国人思维，在特殊时期甚至能对社会重大政治运动和变革实践产生直接的影响。在我看来，一个民族的文化是不断创造、不断积累的结果。而翻译，在某种意义上，则是在不断促进文化的积累与创新。一个民族的文化的发展，不能没有传统，而不同时代对传统的阐释与理解，会赋予传统新的意义与内涵。想一想不同时代对"四书""五经"的不断翻译，不断阐释，我们便可理解，语内翻译是对文化传统的一种丰富；是民族文化得以在时间上不断延续的一种保证。

通过多年的翻译实践，我认识到，翻译本身是一种创造性活动，只有凭借译者的创造才能实现。当"本我"意欲打破封闭的自我世界，向"他者"开放，寻求交流，拓展思想疆界时，自我向他者的敞开，本身就孕育着一种求新求异的创造精神。与此同时，翻译中导入的任何"异质"因素，都是激活目的语文化的因子，具有创新作用。以文学创作来说，不少当代作家在谈论自己的创作经历时，都会谈及自身从西方翻译文学中汲取的养分，谈及翻译的创造性及其对他们自身创作所产生的推动作用,这一类的例子不胜枚举。

这次整理自己谈文学翻译的文字,发现自己对翻译的思考主要围绕三个方面展开的,一是对翻译的本质思考,二是对文学名著翻译的欣赏与评析,三是对法国文学名家在中国译介与接受的研究。谈文学翻译,我觉得有几点特别重要。

一是翻译的态度。老一辈翻译家"为求一字稳,耐得半宵寒"的执着精神和严谨态度在今天还是值得我们学习的。翻译过程中会遇到很多问题与障碍,一个译者的主要任务就是克服语言、文化障碍,尽可能地忠实再现原作的风貌与灵魂。例如翻译吕西安·博达尔的《安娜·玛丽》,我要处理的是语言结构,博达尔的语言结构十分独特,译成汉语有困难,有的结构(如名词)必须要转译成完整的句子才行。翻译米兰·昆德拉的小说时,最大的难点在于互文性,书中经常出现前后文以及不同文本的交叉、呼应。他的小说充满反讽和隐喻,具有正话反说和意在言外的特点,这是我在翻译昆德拉小说时遇到的最大困难。至于普鲁斯特的意识流小说《追忆似水年华》,难度就更大了,二十几万字,我用了整整两年时间才翻译完。

二是做翻译要有研究。我们译界有一种说法,翻译一部书就像是在选朋友、交朋友。我们和人交朋友,自然应该努力去了解他,翻译也是一样的。我每翻译一部书,都会进行思考,最后有一点自己的心得体会,这是翻译带给我的另一种意义和价值。我翻译了托多洛夫的《失却家园的人》、米歇尔·图尼埃的《桤木王》和昆德拉的《无知》等作品后,做有心人,写了一些研究性文字。因为翻译的缘故,我产生了系统研究 20 世纪法国文学在中国译介状况的念头,现在这个念头已经变成现实,我和宋学智合作撰写出版了《20 世纪法国文学在中国的译介与接受》一书。在翻译和研究过程中,我常常会和作者本人进行交流和沟通,我和吕西安·博达尔、艾田蒲、勒克莱齐奥等就是如此结识的。2008 年诺贝尔文学奖得主勒克莱齐奥先生是我很喜欢的西方作家,1980 年我就开始翻译他的作品,他现在不仅是我所译的作者,我所研究的作家,也是我的好朋友。

三是翻译要有原则。在我办公室,挂着一位书法家朋友给我写的一幅字:翻译以信为本,求真求美。我至今仍然认为,翻译的忠实性非常重要。忠实于原著和充分展现原著精髓是并行不悖的,因为忠实于原著并不仅仅是忠实原著的单词意义和句子结构,最理想的忠实,是忠实于原著的精髓,或者换句话说,是忠实传达原著的风格和风貌。风格问题一向是文学翻译中最敏感、最复杂的问题之一。作者的文字风格是由词语的调遣特征与倾向,句子的组合结构与手段,修辞手段的选择与使用等等表现出来的。所以要再现作者的风格,译者就得从炼字、遣词、造句等方面去做。比如傅雷就认为“在最大限度内我们是要保持原文句法的”,因为他认为“风格的传达,除了句法以外,就没有别的方法可以传”。但是我们也应该认识到,翻译活动有其主体性,纵使译者有良好的主观愿望,要求他百分之百忠实于原著从客观上来看也是不可能的。所以说,忠实与其说是一种结果,不如说是一种态度,一种追求。态度端正了,也许不一定能够实现充分展现原著精髓这样的结果,但态度不端正,不追求,那么译作一定不会尽如人意。

反思自己走过的文学翻译之路,发现翻译往往会留下很多遗憾。读者朋友的宽恕与鼓励,对我而言,便显得格外珍贵。我给文学翻译界的同行和广大读者朋友献上自己很不成熟的体会,期望得到批评与指正。

2014 年 4 月 8 日于南京大学树华楼

"译学新论丛书"总序

　　谈翻译,我们首先注意到这样一个现象:翻译,作为一种实践活动,在人类的文化交流中一直在广泛地进行着,但在历史中却很少得到世人的关注;另外,丰富的翻译活动,一直被实践者认为是充满障碍的工作,但在相当长的历史时期内,却很少有学者对其进行深入而系统的研究。这两个方面的情况的长期存在,或者说翻译领域被历史学界、被理论界长期忽视的状况造成的直接影响便是:长期以来,翻译一直被当作一种"雕虫小技",在很长一个历史时期内,语言学家对翻译问题不予重视,历史学家对翻译活动熟视无睹,知识界对翻译的认识几乎是零,这在很大程度上致使翻译活动在两个方面被遮蔽:一是翻译在人类文明发展史上的作用得不到足够的承认;二是对翻译的种种问题得不到科学、系统的研究。尤为耐人寻味的,是对翻译的这种轻视态度不仅仅来自翻译界的外部,而且还来自翻译界的内部。翻译界内部的这种自我定位也在很大程度上影响了其他学科对翻译的看法,渐渐地也在有关的学界形成一种偏见:翻译为雕虫小技,不登大雅之堂。这种恶性的相互影响造成的直接后果之一就是:翻译的作用得不到应有的承认,对翻译的理论研究得不到学界的关注和支持。这种状况一直延续到20世纪50年代,才逐渐开始有所改变。

　　如果说长期以来翻译家本身专注于翻译实践,忽视了对翻译问题的理性思考与系统研究是个事实的话,这不能不说是个历史的误会,但丰富的实践与贫乏的理论之间所产生的这道深深的裂痕却不能完全掩盖在数千年的翻译历史中,翻译活动的特殊性提出的种种问题和困难,而面对这些问题和困难,翻译家们也不可能视而不见,无动于衷,因为它们是无法回避的客观存在。在这个意义上说,翻译家们对翻译理论思考的忽视,并不说明翻译就没有理论研究的必要,也并不意味着翻译的种种问题因为翻译家的忽略便不存在。

有翻译实践,便不可避免地会出现与翻译有关的种种问题,而随着这些问题的反复出现,也必然会引起翻译家们的注意,从各自的角度,针对翻译实践中出现的困难或障碍,采取相应的方法或技巧,加以克服。事实上,在漫长的翻译历史中,翻译家们在不同的历史阶段进行着形式多样的丰富实践,虽然对实践中所出现的问题,还没有以一种清醒的理论意识去加以关注,但他们针对这些问题所采取的种种手法、策略,他们在实践中积累的一些经验、体会,尤其是他们从中悟出的一些道理或原则,是非常珍贵的一笔笔遗产。然而遗憾的是,这些弥足珍贵的译事经验,由于学界长期以来没有予以重视与关注,像一颗颗散落的珍珠,被历史所尘封,无法发出其耀眼的光芒。

从 20 世纪 50 年代开始,一批具有强烈的探索精神和清醒的理论意识的学者,如苏联的费道罗夫、英国的卡特福德、加拿大的维纳与达尔贝勒内、法国的乔治·穆南等,试图以语言学为指导,打开翻译研究的大门,将数千年来一直处在技艺层面的翻译经验谈纳入理论的思考、系统的分析与科学的探索范围。到了 70 年代,更在世界的范围内,出现了以美国尤金·奈达为代表的一批翻译理论家,他们不断拓展翻译研究领域,将翻译研究提高到一个新的高度,为翻译学的建立打下了坚实的基础。

特别需要指出的是,在 20 世纪 70 年代以后,翻译界的一批有识之士将目光投向被历史尘封的那一笔笔珍贵的翻译遗产,以现代的学理,发掘淘炼。他们一方面追踪历史上的重大翻译事件,将翻译家的实践置于宽阔的历史空间之中加以认识与定位,另一方面对伴随着翻译活动而产生的点滴思考与经验体会加以梳理与探讨。以现代学理对传统的翻译经验加以阐释,为我们开辟了一条深化翻译理论研究的重要途径。以现代学理阐释传统翻译理论,在为译学研究奠定了某种基础的同时,客观上也促使被历史遗忘或忽视的翻译活动得到了越来越多的学者的关注。如果说翻译在历史上曾长期受到冷落,处于历史的边缘的话,那么正是借助现代学理,借助哲学、美学、语言学、符号学、文艺学等学科的最新研究成果,丰富并加深了人们对翻译的认识,不断拓展了翻译研究的领域,使翻译活动在历史的舞台上逐渐占据本应属于自己的位置,从历史的边缘开始走向中心。

在把翻译从边缘推向中心的历史进程中,语言学家们充当了先锋的角色。如费道罗夫、卡特福德、维纳与达尔贝勒内、乔治·穆南等从语言学的角度,对翻译进行了系统而深入的研究,其贡献是多方面的。是翻译的语言学研究把翻译从经验主义中解放出来,为翻译研究打开了科学的大门,历史上第一次赋予了翻译研究科学的性质,将在过去近两千年来一直在经验层面讨论或争论不休的问题置在科学的层面进行探讨。但翻译活动十分复杂,涉及的因素多,范围广,有关翻译的许多问题,如翻译者的主观因素、语言转换中的文化移植、影响翻译的社会、政治因素等问题,在语言学层面难以展开系统和深入的分析,得不出令人信服的答案,翻译历史上的众多现象也无法做出辩证的解释。翻译的语言学研究途径暴露出的这些局限,不仅使其他学科理论的介入显得非常必要,更为这些学科自身的发展提供了崭新的探索空间。

当我们回过头去,对自 20 世纪 50 年代以来翻译研究所走过的路作一回顾性的审视时,我们不难看到以下几点:一是翻译研究在近半个世纪以来得到了突破性的发展,无论是就广度而言,还是就其深度而言,都是在过去的历史上任何一个时期所未能达到的。二是翻译研究的途径得到不断开拓,各种翻译研究流派纷呈,出现了一大批具有代表性的研究成果。三是翻译理论研究的不断深入与发展越来越受到其他学界的关注与承认。在国外,从 20 世纪 80 年代末起,就有学者开始对 20 世纪 50 年代以后的翻译理论研究状况进行分析与总结,像加拿大的罗贝尔·拉罗兹,英国的埃德温·根茨勒,他们分别于 1989 年与 1993 年发表了同名著作《当代翻译理论》。前者以翻译所涉及的基本问题为核心,对 20 世纪 50 年代至 80 年代在翻译理论研究领域比较活跃的代表人物的观点与思想进行评述;后者则根据自第二次世界大战至 20 世纪 90 年代初西方翻译理论研究的发展状况,以不同的观点和重要著作为依据,将当代的翻译理论分为"美国翻译培训派""翻译科学派""早期翻译研究派""多元体系派"和"解构主义派"等五大流派。香港的陈德鸿与张南峰编的《西方翻译理论精选》收录了西方二十位重要翻译理论家主要著作的部分章节的译文,这二十位译学理论家中,除德莱顿、泰特勒、施莱尔马赫三位之外,其余十七位均是当代的。根据编者的划分,西方译学研究界的这二十位代表人物被列入六大学派:语文学派、诠释学派、语言学派、目的学派、文化学派、解构学派。除传统的语文学派,其余的五个流派都是近五十年来发展起来的。在《西方翻译理论精选》的绪论中,两位编者这样说道:"西方的翻译理论,除了语言学派和传统的语文学派之外,还有近一二十年才兴起或盛行的翻译研究学派,以及解构主义、女性主义、后殖民主义等学派,可谓百花齐放。"如果再把我们的视野继续扩大一些,还可列举出符号学派、交际学派、语言哲学派、文艺学派等翻译流派名称。从在历史上长期以来"不入流"的翻译经验之谈到 20 世纪末令人眼花缭乱的翻译流派的形成,我们可以看到,翻译的理论研究开始或已经进入了一个全面发展的时代。而透过那些被冠以各种名称的翻译思想或观点,我们不难看到相同的一点,那就是借助其他学科的理论成果,对翻译进行研究。以语言学的理论指导产生的研究成果被统称为"语言学派",以女性主义理论为参照的研究,被冠以"女性主义翻译流派"。总之,一种理论的介入,从积极的角度看,都给人们认识与研究翻译打开一条新的通道。

借助其他学科的研究成果,客观上确实为翻译研究拓展了巨大的空间,为翻译研究注入了科学的活力,使翻译研究渐渐地从边缘开始走向中心。翻译,作为一种复杂的活动,涉及面广,若仅仅局限在一个领域对之进行研究,无法揭示其性质及活动规律,在这个意义上,翻译研究必定具有综合性。但是,当各种学科的理论介入翻译研究领域之后,当我们在为翻译研究由此进入全面发展而欣喜的同时,不能不看到在种种理论指导下取得的研究成果存在着一个致命的弱点,那就如同"盲人摸象",每一种理论流派所认识的翻译在很大程度上具有片面性,揭示的只是翻译活动的一个方面,难以深刻地反映翻译活动的全貌。此外,在理论的层面,从目前翻译理论研究的现状看,还出现了"理论＋翻译"的两张皮现象,有的理论只浮在表面,难以真正起到指导翻译研究的作用。最为值得注意的是,翻译研究在引进各种理论的同时,有一种被其吞食、并吞的趋向,翻译研究的领域看似不断扩大,但在翻译从边缘走向中心的路途中,却潜伏着一步步失去自己的位置的危险。面对这一危险,我们不能不清醒地保持独立的翻译学科意识,从翻译学建设的高度去系统地探索翻译理论问题,而在商务印书馆支持下主编的这套"译学新论丛书"正是向这一方向努力的具体体现。

　　"译学新论丛书"有着明确的追求:一是入选的课题力求具有相当的理论深度和原创性,能为翻译学科的理论建设和发展起到推动作用;二是研究力求具有系统性,以强烈的问题意识、科学的研究方法、扎实的论证和翔实的资料保证研究的质量;三是研究力求开放性,其开放性要求研究者既要有宽阔的理论视野,又要把握国际翻译理论研究前沿的进展状况,特别要在研究中具有探索的精神,力求有所创新。但愿在翻译界同仁的支持下,在各位作者的努力下,我们的追求能一步步得以实现。

张柏然　许　钧

2003 年 4 月 12 日于南京大学

《法语现代语法》序

语法,是一个语言系统最主要的组成部分之一。关于语法,有一个非常有趣的现象,那就是人们对母语的语法现象似乎都不那么敏感,法语的第一部语法书据说是英国人于 1530 年撰写而成的,而汉语的语法,据说早在 1772 年就有法国人动手撰写。这些说法,尚有待进一步考证,但这印证了当代文化研究的一个热点话题:通过"他者"进一步认识"自我"。语法的编写,有各种方法,其方法在一定程度上取决于目的:有为梳理语言现象和寻找语言规律而编的语法书,这类语法书往往追求完整性与系统性;有为不同的语言学习群体而编的,这类语法书具有明确的对象,因而往往追求针对性与实用性。毛意忠先生编写的《法语现代语法》显然属于后者。

毛意忠先生是我的前辈,他从事法语教学与研究三十余年,积累了丰富的经验,特别是他从法汉比较的角度,对法语语法进行过系统研究,发表过一系列论文,在国内比较语言学界还是有一定影响的。《法语现代语法》的编写融入了他几十年来的有关思考和研究成果,具有明显特点:

一是着力于法汉两种语言的对比,突出它们的不同之处,体现了编写的针对性。通过对比分析,找出教学的难点和重点,一语破的,可达到事半功倍的效果。

二是融入了长达三十多年的教学经验,打破了以往语法书编写追求全面、完整的倾向,而将重点放在如何方便学习者正确地理解和使用法语上。该书对中国人在语法上许多似是而非容易混淆的地方有较为详尽的说明,如中性代词 le 一节,颇有特色。

三是在句法理解研究方面,做了一些大胆的探索,具有较高的学术价值,如表语的位置为什么通常置于系词之后,主语的本质属性是什么,特别是最后句型转换一节,打破了孤立地研究一个个句式的局限,开拓了句法研究的新视野。

四是实用性强。该书的例句经过精心挑选,反映了现代法语书面语和口语的面貌。全书每章后附有练习,能更有效地帮助读者复习巩固,从容面对各种考试。

应该再说明一点,《法语现代语法》的编写者年过六旬,人虽退休,但心系我国法语教学事业,仍孜孜不倦,不懈耕耘,此精神可敬可嘉,在为我们奉献上一部实用的语法书的同时,更以其不懈追求的精神鼓励着有心人努力学好法语,为中外文化交流作出贡献。

2002 年 8 月 20 日于南京大学

谈谈《法汉翻译教程》的编写

　　《法汉翻译教程》由上海外语教育出版社出版了,我想谈谈该教程编写的一些想法。

　　跟法语打交道已经有 36 个年头了。开始是学法语,在国内、国外都学过,后来是教法语,教本科生,也带硕士生和博士生。无论是学法语,还是教法语,似乎都离不开翻译。在我看来,学习一门外语,尤其是成人学习外语,不可能离开母语这个基点,于是翻译往往可以成为一种学习的有效方法;同时,学习一门外语,肩负的是沟通的重担,而翻译的根本精神正在于交流与沟通,正是在这个意义上,外语专业几乎都非常强调翻译能力的培养。也许是对翻译有着特别的喜爱,1975 年毕业任教以来,自己不仅教翻译,而且还做翻译,研究翻译。所以,当上海外语教育出版社从培养优秀的外语人才的根本目标出发,组织法语界的同仁编写全国法语专业的核心教材系列,约我主编《法汉翻译教程》时,我欣然应允了。

　　在以往的教学中,我接触过法语界前辈和同行编写的多种法汉翻译教程,如陈宗宝先生编著的《法汉翻译教程》(上海译文出版社,1984 年)、冯百才教授编著的《实用法译汉教程》(旅游教育出版社,1996 年)、罗国林教授著的《法译汉理论与技巧》(商务印书馆,1981 年)、郑福熙编的《法汉翻译基础知识》(外语教学与研究出版社,1983 年)和张成柱教授编著的《文学翻译教程》(陕西人民出版社,1998 年)等,也参考过英语界、俄语界名家编写的数种具有相当影响的翻译教程,学到了不少东西。这次接受上海外语教育出版社的邀请主编《法汉翻译教程》,我一直在思考一个根本问题:如何在吸取前辈和同行的编写经验和长处的基础上,根据新世纪外语人才培养的需要,编写出一部有一定特色的《法汉翻译教程》来?

首先,我们考虑的是理论与实践的结合问题。翻译,不仅仅是文字层面的机械转换,就其根本而言,是一种跨文化的交流活动。我们学习翻译,首先应该对翻译有个基本的认识,也就是说要建立一种正确的翻译观,对翻译是什么,为什么要翻译,翻译有什么作用,翻译涉及哪些基本问题要有所了解。在此基础上,再进一步学习和探索翻译的一些基本方法和"如何译"的技巧,目的就会更加明确,方法也可能更加得当,有利于减少实践的盲目性。基于这种认识,我们在编写中,比较注意将理论与实践融为一体,试图在跨文化交流的视野下,讲解基本的翻译思想与原则,结合各章的重点,有针对性地总结翻译的方法与技巧。

其次,我们考虑的是教程的系统性与实用性的结合问题。翻译涉及的问题很多,不同的翻译类型,遇到的问题也不尽相同。陈宗宝先生在编写《法汉翻译教程》时就面临过一个两难的选择:"对于翻译教材的编写有两种看法:一种认为涉及的要广,文史、政治、经济、科技等等都应该接触到一点,以便学生毕业后能适应各类翻译;另一种认为主要应集中于文学作品的翻译,因为文学作品的语言最丰富、最生动,文学翻译若有一定的基础,从事其他各类的翻译自然也不成问题。"①陈宗宝先生当年面临的两难选择如今依然存在。对这个问题,我们的看法是,一部根据中国高等院校法语专

---

① 陈宗宝.法汉翻译教程.上海:上海译文出版社,1994:1(前言).

业高年级教学大纲的要求,为法语本科专业高年级学生编写的法汉翻译教程,应该特别考虑本科翻译教学的目的和需要。翻译教学涉及两个重要方面:一是通过翻译教学,帮助学生认识和了解不同语言之间的同与异,以及语言所积淀的文化因素,把翻译作为一种提高外语水平、学习异域文化的有效途径;二是通过翻译教学,帮助学生掌握两种不同语言转换的基本规律和方法,提高翻译的能力。针对翻译教学这两个方面的需要,我们在编写中没有面面俱到,规定各种类型的翻译的比重,而是从提高学生语言能力和翻译能力的双重目标出发,针对翻译实践所可能涉及的一些基本问题,既注意教程的系统性,又注重教程的实用性。从教程的整体结构看,我们没有因袭以翻译方法与技巧为纲的传统的编写方法,而是注重整体性,从翻译的基本能力和基本要求出发,既有旨在培养学生基本翻译技能的注释、编译与摘译和工具书使用的教学内容,也有探讨与传授翻译技巧、涉及词、句与篇章各层次的语言转换的内容,还有涉及文化层面的修辞与成语、比喻等方面的翻译内容。

在教程的编写过程中,我们还考虑到了如何提高学生的学习积极性和能动性的问题。在上面,我们讲到本教程比较注重系统性和实用性。从编写的框架看,在本教程的主干部分,各章基本由四个部分组成:一是原文及其分析,二是译文及其分析,三是讲解与总结,四是欣赏与练习。基本思路是以相对独立的语段为基础,注重原文与译文的对比与分析,提高学生对语言的敏感度和分析能力;进而通过讲解与总结,帮助学生了解翻译的障碍,寻找解决障碍的方法与技巧;最后通过欣赏与练习这个环节,启发学生去发现问题,思考问题,在翻译练习中有针对性地解决问题,逐步掌握翻译的基本方法,提高自身的翻译能力。

编写《法汉翻译教程》,我们也意识到了一些难以回避的问题。我们深知,一部翻译教程难以做到面面俱到,我们一定会有疏忽;

我们也知道,翻译问题非常复杂,在对一些具体译例的讲解与分析中,智者见智,仁者见仁,我们的意见不一定正确,甚至会有谬误。我们相信法语界的同行一定会在翻译教学中结合实际需要,增加有关内容;我们也诚恳地请求法语界的同行在实际教学中能够弥补我们的不足,完善翻译教学,为培养优秀的法语翻译人才而共同努力。

最后,我要特别感谢我的导师陈宗宝先生生前的教诲,他的翻译思想和他二十几年前编写的《法汉翻译教程》给了我许多启发;我还要感谢北京大学的王文融教授、武汉华中师范大学的黄忠廉教授、海天出版社的胡小跃编审和上海外语教育出版社的高云松编辑,他们对本教程的编写提出了宝贵的意见。

2007 年 8 月 18 日于南京大学

译普鲁斯特难　译蒙田更难
——关于《蒙田随笔全集》的翻译

最近听译林出版社的朋友说，他们社组织翻译的《蒙田随笔全集》很快就要出版了。译林出版社组织这部书的汉译是早几年的事，由曾任普鲁斯特《追忆似水年华》汉译责任编辑的韩沪麟先生负责，参加翻译的七位译家，有四位曾经是《追忆似水年华》那个翻译集体的成员。

蒙田《随笔集》自1595年经过增订出版定本至今，已经有四百多年的历史，它在法国文学史乃至世界文学史上都占据着令人瞩目的位置（有人称它为一部影响世界思想史的巨著），然而，中国读者却一直无缘欣赏它的全貌。造成这一巨大憾事的原因多种多样，但最根本的，恐怕是翻译之"难"。

十年前参加《追忆似水年华》的翻译，作品中那长达数十行的"意识流"连环句式，那声、色、味一应跃然纸上的形象笔触，那妙不可言，"似乎是精辟评论又像是欢乐遐想的"明喻暗比给翻译造成了几乎难以跨越的障碍，使每一位参加该书翻译的译家都深切地感受到了翻译的限度，翻译过程中始终伴随着我的那种唯恐背叛原著的负罪感，至今想起来都有一种难言的恐惧。然而，就我所知，翻译普鲁斯特难，翻译蒙田更难。

翻译，作为一个再创造的过程，大致可分为两个阶段，那就是理解与表达。理解是表达的基础,是翻译的基点。就翻译《追忆似水年华》而言,其困难主要存在于第二阶段,即表达阶段。然而,翻译蒙田的《随笔集》,则在翻译的全过程都充满障碍。我没有参加译林出版社组织的《随笔集》的翻译,但却有过一次小小的尝试。那是在1991年,南京大学钱佼汝教授翻译美国著名文艺理论家弗雷德里克·詹姆逊的《语言的牢笼》,其中有一段蒙田的话,是法文的,钱先生让我帮助译成汉语。原以为短短一段话,不会费什么气力,当场译好便可交差,没想到接过原文一读,发现无论是语言结构还是具体用词都与当代法语有很大差异,有的词句按今日的理解,上下文根本解释不通,无奈只好拿回家,查阅了多种辞典,又打电话与外国专家一并解读,一百余字的一段话,整整花了我两个小时才勉强译出。后来去法国,在龚古尔奖获得者,法国著名作家吕西安·博达尔先生家意外得到了一部注释版《随笔集》,是1992年由阿尔莱亚(Arlea)出版社出版的,校注者是法国著名的蒙田研究专家克洛德·邦加诺先生。我如获至宝,回国后抽暇多次研读,发现《随笔集》的难读、难解,对翻译而言,至少是双重的:

一是在思想和知识层面,如柳鸣九先生主编的《法国文学史》所介绍的,蒙田以博学著称,"在《随笔集》中,天文地理,草木虫鱼,无所不谈,特别是旁征博引古希腊罗马作家的著述",对读者(译者首先是个读者)来说,没有丰富的人生阅历和浓厚的哲学素养,难得这部"生活之哲学"的真谛和精髓。

二是在语言层面。有人说"《随笔集》语言平易通畅,不假雕饰",我觉得只说对了一阚。《随笔集》语言少雕琢,但并不平易,尤其对现代读者而言,"文字实在难以解读",由于古词古语、古法语结构的频繁出现,一般读者往往"读不到三十页"就放下了(见阿尔莱亚版《随笔集》编者的话)。据参加翻译《随笔集》的朋友说,作品中的许多句式、用词,都带有中世纪法语的痕迹,尤其是语言结构比较独特,前后衔接的方式,也常有对逻辑的偏离,需借助上下文,再三研读,才有可能读出个所以然,读出个味来。

《随笔集》于翻译的障碍自然不只限于上述的两重,翻译此书的几位译家肯定有更真切的体会,它确实是一部难读难解难翻译的书,但更是一部值得读、值得解、值得翻译的书,拿法国著名汉学家,世界比较文学与比较文化大师艾田蒲先生的话说,"要读懂它,需要认真地读它个十遍二十遍,每读一遍都会带来新的启示,因为我们是在以白昼的思想、黑夜的梦幻,以当下的激情和暂时的价值标准在接近它。而它每时每刻都在回答我们无时不在而又迫切得到回答的问题,因为这部书没有任何说教,而有着对一切的答案"(见阿尔莱亚版《随笔集》编者的话)。

感谢译林出版社,更感谢《随笔集》的译家们,感谢他们以丰富的学识和非凡的语言的才能,跨越了重重障碍,艰难却扎实地一步步接近了比普鲁斯更难接近的蒙田,使广大中国读者终于有机会走进蒙田的世界,寻找各自的人生答案。

1997 年 9 月 3 日

下　编

鉴书品文

对神话的批判

——读波德里亚的《消费社会》

　　在我们的小康文化之中,消费这个概念决不陌生。消费乃是一个世界性的现象,正在以其不可抗拒的魔力,向社会的每一个细胞渗透,给自身创造了一个神话。这是一个怎样的神话? 神话的背后潜藏着怎样的控制力量? 它给社会和个人带来怎样的后果? 法国社会学家让·波德里亚的《消费社会——其神话与结构》正是瞄准了消费社会这个神话,从社会学的角度,对其进行了深刻的剖析与批判。

　　让·波德里亚是法国著名的社会学家,蜚声西方学界。他的《物的符号体系》《生产的镜子》《仿真与拟象》《论诱惑》等一系列作品,都建立在他对当代世界生产与消费这两个涉及人类存在的重大主题的深刻而独特的思考之上。他的《消费社会》,更被称为"是对当代社会学的一大贡献"(梅耶语),与涂尔干的《社会分工论》相提并论。

　　在波德里亚看来,传统的工业化社会是生产的社会,而当代则进入了消费社会。消费社会有一系列不同于生产社会的结构特征。在他看来:"消费是一种积极的关系方式(不仅于物,而且于集体和世界),是一种系统的行为和总反应的方式,我们的整个文化体系就是建立在这个基础之上的。"①在生产的社会中,消费行为是依据人的真实需求做出的;但波德里亚发现,在消费社会中,消费与人的真实需求没有关系,商品及其形象成为一个巨大的能指,不断地刺激人的欲望,进而使消费成为非理性的狂欢。当人类被物的世界所控制,被无法克制的欲望所左右,当我们整个文化体系赖以建立的基础失去灵魂的时刻,就不得不去重新审视与评价当今消费社会这个神话的功过了!

消费不仅仅是一种满足人类物质需要的行为,它所起的也不仅仅是一种享受功能。在波德里亚看来,它是一个系统,是一种道德,是一种沟通体系,是一种交换结构。它所起的,是一种社会组织的功能。人类一旦陷入对物的顶礼膜拜之中,就有可能在对物的享受中迷失自我。当大众传媒推波助澜,把消费当作人类的一种根本存在的目的时,消费所起的作用,必定是对人类精神的一种毁灭。当今消费观解放了人的欲望,看似是一场"人文革命",但若消费走向了极端,导致的将是人类的"异化"。

波德里亚从"物的形式礼拜仪式""消费理论""大众传媒、性与休闲"三个方面,揭示了消费之神话的产生原因与过程,分析了消费社会的深层结构。波德里亚的独到之处在于,他特别关注商品的符号性质。我们所消费的不仅是一个物质的产品,而且也是一个象征的符号。他的这个理论和德波"景观社会"的理论互相呼应,揭示了商品在消费社会的功能。他认为,大众传媒在消费社会中扮演了极其重要的角色。在书中,他剥去了传媒参与建造的这个神话的层层美丽的面纱,把一个恶魔般的世界赤裸裸地暴露在世人面前。贯穿在《消费社会》中的一个主题非常明确:"砸烂这个如果算不上是猥亵的,但算得上物品丰盛的、并由大众传媒尤其是

---

① 让·波德里亚.物的符号体系.巴黎:伽利玛出版社,1968.

电视竭力支持着的恶魔般的世界,这个时时威胁着我们每一位的世界。"①

波德里亚的话也许有点危言耸听。但我想,他要砸烂的不是物质世界,而是想要世人从虚幻的消费神话中醒来,摆脱温柔的富裕的陷阱,在享受物质的同时,不要丧失精神的自由和创造力。这对那些非理性的疯狂消费来说,不啻是一种"棒喝"!

2001 年 9 月 16 日于南京

① 让·波德里亚.消费社会.刘成富,全志钢,译.南京大学出版社,2001.参见梅耶撰写的让·波德里亚著《消费社会》一书的"前言"。

流亡之魂与知识分子的良知

——读《失却家园的人》

对中国文学界的大多数同行来说,茨维坦·托多洛夫首先是个文学理论家,或者说,托多洛夫仅仅是个文论家。在他发表的著作中,我们比较熟悉的有《巴赫金:对话原则》(1981年)和《批评的批评——教育小说》(1984年),这两部书都已经有了中文译本。《批评的批评——教育小说》是北京大学的王东亮主译的,第一版于20世纪80年代末与中国读者见面,被收入《现代西方学术文库》,后又于2003年出了第二版。据文库编委会称,"文库所选,以今已公认的现代名著及影响较广的当世重要著作为主,旨在拓展中国学术思想的资源"①。看来,在主编者的眼里,《批评的批评》在某种意义上,可以说是托多洛夫的代表作。从文学批评探索角度看,托多洛夫确实是很有贡献的,《批评的批评》也的确标志着他的批评思想的确立,那就是基于对话之上的批评,名曰"对话批评"。王东亮认为,《批评的批评》,"叙述了托多洛夫本人的思想变化、成长过程,叙述了他是怎样从一个保加利亚'文学理论家'转变成形式主义者、结构主义者,又转变成对话批评的提倡者"(见《批评的批评——教育小说》译后记,生活·读者·新知 三联书店,

---

① 文库编委会.现代西方学术文库.北京:三联书店,2003(总序).

2003 年第 199 页）。若认真阅读《批评的批评》，再浏览一下他的《幻想文学引论》（1970 年）、《象征与阐释》（1978 年）、《诗歌语义学》（1979 年）、《象征理论》（1987 年），我们对作为文学理论家的托多洛夫可以有个基本的了解，对他在文学批评领域所走的路、他的思想变化、他的理论贡献，也不难有个大致的评价。

但是，若我们对托多洛夫的了解仅仅限于他的文学批评领域，或更有甚者，仅仅限于他的几部已有中译本的著作，或干脆只局限于他的《批评的批评》，我们至少可以说，这样的了解恐怕是不完全的，是片面而又缺乏深度的。我们知道，托多洛夫于 1939 年生于保加利亚，1963 年定居法国，任法国社会科学研究中心研究员，自 1965 年出版他主编并翻译的《文学理论：俄国形式主义文论选》以来，已发表 30 多部重要著作。从时间上看，从 1965 年至 1988 年，他写的主要是有关文学批评的著作，除上文中我们已提及的之外，还有《结构主义是什么？》（1968 年）、《散文诗学》（1971 年）、《结构主义是什么？》（诗学卷，1973 年）、《普鲁斯特研究》（1980 年）、《文学的概念及其他》（1987 年）。而从 1989 年开始，似乎在托多洛夫的研究中出现了一个极为分明的转折点。他的注意力开始离开文学，离开形形色色的文学批评流派，离开文学理论思考，而投向了社会，投向了历史，投向了人类生活的境况。1989 年，他发表了《我们与他人》一书，该书以蒙田、狄德罗、卢梭、夏多布里昂、莱维-施特劳斯等著名作家、思想家关于人类关系的思考为基础，对民族的多元性与人类的统一性问题进行了独特的探索。在这之后，他陆续又发表了《历史寓意》（1991 年）、《面对极端》（1991 年）、《征服美洲》（1991 年）、《论滥用的记忆》（1995 年）、《占领时期的战争与和平》（1996 年）、《失却家园的人》（1997 年）、《共同的生活》（1997 年）、《未善园》（1998 年）、《恶的记忆与善的诱惑》（2000 年）、《个体颂》（2001 年）、《新的世界之乱——一个欧洲人的思考》（2003 年）

等著作。这份书目还远远不是完整的。我们在此之所以不厌其详,是因为通过这些书名,有心的读者不难看到,近几十年来,我们仅仅看作是文学理论家的托多洛夫已经渐渐地变成了一个历史学家,一个思想家。他对人类社会与人类精神的深刻思考,他的强烈的批评精神,为他赢来了"人道主义使徒"的称誉。

在托多洛夫诸多的著作中,我们选择《失却家园的人》,把它推荐给广大的读者,应该说不是一种盲目的选择。理由有三:一是我们想通过《失却家园的人》,让读者朋友从相对熟悉的文论家托多洛夫身上看到他至今未为我们了解的一面。二是《失却家园的人》在托多洛夫众多的著作中虽然不能说是最有代表性的一种,但如果说《批评的批评——教育小说》给我们展现的是托多洛夫所走的文学批评之路,那么《失却家园的人》则在某种意义上给我们展现的是他的人生之路,其内涵更深刻,其具有的启迪意义更为丰富。三是《失却家园的人》这部书集中地体现了托多洛夫所写的有关社会、有关人类境况思考的著作的文风和情致:看似平常的叙述中涵藏着深刻的思考,犀利的笔触中饱含着宽容,激烈而不留情面的批判却透着深切而真诚的人文关怀。

《失却家园的人》于1997年由法国著名的瑟伊出版社出版,我是从一个法国朋友那儿听到这部书出版的消息的。那位朋友是法国《观点》杂志的文学部主任,她跟我谈起这部书时,似乎格外激动。在她看来,如今的作家大都关注面太小,思想也太浮浅,写的东西分量也就自然太轻。而托多洛夫则秉承了法国自蒙田以来体现在许多大作家身上的人道主义精神,如卢梭,如左拉,如法朗士,有着对人类状况的深深忧虑和真切的关怀。她认为托多洛夫的《失却家园的人》是一部有着特殊价值的好书。当我问她这部书到底有何特殊价值时,她说让我自己先好好看看,她还说其中有些内容,恐怕"有些人"难以接受。说"有些人"这几个字时,她的眼中分明闪过一束"挑战"的目光。

怀着好奇,我打开了这部"有着特殊价值"和"有些人"也许难以接受的书。一开始,我就被深深地吸引了:"很长一段时间里,我都是从梦中惊醒。"这个句子的结构,对法国文学的爱好者来说实在是太熟悉了。它出自普鲁斯特的辉煌巨著《追忆似水年华》的开篇第一句:"很长一段时间里,我都是早早就躺下了。"这是一个颇具魔力的句式:短短的一个小句,拉开了普鲁斯特绵长的记忆之闸门,成就了一部追忆逝去的时光,再现生命之春的洋洋几百万言的不朽名篇。有趣的是,相同的句式,相同的第一人称,而动作却完全相反:一个是"躺下",一个是"惊醒",形成了鲜明的对照。接着往下读,我们看到的不是期待中的"复杂、连绵、细腻的意识流动过程",不是长达数行,甚至数十行不中断的"意识流连环句",而是一个透着些许忧伤,含有几分恐惧的梦。

《失却家园的人》不像普鲁斯特那样从"躺下"开始,以复杂、绵长、多变的意识流,以声、色、味一应跃然纸上的描述,以妙趣横生的隐喻、双关,或近于戏谑的文学游戏,在近乎梦境的回忆中,为我们再现生命之春,而是以作者所走的一条真实的生命之路,以简洁有力的笔触,为我们展现了他人生驿站中最具代表性的几段路程。而这一切是以惊梦作为开端,由恐惧而转为清醒:清醒的回忆,清醒的思考,清醒的判断。这是一条清醒的人生之路。全书因此而分成了三个大部分,分别为"一个保加利亚的原住民""一个法国公民"和"一个在美国的访客",外加作为开篇的"往返"与作为结尾的"在巴黎"。

开篇的惊梦,不是一个普通人的梦,而是一个有过特殊经历的人才有可能做的梦,这是一个流亡者的梦:

很长一段时间里,我都是从梦中惊醒。虽然细节各异,梦境大致是相同的。我不在巴黎,而在故乡索菲亚;由于某种原因我回到了那里,咀嚼着重见旧友、亲人以及重返家园的快乐。接着,离别、返回巴黎的时刻来了,情况开始变糟。我已登上有轨电车,它应当载我驶向火车站(多年前,就是这列东方快车,带我从索菲亚启程,两天后,在四月的一个凄冷早上,将我投放在里昂站),就在这时,我发现车票不在口袋,大概落在了家里,可是,假如我回去拿票就会误车。或者,有轨电车遇到不知为何而闹事的人群,突然停下,乘客们纷纷下车,我也一样,我拎着一个沉重的手提箱,试图挤出一条路,但那是不可能的:人群牢不可破,那样淡漠,无法穿透。甚或,有轨电车到了车站,我已迟到,朝大门冲去;然而,刚刚跨过门槛,我发现这个车站只是个布景:另一边没有候车厅,没有乘客,没有铁轨,没有列车;不,我独自立在一个场景前,无边无际的是枯黄的草在风中折腰翻舞。或者,我乘坐由朋友驾驶的汽车从家里出发;由于时间紧迫,他决定抄近路;可是他走迷了,路越来越窄,越来越荒凉,直至消失在模糊不清的旷野中。①

　　类似托多洛夫的这个梦,与他有过差不多相同经历的米兰·昆德拉也做过。不过有的梦更恐怖罢了。在《不能承受的生命之轻》中,昆德拉借主人公之一特蕾莎的名义,谈到了在一个封闭的游泳馆里二十来个赤身裸体的女人被一一枪杀的噩梦。在2003年问世的法文版《无知》中,他又以主人公伊莱娜的名义,给我们描述了这样一个梦:

　　从流亡生活的最初几周起,伊莱娜就常做一些奇怪的梦:她人

---

① 托多洛夫.失却家园的人.许钧,侯永胜,译.台北:桂冠图书股份有限公司,
　 2004:3.

在飞机上,飞机改变航线,降落在一个陌生的机场;一些人身穿制服,全副武装,在舷梯上等着她;她额头上顿时渗出冷汗,认出那是一帮捷克的警察。另有一次,她正在法国的一座小城里闲逛,忽见一群奇怪的女人,她们每人手上端着一大杯啤酒向她奔来,用捷克语冲她说话,嬉笑中带着阴险的热忱。伊莱娜惊恐不安,发现自己竟然还在布拉格,她一声惊叫,醒了过来。①

    若将托多洛夫的梦与伊莱娜的梦作一比较,确实如托多洛夫所说,虽然细节各异,但梦境大致相同:难以摆脱故乡和回归故乡的恐惧。据《无知》的叙述者说,从东欧流亡到西欧的人,"都会做这样的梦,所有人,没有例外;一开始,伊莱娜为一群素不相识的人在黑夜中竟有这份兄弟情而感动。但后来又感到一丝不快:如此私密的梦中经历怎么能集体感受呢?那独一无二的灵魂何在?然而思考这些根本没有答案的问题,何苦呢?不过有一点,是很清楚的,那就是成千上万的流亡者,在同一个夜晚,虽然梦境形形色色,但大同小异,做的是一个同一的梦。流亡者之梦:二十世纪下半叶最奇怪的现象之一"②。托多洛夫称这种梦是他个人的而又普遍的体验。以流亡者之梦这一 20 世纪下半叶最奇怪的现象之一为开篇,托多洛夫想要给我们讲述的便不仅仅是他个人的经历了。他想要以个人的经历为一条线,串起 20 世纪下半叶他所经历的某些重大历史事件,融入其个人的思考。托多洛夫感觉自己似乎一直生活在梦中,"在索菲亚,法国的生活变成梦境,醒来才知道已无法回去。在新的梦里,我时常发现自己说:'又是一个幽灵!'或者冷漠地说:'我是个幽灵,确切一点儿,一个鬼魂。'"他感觉自己被

① 米兰·昆德拉.无知(法文版).巴黎:伽利玛出版社,2003:20.
② 米兰·昆德拉.无知(法文版).巴黎:伽利玛出版社,2003:21.

分裂成两半,每一半都不真实。为了找回真实的自我,他回顾自己所走的路,哪怕有时不堪回首,哪怕回忆是痛苦而又残酷的。

第一部分"一个保加利亚原住民"就是一段痛苦的回忆。然而正是因为那痛苦而残酷的回忆,他才渐渐地有了深切的体悟和深刻的思考。他的思考是个性化的,他没有从哲学上或从政治上,从经济上或从社会学上对在索菲亚的那段生活进行描述与思考,而是以其亲身经历为基础,将笔触深入到极权国家的国民意识深处,揭示他们对极权制度的印象。我们发现,在这一段人生历程中,他用得最多的一个词,就是"极权",而与之相关的有"集中营",有"囚徒"。在托多洛夫看来,在保加利亚的那段人生经历,使他对个人与群体的关系有了更深的理解。他对极权主义的表现方式、对极权主义的存在根源、对极权主义的危害,都一一作了分析。应该看到,他的矛头所指是明确的,那就是东欧的政治社会制度。他的批判是强烈的,但却并不是情绪化的。字里行间蔓延的不是一种仇恨的情绪,而是一种近乎冷酷的反思。为此,他并没有因为东欧极权政治的垮台而盲目地欢呼自由,盲目地拥抱所谓的公正。相反,他看到"当共产主义被抛弃之后,其他信仰纷纷再次粉墨登场,头上饰着'反对共产主义'的光环。其中有民族主义及其必然结果——排外主义,有种族主义,还有宗教狂热情绪"等。对后极权时代,他感到深深的忧虑:"人们本以为极权制度下人的道德水准已跌入谷底,可是在后极权时代里它竟会继续堕落。"为此,他呼唤真诚,呼唤信任,希望出现一个"社会民主高效,人人活得有尊严"的社会。

有没有可能出现这样的社会呢?托多洛夫在《失却家园的人》的第二部分中,给我们展示了在法国的所见、所闻、所思、所想、所感。在这一部分,托多洛夫翻开了历史的老账,以克拉夫琴科及胡塞诉讼案和图维耶诉讼案为例,指出:"跟在俄罗斯和保加利亚一样，在法国，集中营的支持者从未受到任何惩罚。"在他看来，意识形态往往起着滥用记忆，曲解历史的作用，左右着人们的选择，"种族仇恨，对个人权利的践踏……痛苦死去的无辜就是这样选择的最终的结果"。为此，他以蒙田"我知道什么"的拷问，试图从两桩诉讼案的深层探究种族仇恨存在的根源，更以左拉式的"我控诉"，勇敢地呼吁知识分子的良知。为此，他对一个称职的知识分子作了界定："知识分子是一个科学家或艺术家（包括作家），他们不仅仅从事科学或艺术创作的活动，进而为真理的探索与美的进步做出贡献，而且关心公共利益，关心社会价值准则的演变，因此积极参与有关价值准则的讨论。"按照这一定义，在托多洛夫看来，"如果艺术家或科学不关心自己的作品或成果的政治及伦理意义，那么，他们跟不创造作品或成果的传教士或职业政治家一样，都不是知识分子。"看来，托多洛夫在这一点上与萨特有着共同之处，那就是主张"介入"。就此，他在"知识分子政治"那一节中作了明确的表态，对知识分子的立场、责任进行了探讨，也对知识分子的两难作了独特的分析。进而又对自由问题做了别具一格的剖析。"我们要求享有更多的、绝对的自由。"提出这样的要求合适吗？托多洛夫明确指出："如果作家们要求享有在任何场合下发表任何言论的权利，这就意味着他们放弃对自己的言论承担责任。"一个知识分子，应该感觉到公共利益的变迁与自己息息相关，应该渴望与公民对话，而不应满足于他们的崇拜："这就意味着自由与权利需要责任与义务来加以平衡。""极权"必然通往恶，而"自由"却并不必然通往善，一旦"自由"失控，必然又会走上自己的对立面：牺牲他人自由的极权。为此，他又呼吁民主，呼吁对话。在他看来，"政治与文学对真理有着共同的理解：真理不是独断的肯定，而是对话的结果"。不难看出，托多洛夫在《批评的批评》一书中明确提出的对话批评在这部书中得到了延伸，内涵变得更为深刻：提倡对话，这在今日不断加快的世界一体化的进程中,对消解民族间的冲突,维护世界文化的多样性,其重要性是不言而喻的!

"一个在美国的访客"似乎又把我们的目光拉回到了文学。托多洛夫以一个访客的身份,对 20 世纪 80 年代美国学术界的转型作了分析。为此,他以简洁的笔触,将此前的美国文学批评思潮作了一番回顾与评价:后结构主义、实用主义、马克思主义批评以及批判人道主义,这些思潮都与某种价值标准有关。从中,我们可以隐约地看到种种文学批判思潮在充当伦理裁决者的同时,很有可能成为政治的同谋,沦为极权的工具。

从文学批评思潮,托多洛夫转而又把注意力投向了人文科学。知识分子应如何定位? 在围绕着人文科学地位的讨论中,美国的高校又发出了怎样的声音? 对托多洛夫来说,关注人文科学,是关注民主价值准则的一部分,也是人们思考民主的未来不可回避的重要问题。在这里,类似于"差异""个人价值""多元化""自由意志"这些关键词的出现也就不可避免了。从全书看,托多洛夫似乎并不忙于对这些关键词做出结论式的判断,而是以其个人的思考来影响,来激发更多的人与他共同思考,与他一道探索。

至此,从我们对全书的简要评述中,读者朋友也许已对这部书的"独特价值"和"有些人"难以接受的原因有所理解。在我们看来,其"独特"在于作者独特的经历、独特的思考和独特的心得。书中有一段意味深长的话很说明问题:"失却家园的人,失却了生活环境、社会地位还有祖国,刚开始是痛苦不堪的:和亲人一起生活要愉快得多。然而他却可以从自己的经历中得益。他学会不再将现实与理想、文化与天性混为一体……现在,我意识到,从索菲亚来到巴黎,我明白了相对和绝对这组概念。相对,是因为我知道了在我的祖国所发生的不应该在各处发生。绝对,是因为我在一个极权体制中成长,它在任何时候都是我衡量丑恶的标准。'什么都一样'的相对主义和非黑即白的绝对主义,它们亦敌亦友,而我在道德评判过程中对它们均无好感,原因大概在此。"至于其难以接受,恐怕在于人们往往没有勇气面对赤裸的历史,面对赤裸的真理。对托多洛夫的观点,我们并不完全认同。但对他直面历史的勇气,对他对人类命运的关切,对真理的执着探索,哪一个有社会良知的知识分子会不表示钦佩呢?

原载《跨文化对话》2004 年总第 15 期

把握人类生存的深层脉络
——关于"西方文明进程丛书"与"日常生活译丛"

最近一段时间,自己好像突然间与社会学界、史学界打起了交道,有学者专家,也有普通的读者朋友通过不同的方式与我交流,跟我谈历史,说社会,论文明,起因是广西师范大学出版社和山东画报出版社于今年初分别推出的"西方文明进程丛书"与"日常生活译丛"。

在谈话中,朋友们问得最多的,是一个习惯做文学翻译的,怎么会想起主持历史与社会文化译丛。对这个问题,梁启超先生似乎可以替我回答。早在19世纪末,梁启超在《变法通义》中,曾就译书问题明确指出:"故今日而言译书,当首立三义:一曰,择当译之本;二曰,定公译之例;三曰,养能译之才。"在我看来,翻译不是人们普遍认为的一种简单的语言的转换,而是一种跨文化的交流。在这个意义上,如何翻译固然重要,但选择什么样的书介绍给当今之中国,是更为重要的根本问题。

"西方文明进程丛书"和"日常生活译丛"能与中国读者见面,自然有出版社和译者的功劳与苦劳,但真正的幕后英雄,是这两套丛书的策划者陈丰博士。陈丰博士在巴黎大学专攻过历史。而凡当代在法国学历史的,都不可能不受到年鉴学派的集大成者布罗代尔的新历史观的影响。我本人也认真读过唐家龙等先生翻译的布罗代尔的代表作《菲利普二世时代的地中海和地中海世界》，说起来似乎很简单，我们这一代人以前在学校所接触的历史，无非是"朝代的兴亡，君主的废立，经年的战争"（胡适语）。经过"意识形态""精英意识""道德伦理"和"历史编纂原则"这四道筛子的筛选过滤，"大写"的历史所展现的"公共舞台"上，是帝王的光环，是战争的恢宏。然而，人类的历史，不应该只是一部经过精心修饰过的帝王史，一部透着血腥味的战争史，一个个有着生命和激情的个体应该在人类历史中占有一席之地，因为他们才是历史的真实底色。用布罗代尔夫人的话说，"人们千差万别的日常生活，各自文明的特性与局限，社会的演变和经济的偶然性"，这一切远比过去的历史观中占统治地位的政治因素要重要得多[①]。因此，要了解历史，了解人类社会的文明进程，应该关注经济学、社会学、地理学、人口统计学、人种学，尝试着以一种"全面的历史学"，关注公共舞台后的私人空间，追寻迅速和动荡的历史脚步下深深埋藏的生命痕迹，去把握历史充满激情的生命律动，通过看似偶然、不定、不完美、甚至"虚无"与"邪恶"的日常生活世界，去揭示被"大写的历史"或遮蔽，或过滤，或忽视，或排斥的"小写的历史"的某些真实侧面。而策划与组织翻译"西方文明进程丛书"与"日常生活译丛"的初衷便在于此。

"日常生活译丛"共三十种，首辑推出十二种，全部选自法国阿歇特出版社出版的"日常生活"大型丛书。实际上，这套丛书在法国的问世，完全得益于法国年鉴学派的新历史观的启发。这套开放型的丛书诞生于1938年，由著名历史学家莫里斯·拉布莱主持，开山之作叫《圣路易时代的日常生活》，该书的作者埃德蒙·法

---

① 费尔南·布罗代尔.菲利普二世时代的地中海和地中海世界.北京:商务印书馆,1996(布罗代尔夫人代序).

拉尔一改传统的历史观,不再为帝王的光环增添色彩,也不再关注惊心动魄的历史"事件",而是把目光投向深宫内院中被遮蔽的角落,投向平常百姓生活被忽视的真实天地。此书获得了极大的成功,此后,随着历史学家的视野不断扩大,这套丛书的选题也不断拓展,从《金字塔时代的埃及的日常生活》到《帝国鼎盛时代罗马的日常生活》(发行量突破30万大关),从《伦勃朗时代的荷兰》到《希特勒时代的柏林》,从"空想主义者的日常生活"到"浪漫主义者的天地",听说甚至有作者已经把笔触伸向"9·11"事件后的伊拉克,读者也许不久后就可以读到类似《美国大兵侵占时代的巴格达的日常生活》这样的著作,在人体炸弹四飞的碎片中去掂量人类命运的沉重。

如果说"揭开公共舞台后的真实世界"是"日常生活译丛"的一个基本特色的话,那么引导读者观察历史的真实"碎片"则是"西方文明进程丛书"的明确追求。在这套丛书中,透过《魔鬼的历史》,作者为我们解析了两千多年来西方历史上魔鬼与恶的化身,通过对魔鬼的概念的追索和魔鬼形象的分析,揭示了西方社会特有的文化和知识活动的深层要素。而《镜子的历史》,则是人类和自己的形象的历史,镜子所折射出的是文明的多重含义。顺着《流浪的历史》踪迹,我们看到的是饥荒、瘟疫和战争中一个独特群体的命运,是仁慈与暴力的较量,而在《洗浴的历史》中,作者则以大量史料和文学作品中提取的生动的例子,描述了西方人"行为举止文明化的进程",洗浴的历史于是透现出一部"社会文明发展史"。

按照主编这两套丛书的思路,我们还想走得更远,除了把我们所喜欢的《私人生活史》(五卷本)介绍给了中国社会科学出版社之外,我们不久还将推出"古希腊罗马社会与文化"系列,包括《古希腊时期的交流:写作、讲话、信息和旅行》《古希腊罗马的魔术》《在古罗马行医》《古罗马的儿童》《从罗马到中国:恺撒大帝时代的丝绸之路》《古罗马的欢娱》和《古罗马人的阅读》等书,另外还计划把皇皇二百万字的《天堂的历史》和《地狱的历史》介绍给中国的广大读者,让读者透过天堂和地狱看人间,在神的世界和鬼的世界的双重阴影的投射中,去触摸人类精神生活和生存状态的深层脉络。

2004 年 8 月 20 日于南京

揭开"公共舞台"后的真实世界

——"日常生活译丛"序

　　七年前,有机会读到由著名史学家菲利浦·阿利埃斯与乔治·杜比主编的法文版五卷本《私人生活史》,闲暇时翻看翻看,也用不着特别认真地去读。隔了岁月的灰尘,过往日常生活的琐碎和点滴像一颗颗泛黄的珠子,擦拭一下,还能映照出昔日真实的光泽。

　　以往书写的历史,常常是一部"公共舞台"史,一部男权的统治史。帝王的光环下,透见的往往是刀光血影;伟大辉煌的年代,记载的常常是战争。而人类个体所赖以生存的"私人"空间,却因为"不登大雅"而被忽略,被掩盖,被抹杀了。

　　就我们所知,"私人生活"这一概念形成于 19 世纪的欧洲。"私人"相对于"公共",趋于日常,富于偶然。这是一个免除干扰,自省、隐蔽的领地:在这里,每个人都可以扔掉他在社交场合必备的面具和防卫,可以放松警惕,可以随心所欲,可以身着"宽松的便袍",脱去在外面闯荡时穿戴的坚硬铠甲。拿米兰·昆德拉的话说,私人的空间,虽然是日常的,不完美的、不定的,有时甚至是虚无和邪恶的,但这是一个有可能导向"欢乐之完满,自由之完满,存在之完满"的世界。然而,因为私人生活总发生在深墙内院,关着门,上着锁,自然也就有其封闭性。乔治·杜比指出,19 世纪的资产阶级竭尽全力想捍卫这堵"墙"的完整性,遮蔽墙里的一切。但这堵墙内的生活才是最真实的生活,最真实的自我,有不见刀光的争斗,有不可言说的离合,个人与个人之间,群体与群体之间,因为各种利益和需要交错成一张复杂的社会关系网。

但如何穿透这堵有形无形的高墙,真正进入私人生活的空间,并勾勒出其历史的真实面貌?如何在其变化中确定岁月所覆盖的现实?如何既准确无误地抓住主题,同时又不迷失方向,避免陷入纯粹个人的私密生活迷宫,而失去对历史精神和文化内涵的把握呢?面对这一个个疑问和难题,历史学家和文化学家通过对日常生活的忠实描述,致力于还历史一个原样。我们给读者推荐的这套"日常生活译丛",便是这一领域最富代表性的研究成果。

葛兆光在谈文史研究学术规范的一篇文章[①]中谈到:现在编的各种历史书,至少经过了"意识形态""精英意识""道德伦理""历史编纂原则"等四道筛子的筛选过滤,诸如"日常生活、业余娱乐、私人空间"等等重要内容在书写的历史中被省却;经过层层染过的修饰,历史的底色隐而不见了。他认为,要透过"这一层被层层染过的修饰",看到历史的底色,找回那些被省略的、被删减的东西,尽可能接近历史原来的面貌。这不仅需要史学严谨的考据,还需要对生活必要的体验和想象。葛兆光的这一观点与我们推出的这套"日常生活译丛"的主旨不谋而合。在我们看来,以往我们所阅读的西方历史,确实如乔治·杜比所说,大都是"公共舞台"的历史,也如葛兆光所说,是经过层层装饰过的难见历史原貌底色的历史。而深入"私人生活空间",着眼于对"日常生活"的观察、想象和感觉的史料和文献非常少见。通过对这套丛书的译介,我们至少

---

① 葛兆光.大胆想象终究还得小心求证——关于文史研究的学术规范.文汇报. 2003-03-09(8).

多了一分可能性,可以或多或少地看到被"大写的历史"或遮蔽、或过滤、或忽略、或排斥的"小写的历史"的某些真实侧面。

法国阿歇特出版社出版的"日常生活"丛书,是一套开放性的大型丛书,可谓内容丰富,色彩缤纷,加之作者们近乎散文化的笔调,在为广大读者剥去"大写的历史"的装饰、还原历史原貌的同时,常给读者带来阅读的欣喜和发现的愉悦。在阿歇特出版社已经推出的这一系列百余种图书中,我们有目的地选择了其中的三十种以飨中国读者。神游历史,穿越时空,我们一起去结识古希腊的妇女、最早的基督教徒、乌托邦的追求者;去看一看国王的卧房、艺术家的斗室、士兵的营帐、百姓的平常日子;去体验一下宫墙内的沉重,美丽下的丑陋,炮火后的悲怆,辉煌中的黑暗。

从卢瓦河的城堡到蒙马特尔高地的广场,从帝国鼎盛时期的罗马到希特勒统治下的柏林,从古希腊诸神的游戏到爵士乐手叛逆的鼓点……走进文字书写的历史,市井街巷,深闺内帏,宫廷豪宅,寻常人家,只要你用心去看,去发现,就会有别样的感受,就会有意外的收获。

2004 年 5 月 20 日于南京大学

观察历史真实的"碎片"

——"西方文明进程丛书"序

说起"文明",似乎下意识地总想到"发明"两个字。数千年的中华文明史,在许多国人的心中,也似乎总是淹没在火药、指南针、造纸和活字印刷这四大发明的辉煌之中。然而,文明这两个字,却负载着异常沉重的历史,充满着难以索解的悖论,在"文明"这两个字的背后,甚至还透着血腥。在"9·11"事件前后,当今世界所经历的一切,到底是文明,还是野蛮?

对这个带有人类存在根本性问题的困惑,促使自己开始对"文明"问题有所思考,促使自己把目光投向域外,投向西方的文明,投向所谓文明的西方,想要弄清楚到底何为"文明",西方又是经历了一个怎样的文明进程?

法国著名历史学家基佐曾写过皇皇四大卷的《法国文明史》,他对"文明"这个词有着明确而深刻的理解。在他看来,"文明主要包括两点:社会状态的进展,以及精神状态的进程;人的外部条件和一般条件的进展,以及人的内部性质和个人性质的进展;总而言之,是社会和人类的完善"。按照基佐的这一定义,文明的进程,实际上也就是社会和人类不断完善的进程。

社会与人类不断完善的进程,是一个错综复杂的进程。要考察这样一个进程,对整个人类的文明的进程哪怕"稍作正确的叙述",拿基佐的话说,那"几乎是不可能的事",因为这意味着要对世界"不同民族发生过的事件,对他们本身的历史,而且还要对他们的语言、文学、哲学,最后还要对他们的生活经历的一切方面都具有相当深入的了解"(基佐语)。如此看来,任何人对世界文明的思考注定都是片面的,对人类文明进程的考察也注定是肤浅的。然而,这并不妨碍我们可以从人类历史的某个侧面,对人类文明发展的进程管窥一二。正是出于这一天真而善意的愿望,我们有目的地聚焦于西方世界的某些历史阶段和西方社会的某些侧面,选择了西方历史学界一些有识之士别具一格的探索成果,以"西方文明进程"译丛的形式奉献给广大读者朋友,为广大读者提供一些观察历史真实的"碎片",也为广大读者思考文明问题展现独特的视角。

收入本译丛的研究成果,不同于传统意义上撰写的"文明史"。它们不求面面俱到,但求目光独特;不求论述系统,但求思考深刻。而进入我们选择视野的,则是人们在思考文明问题时往往忽视的一些侧面。从收入本译丛的七部书的书名看,除了《书籍的历史》与《西方媒介史》这两部书之外,读者似乎很难将它们与西方文明进程联系起来。然而,透过《魔鬼的历史》,作者为我们解析了两千多年来西方历史上魔鬼与恶的化身,通过对魔鬼的概念的追索和魔鬼形象的分析,揭示了西方社会特有的文化和知识活动的深层要素。而《镜子的历史》,则是人类和自己的形象的历史,镜子所折射出的是文明的多重含义。顺着《流浪的历史》踪迹,我们看到的是饥荒、瘟疫和战争中一个独特群体的命运,是仁慈与暴力的较量,而在《洗浴的历史》中,作者则以大量史料和文学作品中提取的生动的例子,描述了西方人"行为举止文明化的进程",洗浴的历史于是透现出一部"社会文明发展史"。

从这一个个生动而独特的社会侧面,从历史学家们所搜集的历史的真实碎片中,相信有心的读者一定会像本雅明一样,读出自己的一点感悟,窥见文明的几分真相,那残酷而并不令人绝望的真相。

2004 年 10 月 22 日于南京

解读中国古代文人的悲秋情怀

——读郁白著《悲秋:古诗论情》

在古代中国,人们称词为诗余,曲曰词余,对联、灯谜、小说类为雕虫小技,这些称谓无疑反映了诗歌在五千年传统文化中的崇高地位。未熟读古诗,就谈不上精通中国传统文化。古诗的重要性不仅为国人共识,也是国际汉学界的聚焦所在。戴密微先生曾经指出,"如重汉学,当选汉诗研究",并确言"汉诗为中国文化最高成就"或"中国天才之最高表现"①。

在 20 世纪下半叶,伴随着唐诗译介的繁荣,海外汉诗研究盛况空前,也更为系统、深入②。而在 21 世纪初,我们又欣喜地看到了郁白先生在这一领域的新作《悲秋》③。

"学而优则仕,仕而优则学"的郁白(Nicolas Chapuis,1957—)先生,是法国著名汉学家。郁白始终醉心于中国文化,并与遥远的中国结下了割不断的情缘。自巴黎第七大学东方语言文化学院毕业以后,郁白先生曾先后担任法国驻中国大使馆文化参赞、法国外

① 戴密微先生逝世三周年纪念专号.敦煌学(第五辑)(巴黎).转引自:钱林森.牧女与蚕娘.上海:上海古籍出版社,1990:365.

② 钱林森.牧女与蚕娘.上海:上海古籍出版社,1990:362-366.

③ 原著为 Chapuis,N. *Tristes automnes:poetique et l'identité dans la chine ancienne*,Paris:Libr. You-Feng,2001.

交部亚洲司副司长、法国驻上海领事馆总领事。外交官的生涯不仅使郁白切身感触到中国文化的无穷魅力,也使他得以同中国文化界的精英相与往还。

为了向西方读者推广中国文化,郁白先生先后在法国翻译出版了钱锺书、杨绛等中国友人的著作以及多部中国文学名著。对中国古典诗歌进行主题学研究的学术专著《悲秋》在中国翻译出版,更令现任法兰西驻蒙古国大使但心系中国文化的郁白先生足慰平生。

《悲秋》一书是郁白先生对中国传统文化仰止之情的真率流露,也是他于中国古典诗歌领域不凡造诣的具体体现。通过对秋天形象的诗学分析,他结合中国古代文论与西方文学批评,对中国古代本体论问题进行了深入、系统的专题研究。

在中国诗歌的历史长河中,郁白凝眸于"悲秋"这一主题从诗、骚源头到唐诗绝顶的具体演绎。他发现,打一开始,秋歌强烈激越的自我认同清响,就与儒家士绅们中庸平和的不厌教诲格格不入,因此遭到社会势力的强行压制。感受到悲秋辞赋于纸背丝丝透出的郁郁不平之气,郁白不禁喟然兴叹:"两部文集(《诗经》与《楚辞》)中的秋歌,完美地描绘了在能够社会化与无法社会化之间存在着的张力。《诗经》与《楚辞》对该问题的不同处理,从一开始就构成了中国思维中最为独特的悖论之一:只有在放逐中,才能找到自我认同。"①

作为由法兰西深厚人道主义传统所哺育的当代学者,郁白先生的《悲秋》自然不仅仅是一项简单的文献梳理工作,其中更渗透出那份深切的人文主义关怀:"确切说来,是和钱锺书先生的频繁交往,促使我进行这项研究的。自 1986 年到 1992 年期间,在一系

---

① 郁白.悲秋:古诗论情.叶潇,全志刚,译.桂林:广西师范大学出版社,2004(序).

列关于中国思想危机问题的私人会谈过程中,钱先生鼓励我,步他著作中评论之后尘,要'刮掉'理论的表面,以寻回'人'的本质。以百科全书式无所不包、中西并重的坚实文化底蕴为依据,钱先生使我相信了中国本来也可以依然可以作出其他的文化选择、社会选择,而非这种称为'儒教'的选择。"①

因此,在《悲秋》一文中,与梳理"悲秋"主题之年代脉络同时展开的,是郁白先生对中国古代知识分子们命运的深切关注,是对中国文人自我认同脉搏叩击声的凝神倾听。遭到儒家反对、为社会所否定的"他者"藏匿于何处?郁白展开了对中国古代本体论问题的具体探讨。

郁白指出,自春秋到盛唐,秋歌的诗学评论呈现出自道德论向情感论,继而向唯情论转化的人道主义趋势。秋歌,作为强烈表达自我认同的个人主义诗篇,与儒教纲纪伦常的集体主义教诲从《诗》《骚》开始就存在着激烈的相互冲突。后人往往被夹在想表达自我认同和不愿离经叛道之间。杜甫的《秋兴赋》与王维的"制毒龙"正是该问题悠长的回声:"这种紧张局面一直伴随着我们的这项研究工作,它如果不是一场内心的战争,又能是什么呢?人的激情处于儒家克己社会规章的阴影之下,喷薄欲出;而人的自我认同,也被政治戒律(王维还以佛门戒律将其强化)与受抑激情的压力所活生生地车裂。"②

本书的价值在于研究的独特视角,以及深刻、系统的细致分析。这部专著,是法国汉学家之中国研究的一次有益探索。对法语国家读者进一步了解中国诗歌、了解中国古代知识分子的身份与命运,《悲秋》一书无疑具有重要的启迪作用。

---

① 郁白.悲秋:古诗论情.叶潇,全志刚,译.桂林:广西师范大学出版社,2004(序).
② 郁白.悲秋:古诗论情.叶潇,全志刚,译.桂林:广西师范大学出版社,2004.见第七章第一节。

"投之以木桃,报之以琼瑶。"在郁白先生采撷中国诗歌、中国文论精华而精心酿制成的这一陈年心曲中,中国读者却品到了浓烈的西方风味:有龙萨、拉马丁、雨果、马拉美、波德莱尔等人诗作继十余个世纪之后与中国古代诗人们遥相唱和;有诸多汉学家、西方文论家对中国问题的深邃透视;有郁白先生基于西方文化底座的独特视野:"这些诗篇(中国秋歌)表达了生存之无能为力。在很大程度上,这可谓 19 世纪充满浪漫激情的法国诗人们之鼻祖。实际上,他们彼此类似,借用维克多·雨果年轻时代著名诗集的标题而言,那是光与影在此交融共存。"①

2004 年 11 月 2 日于南京

① 郁白.悲秋:古诗论情.叶潇,全志刚,译.桂林:广西师范大学出版社,2004.见第六章最后一节。

"遭遇"莎士比亚

——读《纪德文集》

　　著名戏剧家曹禺在 1984 年为中国莎士比亚学会研究会会刊《莎士比亚研究》撰写的发刊词中曾这样写道："有史以来,屹立在高峰之上,多少文学巨人们教给人认识自己,开阔人的眼界,丰富人的贫乏生活,使人得到智慧、得到幸福、得到享受、引导人懂得'人'的价值、尊严和力量。莎士比亚就是这样一位使人类永久又惊又喜的巨人。"①据何其莘教授,这位巨人是在 20 世纪之初才姗姗来迟,与中国读者相识的。确切的时间是在"1903 年,英国作家兰姆兄妹的《莎士比亚戏剧故事集》第一次被译成中文,题名为《海外奇谈》"。第二年,林纾译了兰姆的这部故事集中的二十篇莎翁戏剧故事,结集为《吟边燕语》,由商务印书馆出版。但这些译文,只不过是莎士比亚的戏剧故事而已,莎士比亚的真正剧作的完整汉译,到了 1921 年才与中国读者见面,而被第一个完整介绍给中国读者的剧本,便是如今已为世人熟知的《哈姆雷特》。从 1903 年算起,莎士比亚在中国差不多也就一个世纪的历史。时间虽然不长,但他在中国可以说是相当红,差不多已被国人奉为"戏圣"了。

---

① 何其莘.英国戏剧史.南京:译林出版社,1999:62.

　　法国是英国的近邻,邻里之间的交往比起我们来要方便得多。法国人早就听说了莎士比亚的大名,但生性气傲的法国文人一开始似乎并不怎么瞧得起他。有趣的是,法国的文人越瞧不起莎士比亚,莎士比亚在法国的名声反而越大,弄得连伏尔泰这样的大师都气急败坏,说:"令人惊骇的是这个怪物在法国有一帮响应者,为这种灾难和恐怖推波助澜的人正是我——很久以前第一个提起这位莎士比亚的人。在他那偌大的类堆里找到几颗瑰宝后拿给法国人看的第一个人也正是我。未曾料到有朝一日我竟会促使国人把高乃依和拉辛的桂冠踩在脚下,为的是往一个野蛮的戏子脸上抹金。"①在伏尔泰的这段话中,不难看到伏尔泰对莎士比亚的本质性的评价——"偌大的粪堆"。在他眼里,莎士比亚的戏剧只不过是一堆粪土。但令他大为光火的是,在 1776 年,法国国王路易十六却出面赞助了勒图尔纳的莎剧新译本。勒图尔纳是法国著名的翻译家,除了莎士比亚的作品外,他还译过杨格等英国作家的作品。伏尔泰看不起莎士比亚,在我们今天看来,似乎难以理解。作为启蒙运动最重要的代表人物,伏尔泰是主张积极地打开眼界,并强调了解其他民族的文学的重要性的,而且他对英国文学也是充满了兴趣。问题在于他对文学的看法,源于他的"人类文明循环发展"的认识观。"他认为人类已经经历了四个伟大的发皇鼎盛的时代:伯里克利当政的雅典、奥古斯都统治的罗马、列奥十世执政的罗马以及路易十四统治的巴黎。但是在时代与时代之间有过彻底衰落的低潮时期或一片黑暗的年代,文学上有过坏的趣味和野蛮主义的时代。"②伏尔泰据以指责莎士比亚的,正是他向来强调的

①　雷纳·韦勒克.近代文学批评史(第一卷).杨岂深,杨自伍,译.上海:上海译文出版社,1997:48.
②　雷纳·韦勒克.近代文学批评史(第一卷).杨岂深,杨自伍,译.上海:上海译文出版社,1997:42.

"文学趣味"论。他说:"莎士比亚引以为豪的是一种旺盛丰硕的天才:他是自然而崇高的,但是没有一里半点高雅趣味而言……"①

法国人是最讲"趣味"的,有趣味,有格调,才会有韵致,才叫文学。我认真读过祖籍捷克,生于维也纳的雷纳·韦勒克的四卷本《近代文学批评史》,从他所提供的资料看,在伏尔泰之后,但凡名声大一点的法国作家兼批评家,特别是 18 世纪、19 世纪的,几乎无一例外地都要谈到莎士比亚,而且也无一例外地都会以"趣味"的名义,向莎士比亚发起责难。18 世纪狄德罗如此,他"指责莎士比亚"具有"不良趣味",认为莎士比亚是"一个自然、粗俗、毫无趣味的天才",甚至带有几分讽刺意味地说莎士比亚的伟大之处在于"异乎异常、不可理喻、无可比拟地将最好的与最坏趣味混合一体","代表了近于中古时代粗野不文的风气"等。19 世纪的斯塔尔夫人如此,她说:"莎士比亚违背了趣味的永恒原则:悲剧性和喜剧性混合一体,炫示恐怖乃真正的毛病。"②法国浪漫主义先驱夏多布里昂亦如此,他虽然承认莎士比亚可与荷马、但丁、拉伯雷等"盖世天才"并驾齐驱,但归根结底,他认为:"莎士比亚作品缺少尊严,正如其一生少了尊严二字。他没有趣味:没有在世界历史上千载难逢、大概主要在路易十四时代才出现过的那种趣味。"③《红与黑》的作者司汤达也写过论莎士比亚的文字,最有名的是分别发表于 1823 年和 1825 年的《拉辛与莎士比亚》。应该说,持论有据、分析精辟的司汤达对莎士比亚的认识已经不同于他的那些前辈,呼吁近代性的斯丹达尔甚至对莎士比亚的创造精神大为推崇,但就

---

① 雷纳·韦勒克.近代文学批评史(第一卷).杨岂深,杨自伍,译.上海:上海译文出版社,1997:45.

② 雷纳·韦勒克.近代文学批评史(第二卷).杨岂深,杨自伍,译.上海:上海译文出版社,1997:268.

③ 雷纳·韦勒克.近代文学批评史(第一卷).杨岂深,杨自伍,译.上海:上海译文出版社,1997:287.

"趣味"而言,他还是认为莎士比亚的"言谈、比喻,甚或杂糅喜剧悲剧成分的做法都不足为训"①。

在与莎士比亚遭遇的漫长历史中,法国文人硬是抓住"趣味"这个把柄不放,但是历史在发展,"趣味"也是会变化的。对于带点"野气"的莎剧,法国人一直处于矛盾的境地:虽然不合法兰西的所谓"趣味",但闪烁着天才光芒的那股清闲的"野气"却有着独特而恒久的诱惑力,其最好的证明,便是在伏尔泰之后,每一个世纪都产生了一个莎剧的新译本:18 世纪有勒图尔纳的新译,19 世纪有雨果儿子的新译,20 世纪有诺贝尔文学奖得主纪德的新译。

雨果写过一部数百页的《论莎士比亚》(1864 年),虽然他本人对莎士比亚并不怎么推崇,但他的儿子却对莎氏情有独钟,他对莎士比亚的深刻理解及非凡的领悟,为他的译作赢得了广泛的读者。年迈的雨果也为儿子的成功而陶醉,欣然为其译作写序(1865年),称之为翻译"定本"。

翻译当然不会有什么"定本",纪德的新译至少可以与他前面的译本相媲美。

纪德是最理解莎士比亚的法国作家之一。在他看来,"没有任何作家比莎士比亚更值得翻译",但同时,"也没有任何作家比他更难翻译,译文更容易走样"。纪德对莎士比亚的理解是双重的,既是精神的,也是语言的。他在与莎士比亚的相遇与相识中,经历了一系列的考验。对他在翻译中经历的这番历史奇遇,他曾在为七星文库出版的《莎士比亚戏剧集》撰写的前言中作了详尽的描述:描述了两种文化与两种语言之间的遭遇,也揭示了翻译中译者所面临的种种障碍。

---

① 雷纳·韦勒克.近代文学批评史(第一卷).杨岂深,杨自伍,译.上海:上海译文出版社,1997:295.

纪德首先看到的,是语言与文化层面的逻辑性,这涉及不同语言的思维方法。他说:"莎士比亚很少考虑逻辑性,而我们拉丁文化缺了逻辑性就跟跟跄跄。莎士比亚笔下的形象相互重选,相互推倒。面对如此丰富的形象,我们可怜的译者目瞪口呆。他不愿意对这种绚丽多彩有丝毫遗漏,因此不得不将英文原本中用仅仅一个词表示的暗喻译成一个句子。原来像蛇一样紧紧盘成一团的诗意,如今成了松开的弹簧。翻译成了解释。逻辑倒是很满意,但魅力不再起作用。莎士比亚的诗句飞跃而过的空间,迟缓的熊虫一瘸一拐才能走完。"①在紧密的逻辑与丰富的形象之间,英语与法语的天平有所侧重,在两者的遭遇中,译者的无奈与局限源于文化与语言的巨大差异。

头脑清醒的纪德没有丝毫责备英语或莎士比亚的语言的意思,相反,在翻译莎士比亚的戏剧中,他充分意识到了母语的缺陷。他说:"只有在接触外语时,我们才意识到本国语言的缺陷,因此,只会法语的法国人是看不到缺陷的。"他的这一观点与德国作家歌德的观点几乎是一致的。异之于我,可作一明镜,从异中更清楚地照清自身。在这个意义上,与异语文化的接触,有助于认识母语与母语文化的不足。看清了自身的不足,便有可能从异语异文化中去汲取营养,弥补自身,丰富自身。

在艰难的翻译中,纪德亲历了种种障碍,他结合翻译中的具体例证,作了某种意义上的剖析与归纳,其中几条颇具启发性。

首先是词语层面的对等问题。他指出:"几乎总发生这种情况:即使当一个词指的是精确物体,而且在另一种语言中也有精确的对应词,但它在一种联想与模糊回忆的光环,一种谐波,它在另

---

① 安德烈·纪德.纪德文集·文论卷.桂裕芳,等译.广州:花城出版社,2001:205.

一种语言中是不一样的,译文中是无法保留的。"①纪德这儿谈及的,是文学翻译中一个十分微妙而棘手的难题。从指称意义上看,甲乙两种语言中的词可以是相对应的,但问题是该词在不同语言中却有可能给人以不同的联想,或具有相当微妙的内涵意义。这样在翻译中便有可能给译者提出一个问题,那就是寻求指称意义上的对应,还是联想意义上的融合? 从英语到法语,特别是善于运用词语制造丰富联想意义的莎士比亚,给纪德造成的困难,便不仅仅是语言表达层面的取舍,而是文化意义的移植。

其次是面对莎士比亚戏剧文本中出现的多义性或意义含糊的情况,纪德又遭遇到了两难的选择。从翻译的根本任务来看,"译意",为翻译的第一要义,而理解是译意的基础。但问题是,"莎士比亚有无数段落几乎无法理解,或者具有二、三、四种可能的解释,有时明显地相互矛盾,对此评论家议论纷纷。有时甚至存在好几种文本,出版商在取舍时犹豫不定,人们有权怀疑最通常接受的文本也许是错误的"②。面对这种情况,纪德认为译者无疑要对如下问题做出选择性的回答:在原文多种的含意中,"该选择哪一种? 最合理的? 最有诗意的? 还是最富联想的? 抑或,在译文中保持含糊性,甚至无法理解性?"纪德给自己或给译者提出的这些问题,是值得每一个文学翻译家去认真思考的。多义可以使读者产生丰富的联想,而意义的含混则有可能给读者开拓广泛的想象空间。文学文本的多义性和意义含混性问题,是文学理论研究者颇为关注的一个问题,也是译者所应该细加对待的。面对多义的文本,首先要求译者能真正深刻地领悟到原文本的意义和原作者的意图,这是基础的基础,因为只有全面理解了,才有可能从整体的效果出

---

① 安德烈·纪德.纪德文集·文论卷.桂裕芳,等译.广州:花城出版社,2001:206.
② 安德烈·纪德.纪德文集·文论卷.桂裕芳,等译.广州:花城出版社,2001:207.

发,经过全局的衡量,做出不可避免的取舍。

纪德面临莎士比亚给他造成的种种障碍和给他出的道道难题,没有像伏尔泰、夏多布里昂等前辈那样对莎士比亚的"趣味"或文风加以责难,而是从译者的角度,在语言与文化接触与交流的层面,对种种障碍与困难出现的原因进行了分析。在他看来,"如果说每个译本不可避免地都多多少少背叛了莎士比亚,但至少不是以同一种方式。每种译文都有其特殊功效,只有当它们聚合起来才能重现莎士比亚天才的绚丽光彩"①。经过几个世纪的风风雨雨,法国人在与莎士比亚的相遇、相识与种种冲突中,最终看到了莎士比亚天才的绚丽光彩,而翻译在其间起到的作用,是谁也不能否认的。

2002 年 11 月 2 日于南京大学

---

① 安德烈·纪德.纪德文集·文论卷.桂裕芳,等译.广州:花城出版社,2001:211.

译可译　非常译

——读许渊冲的《译笔生花》

　　近读许渊冲先生的《译笔生花》，先生精通英语和法语，有六十多年的翻译经验，翻译过《诗经》、唐诗、宋词等中华文明的精髓之作，对翻译之甘苦，体会尤深，在书的代序中，他套用老子"道可道，非常道"那句名言，发出了"译可译，非常译"的感叹。

　　当今时代，科学技术发展迅猛，对于人类而言，登天早已不成为"难事"。然而，我们却惊异地发现，人类最为悠久的跨文化交流活动——翻译，却给几乎无所不能、无所不在的计算机提出了至今还基本上无法解决的难题。难道翻译比"登天"还难？莫非真应了哲学家德里达在《巴别塔》一文中提出的那个不解的悖论：当上帝驱散人类、变乱其语言时，"一瞬间把翻译这项工作强加于人类，同时又禁止人类进行翻译"？自然科学要以其强大的理性力量和精密的技术手段与上帝抗争，但近半个多世纪以来的机器翻译研究的结果以及机器翻译面对翻译，特别是文学翻译的束手无策，几乎令人绝望，由此而引起了我们的担忧和深思：现代翻译研究的成果越来越表明字句对应的翻译是不可能的，旨在沟通人类灵魂的翻译这一难题单靠技术是不可能得到圆满解决的。"译可译，非常译"，出路也许在于探索"非常译"之道。

　　如果说"常译"之道，是传统翻译观念中的"逐字对译"，是"复制",是"模仿",这条道在今天看来,在理论上是讲不通的,在实践上也是难以走通的。那么,"译道"何在? 三年前,在上海外国语大学主办的"译学研究观念现代化高层论坛"上,笔者曾经指出,在真正的翻译研究开始起步后的相当长的一段时间内,翻译界有重技轻道、重经验轻理论、重语言轻文化的倾向,这在很大程度上阻碍了我们进一步探索翻译之道的可能性。然而,当哲学、语言学、文化学、阐释学、心理学,甚至女性主义批评理论、后殖民主义理论的研究成果介入翻译研究领域,对翻译进行多方面的探索时,我们又不能不看到这样一个事实:翻译研究在引进各种理论的同时,有一种被其吞食的趋向,翻译研究的领域看似不断扩大,但在翻译研究从边缘走向中心的路途中,却潜伏着一步步失去自己的位置的危险。当我们将目光聚焦于翻译理论的系统性和科学性的时候,翻译实践所提出的许多现实的问题,再一次以更尖锐更深刻的程度,摆在了翻译理论界的面前。

翻译实践给我们提出的第一个重要问题是,在全球化进程不断加快的今天,翻译到底应该有何为? 作为经验丰富的翻译家,许渊冲先生对此有着清醒的认识:"21世纪是全球化世纪。所谓全球化不应该局限于经济一体化,还应该包括文化方面在内;具体说来,就是把全球的先进文化引进本国,也把本国的先进文化推向世界。中国文化有几千年的悠久历史,先进部分应该融入世界文化,成为全球文化的一部分,使全球文化更加光辉灿烂。"①在许渊冲看来,"中国传统文化要对全球文化做出贡献,需要把中国文学翻译成为外文。在今天的国际上,使用最多的外语是英文,因此,中国文学如果要全球化,首先需要翻译成英文"。细心体会许先生的这段话,我们不难发现,许先生强调的是,在当今世界,中国翻译界

---

① 许渊冲.译笔生花.郑州:文心出版社,2005:23.

在广泛吸收世界各国先进文化的同时,应该通过翻译,弘扬中国的优秀文化,把悠久的中国文化推向世界,让世界上更多的人了解中国文化,学习中国文化,"使全球文化更加光辉灿烂"。看来,促进世界各国的文化相互理解与了解,进而促进其交流与对话,维护文化的多样性,共同创造人类的灿烂文化,应该是翻译的使命所在,此乃翻译之大道。以此来检视当今中国的翻译,文化的输出与引进,严重失衡,值得关注。

翻译实践向我们提出的第二个重大问题是:翻译如何才能促进世界各民族文化的交流。从表面上看,这是一个关乎"如何译"的问题,但如何译,往往取决于人们对翻译本质的认识与理解。有学者认为:"长期以来,我们的翻译定义就是不同语言之间的转换,或者如国外的'等值''对等''等效''功能对等',核心都是'转','换'或者'等',因此替换的现象较为普遍,结果,翻译本身作为跨文化的手段,在翻译过程中无形地造成了新的隔阂、新的文化障碍。"[①]由于把翻译看成是一种纯语言的替换,往往会导致两种不可取的翻译方法:一是追求所谓的对等,采取的往往是过于机械的直译和硬译,结果是译犹不译;另一种追求的是所谓的等效,采取的往往是过于自由的意译或胡译,结果是随意替换,大而化之。这两种翻译方法实际上代表着两种翻译立场,前者对原文本盲目忠实,亦步亦趋,不敢越雷池一步,后者则无视原文本"异"的特质,以"归化"的名义,自由替代原作独特的生命要素。目前中国译界有两类特别需要引起警惕的译文:一是西化严重,在用词和结构上有可能破坏汉语生态平衡的翻译;二是大而化之,过于美化、有违原作精神的翻译。这两种翻译与以沟通与交流为使命的翻译之大道是背道而驰的。面对这两种看似相悖的翻译倾向,许渊冲先生站

---

① 陆永昌.翻译——不能再增文化障碍.译林.2006(3):212.

在中华文化的立场上,提出了"优化论":"关键只是'优化',就是发挥汉语优势,充分利用最好的译语表达方式。如果归化的方式最好或最优,那翻译就该归化;如果异化的方式最优,那翻译就该异化。这就是归化或异化的竞赛,看哪种译法胜利,胜利的就是'优化'。"①从积极的意义上看,许先生提出的"优化论"对化解翻译界长期以来水火不相容的"异化"与"归化"之矛盾具有启迪意义,它令我想起了北京大学孟华教授的观点:在中外文化交流中,翻译具有传递"相异性"的功能,即翻译"可在一国的文化传统中,亦即在一个民族的身份认同中植入相异性因素"。要发挥翻译传递"相异性"功能,就必须尊重原作的"异质"生命,而要在民族身份认同中植入相异性因素,则必须经历一个"本土化",即"归化"的过程。"异化"和"归化"于是不再是目的,只是一种手段,关键是要通过有效的策略,将相异性因素植入目的语文化体系中,使之被认同,以目的语文化的"认同性"来激活"相异性",达到更新目的语文化传统,丰富目的语文化的目的。如此看来,只有更深刻地理解翻译的使命与目的,才能合理使用方法与策略。

基于以上两点认识,我想,"译可译,非可译",它所要破解的,是传统的翻译观念;它所导向的,是有利于各民族文化之沟通、理解和丰富的翻译之道。翻译之"道",于是对我便有了两个层面的含义:一是现实的形而下的翻译之道,其为小道,关注更多的是"如何译";二是理论意义上的形而上的翻译之道,其为大道,探讨的是关乎何为译、为何译、译何为及"如何译"之背后起着无形的重大作用的一切。为了感悟翻译的深刻道理,我们还是来体会一下许渊冲先生模仿老子《道德经》所做的"译经"吧:"译可译,非常译。忘其形,得其意。得意,理解之始;忘形,表达之母。故应得意,以求

---

① 许渊冲.译笔生花.郑州:文心出版社,2005:21.

其同;故可忘形,以存其异。两者同出,异名同理。得意忘形,求同存异:翻译之道。"

2006 年 4 月 6 日于南京

"信达雅"没有过时

——读《论信达雅——严复翻译理论研究》

八年前,有机会读到沈苏儒先生的《论信达雅——严复翻译理论研究》,有感于沈先生敏锐的学术目光、严谨的治学方法和"中西译论应交融互补"的富有建设性的观点,曾撰文一篇,题为《译学探索的百年回顾与展望——评〈论信达雅——严复翻译理论研究〉》,就该书的主要内容、研究路径和理论特色作了评价。我清楚地记得,文中有这样一段话:"全书始终体现了一种开放的精神。从对'信、达、雅'之说的历史渊源的追溯到'信、达、雅'之说的学术内涵的发掘,从'信、达、雅'之说与外国译论的相互参照与阐发到对'信、达、雅'之说合理内核的探幽与价值体系重建,作者的学术视野是十分开阔的。"同时,我在文章中还特别强调沈苏儒先生在整个研究中,"始终注意两点:一是现在的世界已随信息时代的到来而成为'地球村',翻译已渗透到人类物质生活的各个方面和精神生活的诸多领域,所以'必须从广阔的视野来看翻译,而不能仍然只在语文学或语言学的框子里打转。翻译的原则必须适用于各行各业各种翻译,才能真正具有普遍意义'。二是理论来源于实践,又作用于实践,所以理论应该密切结合实践和实际"。回头检视自己对沈苏儒先生的这些评价,我感到欣喜,因为八年后的今天,我又有幸捧读沈苏儒先生的新作《翻译的最高境界："信达雅"漫谈》[1]，而它有力地证明了我在八年前作出的评价应该说是经得起时间和实际的检验的。

读沈苏儒先生的新作，心中陡生感慨，同时也对沈先生产生了由衷的敬意。感慨的是，近十几年来，中国翻译研究界在借鉴与吸收西方翻译思想和翻译研究成果的过程中，有一些学者似乎对中国传统的翻译思想和原则越来越不屑，对严复的"信达雅"之说更是持批判、否定的态度。有学者甚至把前些年中国译学研究的相对滞后归咎于严复的"信达雅"这一"三字经"，认为是这一个"三字经"束缚了中国翻译思想的发展；还有的学者不敢甚或羞于提起"信达雅"之说，生怕被人视为译学观点的老套或落后。然而，值得注意的是，当中国译学研究界的一些新锐学者批判或摈弃严复提出的"信达雅"之说时，它却被国外翻译研究界的一些有影响的学者奉为中国最有代表性的译论而受到关注，足见其生命力之强；同时，除翻译界之外的国内学界一提起翻译，往往会推崇严复的"信达雅"，足见其影响之大。两者之间强烈的反差，值得译界的同行深加思考。

对沈苏儒先生的深深敬意，源于我的这份感慨，也基于沈苏儒先生在理论追求上的独立和执着。长达六十个春秋的翻译实践和伴随其漫长的翻译生涯的不断深入的思考，使沈苏儒先生的这部新著的分量显得格外重。《翻译的最高境界："信达雅"漫谈》，单凭这一书名，就可在一定意义上透现出作者理论上的执着追求和实践上的自觉要求。如果说 1998 年在商务印书馆出版的《论信达雅——严复翻译理论研究》，是沈苏儒先生对闪烁着中国传统翻译思想光辉的"信达雅"之说所进行的一次深刻而系统的研究的话，

---

① 沈苏儒. 翻译的最高境界："信达雅"漫谈. 北京：中国翻译出版公司，2006.

那么《翻译的最高境界:"信达雅"漫谈》则是以"信达雅"为理论指导进行自觉的实践的一次自我经验总结和理论升华,在某种意义上也可以说是以"信达雅"为标准,对自己的漫长的翻译生涯的一次检视和反思。沈苏儒先生在系统研究"信达雅"之说的基础上,有了对"信达雅"之理论内涵和指导价值的深刻理解,认为它"至今仍然是最为人知,也最有影响力的翻译原则和标准,没有任何一种其他原则或标准能够取代它"①。我们有理由相信,沈苏儒先生对"信达雅"之说的这份笃信不是盲目的,而是自觉的。为了说明这一点,我们不妨以沈苏儒先生在其著作的前言"'信达雅'的理论与实践"中说的一段话为证:"'开宗明义第一章',我先要对这本集子的书名作一点说明。书名中用了'信达雅'字样,只是为了想表示我奉'信达雅'作为我从事翻译工作的信条,而不是表示我完全掌握了这一原则和方法,我的译作可作为'信达雅'翻译的范本。"细读这一句"开宗明义"的话,我们可以清楚地体会到作者的良苦用心:奉"信达雅"为译事之信条,指导翻译实践,反过来又以自身丰富的翻译实践和经验为基础探讨"信达雅"之说何以有"如此坚强而持久的生命力",验证"信达雅"这一"最具有影响力的翻译原则和标准"的指导价值。理论与实践的结合与互动,如此又构成了这部著作的基调。

为了更深刻地理解沈苏儒先生撰写这部著作的理论追求和学术期待,我们有必要认真地了解一下这部著作的基本构架和主要内容。从书名看,该书由两大部分构成,一是"经验谈",二是"译作选"。然而若细细阅读和体会,可以发现第一部分的"经验谈",已经不是一般意义上的经验之谈,而是基于对翻译的本质的清醒认

---

① 沈苏儒.翻译的最高境界:"信达雅"漫谈.北京:中国翻译出版公司,2006(前言).

识,探讨翻译活动过程中所存在的基本障碍,揭示出跨文化交流中"归化"与"洋化"这一"古老而现实"的问题的症结所在,进而以"信达雅"为理论指导,提出解决翻译障碍的根本途径。第二部分,由32篇不同类型、相对完整的译文片断组成,名曰"译作选",但作者的目的显然不在于向读者展示他尽可能向"信达雅"靠近的精彩译笔,而是以这些富有代表性的译文为例,结合自己的实践经验和体会,以"漫谈"的形式,有的放矢地从各个角度来探讨涉及翻译活动的一些带有根本性的问题,如翻译本质与功能问题、不同语言、文化与思维的差异问题、语言的社会心理与文化背景问题等等。这些带有根本性问题的探讨,对于一个具有六十年翻译实践经验的老一辈翻译家而言,无疑具有重要的意义,那是他在漫漫译道中探索翻译之真谛的心灵轨迹。除了道之层面的探讨之外,每一篇译作后所附的"译余漫谈"还涉及诸如风格的传达、译语的品质、语言艺术的处理、"雅"的再现等翻译的艺术层面的问题。至于"俏皮话的翻译""中国成语的翻译"和"中国或东方特色事物的翻译"等篇,则直指语言转换层面中"异"之因素的处理原则与方法,具有可借鉴性,而"诗可译而又不可译""'虚'比'实'难译""越通俗越难译""要注意译出细节"这些包含哲理的经验之谈,则富于启迪性。读着这一篇篇既有理论深度又具有针对性、启迪性和可借鉴性的精彩而生动的"经验之谈",我仿佛在细细聆听一位译界老者充满智慧的教诲,眼前浮现出了一位自觉地信奉"信达雅",努力实践"信达雅",在译道上不懈探索的老翻译家的亲切面影。通过这部新著,我领悟到,"信达雅"没有过时,关键在于要根据时代要求,注入新的活力,赋予新的内涵。

2006 年 7 月 14 日于南京

粗糙、失误还是缺乏警觉？

——谈张承志对傅雷的“批评”

时下新闻界容易以讹传讹，有些媒体更有捕风捉影的癖好，所以当《南方都市报》一位我十分信任的记者朋友来电说张承志推出新作《鲜花的废墟》，在书中“批评傅雷译文的粗糙”的时候，我有点不太相信；当这位记者朋友一再说明确有其事，希望我能就此事谈点看法时，我还是怕陷入听见风就是雨的尴尬，说等我细读了张承志先生的书再说。

一等就是一个月。先是请我的一个研究生到南京先锋书店买了张承志先生自己特别看重的《鲜花的废墟——安达卢斯纪行》①，又到外语学院地下书库找到了罗歇出版社 1947 年版的 *Carmen*（《卡尔曼》），然后对照着我珍藏的傅雷译作《嘉尔曼》，边对照边想，越想越憋不住，觉得有些话不能不说。

最想说的是读者（包括记者）的反应与作者的“举意”实在是有些差距。张承志先生写的《鲜花的废墟》不是时下流行的那种“境外旅游书”，它的举意，“首先是对这个霸权主义横行的世界的批判。其次则是对一段于第三世界意义重大的历史的追究、考证和

---

① 张承志.鲜花的废墟——安达卢斯纪行.北京:新世界出版社,2005.

注释"①。对这样一部肩背着新时代的批判使命且具有开阔的历史视野的著作,无论是新闻界的特殊"读者",还是普通的读者,似乎都缺乏对作者这一"举意"应有的敏感,更没有去欣赏张承志在这部新作中所表现出的批判精神,而是把注意力投向了张承志在书中对当代中国读者心目中最有影响的两位文学翻译家的"不满"和"批评"。

打开电脑,浏览各主要网站,到处可见《张承志推出新作〈鲜花的废墟〉,批评傅雷译文粗糙》的文章。据《新京报》发表的卜昌伟的那篇文章,张承志在《铜像孤单》一文中对杨绛将《托尔美斯河上的拉撒路》的书名译作"小癞子"颇为不满,认为该小说是"流浪汉小说鼻祖",但因其语言诙谐,所以极易招致误读,正如中译本将其翻译成《小癞子》。细读张承志的文章,发现他岂止是对译者的"不满",分明就是"不屑"。书中这样写道:"那本书的语言太诙谐了,这样易招误读;好像只要凑得出噱头谁都可以续作,一个中译本就干脆把它译《小癞子》。"②我们也许不能断定张承志所说的那个中译本的译者就是杨绛,但《小癞子》这个译名确是杨绛的手笔。杨绛先生到底为何要将《托尔美斯河上的拉撒路》干脆译为《小癞子》,我们不得而知,但在张承志看来,这样干脆的译法如果不是"误读",至少也是凑个"噱头"。对这种类似玩"噱头"的译笔,张承志自然是不屑,所以没有提一下译者"杨绛",而是不屑地说有"一个中译本"。

张承志的不满或不屑不是由书名的"直译"或"意译"的方法之争的层面引起的,其原因要深刻得多,在文中他紧接着这样写道:"但我们是一些前定主义者。虽然缺乏职业的流浪儿履历,却对小

---

① 张承志.鲜花的废墟——安达卢斯纪行.北京:新世界出版社,2005:3(小引).
② 张承志.鲜花的废墟——安达卢斯纪行.北京:新世界出版社,2005:151.

拉撒路他们那一套生来熟悉。我们的血统里,活跃着一种随时准备找他俩入伙的暗示——因为我们宁肯那样,也不愿做体制的顺奴。他俩确是我们的同伙,不同处顶多是,我们的形式是思想的流浪而已。"①原来,张承志想说的,是中译本的书名误解了小说的精神,不愿做体制的顺奴而其思想永远在流浪中的张承志的不满或不屑看来还是有一点道理的。

对于翻译家傅雷,张承志的态度要复杂得多,在他的文字中,我们没有读出"不满"或"不屑"。张承志对傅雷应该是有心存感激的。首先是多亏了傅雷先生,张承志才有幸读到了梅里美的《卡尔曼》,而且张承志本人也说这部小说对他是"影响最大"的。在他还懵懵懂懂的青年时代,当他插队内蒙古,"第一次捂着大羊皮袍子烤着牛粪火"读这部小说时,就被那揪心的故事吸引了。再次是这次的安达卢斯之旅,张承志先生是手握着这本薄薄的《卡尔曼》,靠着傅雷先生译笔的指点,"走遍了梅里美笔触所及的一个个地点"。在《近处的卡尔曼》一文中,张承志数次提到傅雷,我想他对《卡尔曼》的译者是保持了应有的敬重的。

然而,敬重归敬重,当张承志"发现"在《卡尔曼》小说的结尾处,傅雷先生删去了有关"罗马尼学"一段里的"语言学例句"时,他像自己在小引中所说的那样,"发现了于自己新鲜的东西,文字就会兴奋,快感和失度就会溢于言表",马上便忘记了傅雷的恩惠,以一种异乎敏感或上纲上线的说法,把三顶帽子扣在了傅雷的头上:"不知为什么,傅译删去了这一段里的语言学例句。类似的粗糙也流露在对付比如阿拉伯语词的时候(如译阿卜杜·拉赫曼为阿勃拉·埃尔·拉芒)。与其说是一个失误,不如说是一个标志——中

---

① 张承志. 鲜花的废墟——安达卢斯纪行. 北京:新世界出版社,2005:151.

国知识分子缺乏对特殊资料的敏感,也缺乏对自己视野的警觉。"①

张承志加在傅雷头上的三顶帽子的第一顶是:粗糙。因为删去了几个"语言学例句",或没有按如今的译法译一个阿拉伯的人名,便说傅雷译笔"粗糙",恐怕确实是"失度"了。《卡尔曼》一书的原文倒数第三段,傅雷确实删去了原作以"——"号引出的8行字。对于这删去的8行字,被张承志视为"粗糙"的傅雷先生在译文中加了一个在我看来极为细心的注释:"以下尚有原文十余行,均讨论波希米语动词的语尾变化,叙述每字末尾几个字母的不同,纯属语言学与文法学的范围,对不谙拉丁语系文字之读者尤为沉闷费解,且须直书西文原文,故略去不译。"②在这个注中,傅雷已经对他"为什么"略去原文的几行字作了明确交代,张承志说"不知道为什么",看来他不是不知道,而是不想知道,因为他已经认定了傅雷的"粗糙"。翻译家的命运真够惨的,像傅雷这样优秀的大家,因为替读者着想,略去了几行字不译,就被戴上了"粗糙"的帽子,那么天下还有哪一个翻译家不是"粗糙"的呢? 不久前上毕业班的翻译课,记得是最后一课,想让同学们了解一下翻译家的艰辛和追求,将法国李治华夫妇耗费了二十年心血译成的《红楼梦》法文本的开篇几段复印给学生,让他们对照原文谈谈自己的看法,不料学生们对照后纷纷发言,说李先生的译文这儿译错了,那儿没有传达原文的意思,听得我心里很难过,倍感翻译家的命运之悲哀:谁都可以指责译者,哪怕是把中国的《红楼梦》推向法国出版的圣殿——七星文库的李治华夫妇。无知者无畏,我没有责备学生们,而是在讲解中把他们的思想引向了译者的努力,让他们看到了译者的良苦

① 张承志.鲜花的废墟——安达卢斯纪行.北京:新世界出版社,2005:211-212.
② 傅雷.傅雷译文集(第十三卷).合肥:安徽文艺出版社,1983:76.

用心,明白了译者的伟大所在。显然,我不会糊涂到在此将张承志先生与初学翻译的学生相比,因为张承志说傅雷的翻译"粗糙",不是不懂,也不是随口说的。他的批评是很严肃的,因为张承志还给了傅雷第二顶帽子和第三顶帽子,而且一顶比一顶沉重。

第二顶,叫"失误",我在此略去不谈,因为在文章中,张承志没有过分纠缠于此,而是一笔带过,"与其说这是个失误,不如说是一个标志",由此亮出了第三顶帽子:"中国知识分子缺乏对特殊资料的敏感,也缺乏对自己视野的警觉。"

从"粗糙"到"失误",再到"缺乏对特殊资料的敏感",甚至"缺乏对自己视野的警觉",我们明显感到张承志的批评已经从翻译的语言层面上升到翻译的政治层面;同时,从傅雷到"中国知识分子",张承志所针对的已经不是一个普通的文学翻译家傅雷,而是指向了整个"中国知识分子"。在这段批评中,我们特别注意到"特殊资料"这几个字。关键就在于此,如果只是无关小说宏旨的几行字,傅雷删去也就删去了。可张承志认为,傅雷删去的,不是无关痛痒的文字,而是"特殊资料"。理由有二:一是《卡尔曼》"小说开篇处,有一大段对古战场孟达的学究式语言",另外,"年前日本杂志连载一篇《安达卢西亚风土记》",据写这篇文章的日本学者,梅里美在小说开篇提出的"不仅是一家之言,他很可能是最早一位孟达地望的正确诠释者"。"这个信号"使张承志特别"留心了小说结尾"。二是在小说结尾处,发现梅里美"突兀地,也许可以说是不惜破坏和谐地,填进了大段的'罗马尼学'",张承志"直觉地意识到:对这个结尾,梅里美是在有意为之,他是较真的和自信的"①。那么,被张承志认为是"特殊资料",而被缺乏敏感、"缺乏对自己视野的警觉"的中国知识分子傅雷略去不译的几行字到底写的是什

---

① 张承志. 鲜花的废墟——安达卢斯纪行. 北京:新世界出版社,2005:211.

么呢？我想还是以文本说话,恕我以笨拙的译笔逐字将那几行字直译如下:

"——德国的波希米语的过去时态是在用作命令式的动词词根后加上 ium 构成。在西班牙的罗马尼语中,动词的变位均采取加斯蒂语动词的第一人称变位形式。原动词 jamar,即'吃'的过去时,应有规则地变为 jamé,即'我吃了';原动词 liar,即'拿'的过去式,应变为 lillié,即'我拿了'。不过有少数几个古老的波希米语动词例外,如 jayon,lillon。我不知还有别的动词保存这一古老形式。"①

这就是张承志在大做文章借以批评傅雷的几行文字。对一般的"中国知识分子"而言,这实在看不出是什么"特殊资料"。然而,张承志却对这几行字特别感兴趣,他甚至说:在梅里美"那个时代,远没有流行冒充现代主义的时髦,他不顾那么优美的一个起承转合,把干巴巴的一段考据贴在小说末尾,究竟为了什么呢?"究竟为了什么呢? 张承志肯定是明白的,不然不会如此小题大做:"或许含义只对具备体会的人才存在。一些人,当人们视他们的见解不过是一种边缘知识时,他们不会申辩说:不,那是重要的——真的先锋的认识,很难和缺乏体会者交流。除非时代演出了骇人的活剧,人们在惨痛地付出后,才痛感自己以往忽视的错误。到那时,昔日智者的预言才能复活。"②看来傅雷的罪过实在不小,略过了几行字,竟然让"中国知识分子"担起了不应有的罪名。多亏张承志在半个世纪后以特别的警觉或广阔的视野发现了傅雷在翻译《卡尔曼》时忽视的错误,让当今的读者能有机会去领会昔日智者梅里美特殊的含义。

---

① 原文参见法国罗歇出版社 1947 年版的《红与黑》,第 186 页.
② 张承志.鲜花的废墟——安达卢斯纪行.北京:新世界出版社,2005:212.

我们知道，张承志先生在此的用意不是在评价傅雷的翻译的好坏，而是借傅雷所谓的"失误"在批评"中国知识分子"的短视和麻木。在此，我们不得不佩服张承志先生的引申的能力。细读《鲜花的废墟》，处处可见张承志先生的知识层面的博学和文化层面的警觉，但是，对傅雷先生为读者考虑故意略去不译的几行字，张承志先生是不是太敏感了？太警觉了？

与翻译无关，对于张承志先生书中的某些观点，我们倒可以效法张先生，生出几分也许不该有的敏感和警觉：

一是与张承志先生写《鲜花的废墟——安达卢斯纪行》的动机有关。在小引中，张承志先生说他对安达卢斯深感兴趣，原因是"它不仅是穆斯林战胜了西方，而且是整个东方唯有一次的战胜西方尤其是文明战胜西方的一段历史"。这段话的深刻含义，恐怕不只是作者本人张承志和具备体会能力的智者才能领会。

二是与张承志对语言的特殊功能的认识有关。张承志说："就像操着流利英语不意会被语言染上一层精明商人的色彩一样；一口胸腔共鸣的西班牙语，常给对方一种性感和自由不羁的暗示。唉，那缺少元音和谐律的语言，宛如阿尔泰语一样动词副词各就其位，听来粗哑明快，说着朗朗上口，说不清楚它恼人的魅力，只想……把它学会！这种不是使人的本色后退，而是凸现人的性格的语言例子，也许还能举出日语。它们使人在说话时不觉塑造自己，那感觉妙不可言。"[①]张承志的这段文字，不知能有几种解读。不过听张承志说只有西班牙语或许还有日语能凸现"人的性格"，且说话时不觉塑造自己，感觉妙不可言，我又敏感地联想起了《卡尔曼》小说中唐·比塞用西班牙语说的那问话："我杀你的情人，杀得手都酸了。"日语中则还有更不中听的话！它们是否也能让人"感

---

① 张承志.鲜花的废墟——安达卢斯纪行.北京:新世界出版社,2005:2(小引).

觉妙不可言"? 对一种语言,对一个地区,或对某一人群,爱之欲其生,恨之欲其死,这里是不是有被情绪掩盖的理性? 对此,我们倒该警觉才是!

原载《文汇报》2005 年 6 月 11 日

汉语的境况令人担忧

——从《汉语的危机》谈起

是在媒体上知道有人编了《汉语的危机》一书,是文化艺术出版社出版的,触及了不少问题,评者甚多。一时间网上也有很多评说。后来见了书,知道是朱竞编的,被里面的文章所吸引,更被"汉语"与"语境"、与"危机"、与"失语"、与"暴力"、与"忧思"、与"未来"等这些凸显了编者内在思想与价值判断的栏目名所震撼。

细读《汉语的危机》,感觉提出的问题确实是深刻的,涉及的问题是沉重的,不由得让人深思。在人们惯以跟风、普遍麻木、缺乏思考的年代,汉语的疆界似乎不断扩大。据说全球有三千多万外国人争学汉语,中国人为之欢欣鼓舞的时刻,却有人不识时务,发出了"汉语危机"的警世之言。甲声音说:"当前汉语的境况实在令人担忧[……]社会一步步向前发展,而一代又一代的中国人正一步步地走出中国古代文明的灿烂。"(谢冕)乙声音说:"台湾作家白先勇在总结现代汉语的命运时说:'百年中文,内忧外患。'其外患之一,便是受西方语言的冲击,汉语被严重地欧化,成为我们'追逐现代化'过程中不断遭到修葺的对象。这种情形,在我们的文学创作中表现尤盛。历经开放思潮的影响,目前的很多青年作家都曾大量吸收过西方经典作品的营养,但也受译介的干扰,不自觉地接受了欧化的语言腔调,致使不少作品洋腔洋调,很多作家几乎都走在这样一条介乎被'欧化'的汉语与被汉语化的带翻译腔的'西文'之间的'中间道路'上，真正能灵活地使用本土语言甚方言写作的作家并不多见。至于那些报刊专栏作家，更是随意地玩弄语言快感——让汉语与英文频频杂交。"（洪治纲）丙声音说："当下的语言除了依然摆脱不了主流意识形态的压抑与'格式化'处理之外，又受到大众文化及现代传媒的冲击、渗透与同化。这一过程说起来相当复杂，简言之，就是以抽象为特征的语言文学在以视觉文化为代表的这个图像时代陷入了或被奴役或被改造的尴尬境地。"（汪政）还有声音说："语言不只是一种表达工具，它跟一个民族的文化心理、思维方式密切相关，它记录了一个民族的文化踪迹，成为延续历史与未来的血脉。如果说任何文化的特性都展示有自己的语言性，要认识一种文化，只能从语言出发，那么，保护语言其实就是保护文化，放弃母语其实意味着放弃自己的传统和历史。放弃自己赖以共存的文化基因。"（某网友语）这样的声音还有许多，有的也许是刺耳的，但更是惊心的。当朱竞以知识分子应有的警觉性，将类似这样的一个个声音汇聚在一起的时候，"危机"这两个看似危言耸听的字眼，便会以本身的力量，自行凸现，而成为深刻的实在。

有关语言的话题是非常敏感的。反思现代汉语的境况也是需要勇气的。一个个有识之士，之所以要"冒天下之大不韪"，要在中华民族复兴的一片赞歌声中，去唱反调，惊呼"汉语之危机"，且从理论的角度、从文化的高度去关心汉语的过去、今天与将来，去探讨汉语的境况与遭受的"暴力"，去反思汉语的"失语"的根源，是因为汉语的生存状况，连着的是民族文化之根，关涉的是民族创新之本，拿时下流行的"和谐论"来衡量，它直接关系着中华民族精神家园能否和谐存在的大问题。

汉语是否遭遇危机？其危机的程度如何？人们出自不同的立

场和角度,答案恐怕会有不同,甚或对立。在《汉语的危机》一书中,我们可以听到各种声音,给人的启示也是多方面的,在我看来,最为重要的有三点。

首先涉及对语言本质的认识。就本质而言,语言是工具,还是精神家园? 如果语言仅仅是工具,那么对于中国人来说,多学了一门语言,便多了一件了解世界,与世界沟通的工具,在这个意义上说,汉语与英语便没有了本质上的区别。如果将语言看作是精神家园,看成是一个民族的文化之根本,那么,对于中国人来说,汉语与英语的意义便不可同日而语。那么,我们对在当代中国处处疯狂的英语,对幼儿园竞相举办的"双语班",对在普通话还没有教好的广大农村学校中推行的"英语教育",对在中国人成长道路上比国际警察还凶、严把着各个关口的各种"英语考试",就该值得好好反思了:当一个国家与民族,把英语等同于外语去推广,尤其是当这个国家还相对落后,文盲现象还相当严重,许多儿童的母语教育还得不到切实保证的时候,盲目地推广英语教育,是否会陷入本末倒置的境地? 当国人将人生最宝贵的时间用来死记硬背不属于自己民族文化的英语的时候,人家则是免除了死记硬背的苦役,赢得了更多的精力去进行创造性的学习与研究,那么,这两者的创造力,是否差距会越拉越大? 当我们在自然科学、人文社会科学领域大量引进英语版教材,规定以英语授课甚至鼓吹以英语思考的时候,是否会因此而失去了以母语进行思维,进行创造的机会,更潜藏着永远跟在别人后面跑,无法进行本原性创新的危险?

其次涉及对语言的境况的认识。语言,是人类最根本最伟大的创造。汉语,是一代又一代炎黄子孙不断创造的结晶,也是中华文明不断丰富、不断发展的根本保证。汉语的发展,不是自发的,它需要爱护,需要浇灌,需要不断丰富,需要一个适合其生命成长的健康环境。而正是在这个问题上,当今的汉语遭遇了太多的困难：英语的围困、翻译腔的盛行、性语言的狂欢、网络语言的失控等，对现代汉语生存所面对的这种种恶劣的境况，我们是否已经有了足够的认识？如果人们对这些问题都熟视无睹，那么就根本谈不上采取有效的措施去改善汉语的生态环境，那么，也只能听凭汉语在恶化的环境中一步步加深它的危机。

最后关涉到汉语之用的认识问题。语言之于文化的构建力量或者破坏力量是巨大的。远的不说，仅就中国近一百年的历史看，我们发现，一场大的文化运动，或文化革命，总是以一场语言改革运动或文化革命为先锋。对"白话文"运动之于"新文化运动"的关系与作用，虽然学界有种种不同的认识，但总的来说，其对文化的构建作用是不可否认的。但以"大字报"，以政治"口号"，以暴力语言为急先锋的"文化大革命"，使我们对语言的巨大破坏力量有了深刻的认识与沉痛的教训。历史的教训不可忘记。在经济一体化、全球化进程不断加快的国际语境中，在中华民族振兴的道路上，我们真的应该去认真思考一下《汉语的危机》中所提出的一些问题：该用什么样的语言方式参与先进文化的建设？该用什么样的语言去反抗空话、假话、套话，来明晰地思考问题或正确地表达问题？该用什么样的语言模式去反抗所有政治的、游戏的、性泛滥的"语言暴政"？该用怎样的语言政策去对付英语的日益国际化所体现的新"文化霸权主义"？

面对《汉语的危机》这部书，面对书里书外集聚的各种声音，面对那一个个声音指向的有关中华民族精神家园建设的根本问题，我想，再麻木的中国人，或多或少都会有所触动，都该有所警觉；对书中提出的或明确、或隐含、或暗示问题，也应该有自己的答案。

原载《文汇报》2005 年 11 月 26 日

关于翻译理论研究的思考

——兼评张泽乾著《翻译经纬》

一

近二十年来，可以说是我国翻译理论研究的一个空前繁荣的时期，取得了令人瞩目的研究成果。然而，在这成绩面前，我们也不能不看到在我们的研究中存在的某些严重的不足。在去年举行的全国第二届文学翻译研讨会上，笔者曾就我国译论研究的现状与发展问题，与一些同行，特别是老一辈翻译家交换了看法。应该说，在肯定成绩的同时，有不少相当尖锐的看法，主要是集中在两个方面。一是引进外国译论的问题。有人认为，引进外国译论对促进我国译论研究固然重要，但是，我们引进的方向应该有个正确的把握。引进的应该是新的观念，新的方法，而不应该仅仅是新的术语。不然，我国的译论研究必然导向术语的泛滥和思想的贫乏。二是有的翻译理论研究者似乎操之过急，在对翻译的许多重大问题尚未达到统一的认识之前，热衷于翻译学，甚或"中国特色的翻译学"的构建。其结果是理论与实践的脱节，而一种理论，倘若对实践没有指导价值，终将被实践所抛弃。目前文学翻译界对我国译论研究的种种疑虑，也许根本的原因，就在于此。

确实,在翻译理论研究中,如何在引进、吸收外国译论的基础上有所创新,拓宽研究视野,更新研究方法,结合我国的翻译实践,有我们自己的思考,自己的创见,不能不说是一个重大的方向性问题。最近,我们欣喜地看到了武汉大学张泽乾教授在这一方面所做的可贵探索和取得的可喜成果。他的《翻译经纬》①一书,以独特的思考,宽阔的视野和崭新的方法,在总结古今中外译论研究成果的同时,对翻译与理论研究中的一系列重大问题,进行了系统而富有启迪意义的探索与研究。

二

科学的研究离不开科学而合理的研究方法。翻译理论研究也不例外。《翻译经纬》对译论研究方法进行了有益的探索,意义是显而易见的。正如著者所说,翻译的研究具有多侧面、多层次的特征,如何以科学的方法切入翻译研究的客体,并注意针对译论研究的特征,采取科学的方法,是《翻译经纬》一书所特别关注的问题。著者在对已往的翻译理论研究进行审视的基础上,提出翻译研究方法论对于译论研究进一步深入具有重要意义。著者明确提出:"从方法论的角度说,翻译研究不但应该是科学的、美学的;动态的、立体的;还应该是逻辑的、历史的。"②著者认为,历史与逻辑、动态与立体的交织,哲学与科学、艺术的沟通,是我们进行译论研究应该采取的办法。事实上,翻译活动非常复杂,它的涉及面之广,面对的问题之多,需要采用这种动态、立体综合的方法去进行研究。在以往的翻译研究中,曾有过翻译是科学还是艺术之争,其

---

① 张泽乾.翻译经纬.武汉:武汉大学出版社,1994.
② 张泽乾.翻译经纬.武汉:武汉大学出版社,1994:23.

根本原因,在于研究方法的不一和视角的迥异。根据翻译活动的特征和客观实际,采用综合的研究方法,无疑是一条可行的途径。国内外近三十年来译学研究的发展情况,也证明了这一点。

在采取综合的方法的同时,著者特别强调翻译研究的比较方法。"通过对传统与现实、中国与世界的比较和对照,描绘翻译事业的发展与翻译运动的进程中的总体与分解图景,将注意力集中于问题的主要方向与矛盾的主要方面,分析与综合并重,归纳与演绎结合从而使复杂的现象化为可循的规律,借以找出对应的参照系,这就是比较方法论最显著的特征。"①根据这一研究方法,著者指出,在翻译史的研究中应该对世界翻译史与中国翻译史的基本特点与发展规律进行对比研究。在对翻译的基本原理与方法的研究中,则应该重视语言的比较,特别是中西语言异同的比较,而"把握好语言的潜隐结构与内部规律以及它所反映的文化色彩与哲学精神,乃是研究语言翻译的关键所在"②。

张泽乾先生还提出了翻译研究的交叉方法,他认为翻译的比较研究是一种并行、横向的研究,侧重于历史、逻辑的分析与对比,而交叉的研究方法则是动态的、立体的,它旨在突破以往的"译论研究中的平面化、静态化、单一化的局限性与片面性",着重分析翻译研究诸成分间存在的某种对应关系,"如翻译作为一种活动是一种交际活动、心智活动与审美活动,而翻译作为一种结果又是一种物质产品、精神产品与艺术产品,在它们之间就存在着表里关系或因果关系"③。

根据这种比较、交叉的研究方法,著者对译论研究涉及的一些基本要素与重要问题进行了梳理与探索,如对翻译现象、翻译产

---

① 张泽乾.翻译经纬.武汉:武汉大学出版社,1994:23.
② 张泽乾.翻译经纬.武汉:武汉大学出版社,1994:25.
③ 张泽乾.翻译经纬.武汉:武汉大学出版社,1994:26.

品、翻译要素、翻译场及翻译观的"图解"①,富有启迪意义,也从一定意义上印证了著者所提出的研究方法的有效性。

三

近三十年来,翻译研究不断开拓视野,探索不同的研究途径,试图从不同的侧面和角度去接近研究的客体,以期揭示翻译的本质,探讨翻译的标准。美国的奈达、苏联的费道罗夫、英国的卡德福特、法国的乔治·穆南可以说是最有典型意义的代表。然而,翻译有着复杂的层次,丰富的内涵,宽拓的领域,如何能以一个相对的高度和广度去整个把握人类的这一特殊活动,系统地展示其内涵,进一步揭示其本质,不能不说是译论研究的一个重大问题。《翻译经纬》在这一方面做了有益的探索,提出了译论研究首先应该具有哲学、科学和艺术相统一的翻译观。

作者的这一观点的提出,有着鲜明的历史背景和深刻的现实意义。我们都知道,在世界范围内,20 世纪 60 年代至 70 年代,是译论研究的一个大发展时期,翻译理论各流派成果纷呈。如法国的乔治·穆南在 1963 年发表了《翻译的理论问题》一书,运用现代语言学的最新成果,特别是结构主义语言学理论,对翻译的障碍进行了系统的研究,从词汇、句法、语言、符号的蕴含意义,人类文化共核等各个方面阐发翻译的可行性。卡德福特于 1965 年发表的《翻译的语言学理论》则从语言学和概率论的角度对翻译进行了研究,以翻译的"等值"问题为中心论点,论述了确立等值关系的性质和条件,探讨了翻译的性质、类型、方法和限度。至于奈达,更是以现代语言学理论为指南,以描写性的方法,对翻译所涉及的种种重

---

① 张泽乾.翻译经纬.武汉:武汉大学出版社,1994:27.

大问题进行了严肃而富有成效的探索。但是,他们的研究似乎都囿于语言学的范围,特别是卡德福特,基本上把翻译理论列为比较语言学的分支,不能不说存在着一定的片面性。与此相对的,则是翻译理论的文艺学派,将翻译理论列为文艺学的一个分支。如法国的爱德蒙·卡里、苏联的加切齐拉泽,都围绕着翻译,特别是文学翻译的特性,对翻译的本质,以及翻译的原则等问题进行了独特的探索。应该说,在翻译的本质、原则和标准等问题上,翻译的语言学派和文艺学派表现出了重大的分歧。翻译是科学,还是艺术,针对这一长期以来一直争论未休的问题,《翻译经纬》一书提出应该从哲学、科学和艺术三个方面对翻译的实质及与其相关的重大问题进行思考与探索。

张泽乾明确指出,翻译科学所涉及的是翻译主体对客体的认识与考察活动,因此翻译科学是认识的科学、思维的科学,其所采用的方法主要是比较的方法、分析的方法。"建立在哲学观基础上的思辨观就是翻译研究的科学观或科学哲学观。"[①]而翻译艺术涉及的是翻译主体对翻译客体的艺术再加工与再创造,因此,翻译的艺术是"表达的艺术,创造的艺术,其所采用的方法主要是选择的方法、综合的方法。建立在哲学观基础上的审美观就是翻译研究的艺术观点或艺术哲学观"[②]。

不难看出,在著者的眼里,翻译是一个庞大的体系,其整体结构是动态与立体的。而认识并揭示这样一个结构,确实需要一种系统的翻译观:哲学、科学与艺术相统一的整体观。根据这一翻译观,作者强调了哲学对翻译研究的指导意义,整体和动态的科学观念对译论研究的积极作用,并对翻译中的艺术创造和审美译论等

---

① 　张泽乾.翻译经纬.武汉:武汉大学出版社,1994:110.
② 　张泽乾.翻译经纬.武汉:武汉大学出版社,1994:110.

问题进行了定位。《翻译经纬》的第五章"翻译研究的艺术观"明确阐述了翻译科学和翻译艺术的相互关系,揭示了翻译再创造的本质。作者指出:"翻译科学首先源于翻译艺术,翻译艺术又须上升为翻译科学,这是翻译辩证法的精髓。艺术是创造,翻译艺术是再创造。翻译活动的艺术性指的是翻译活动一般特征之外所具有的再创造性。因此再现原作美、创造原作美,求得再现与创造的和谐统一是翻译再创造的真谛。"[①]这一观点进一步深化了我们对翻译活动的认识,对我们客观、科学、全面地把握翻译活动的本质特征,进行系统的译论研究具有指导意义。

关于翻译中的艺术认识和实践问题,作者提出了独特的见解,特别是对翻译艺术的哲学分析,对我们在具体的翻译实践中,处理好个别与一般、认识与情感、主观与客观的关系,不无裨益,而作者对翻译艺术的美学分析,如翻译艺术中的表现与再现、具体与抽象、翻译与语言艺术、翻译艺术的审美意识等问题的探讨,对我们在文学翻译中如何在强化翻译主体的创造意识的同时,把握好再创造的度,也同样具有深刻的启迪意义。

四

我们在前文所说,目前的译论研究中,有一种理论与实践脱节的倾向。有的理论,看似言之有理,自成一家,但要将之用于实践,却又显得空泛,难以把握。而《翻译经纬》在理论与实践的结合上作了努力。全书既有对翻译的理论阐发和整体建构,在建立开放性的研究体系,确立合理的研究方法上体现了作者新的探索,同时,对与翻译实践紧密相关,期待解决的一些重大问题,作者也进

[①] 张泽乾. 翻译经纬. 武汉:武汉大学出版社,1994:158.

行了系统的分析和探讨。

1.关于翻译的风格。翻译中的风格再现问题,是文学翻译的核心问题之一。就翻译本质而言,译者应该以再现原作风格为己任,但翻译在某种意义上说是一项双语交换活动,原作风格的再现取决于译者对它的体悟程度以及译者的语言表现能力。因此,翻译作品不可避免地带上译者的风格,特别是译者的语言风格。问题的焦点是,如何统一原作风格和译者风格。对此,张泽乾先生的观点十分明确。他认为,所谓风格,即文品的格调与特性,它是风采的内核。翻译的风格涉及语言转换中译者对作者、译文对原文的适应性。就译者而言,其艺术风格必须适应作者的艺术风格。作者风格包括作为共性的时代风格、民族风格和具有个性的独特风格、个人风格,而译者的风格应该是内隐于作者风格之中的风格。在这里,作者为我们揭示了作者风格与译者风格之间的关系。在具体的翻译操作中,张泽乾先生指出了一条重要的原则:如果说译者在传达作者的艺术风格时需以是否神似作为评价标准的话,那么,译文在传达原文的文体(文学)风格时所要再现的则是至理真情。"文随其体""语随其人",应成为我们对风格翻译的总的追求。具体地说,"就艺术风格而言,译者首先的使命便是让自己归顺于、同化于作者的艺术风格"①。

2.关于翻译的标准。翻译标准,是国内外翻译界一个长期争论不休的问题。翻译涉及的诸因素,如内容与形式、整体与局部等,产生了难以统一的矛盾,作者认为,翻译的标准为三:科学性、艺术性和逻辑性,或正确性、形象性、合理性。定向观察、定量分析、定性判断是检验翻译是否合于标准的具体尺度。"翻译的科学性、艺术性标准体现着内容与形式的一致,也反映出整体与局部的

---

① 张泽乾.翻译经纬.武汉:武汉大学出版社,1994:332.

联系。思想内容与言语形式的统一就是内容、形式和风格的协调，而整体与局部的有机联系则是内容与形式表里一致的保证。"①作者进而提出，所谓科学性标准，指的是权衡翻译能否把语言信息加工得正确无误，取待"以真憾人"的效果；艺术性标准系指能否把语言信息加工得生动形象，取得"以情动人"的效果；逻辑性标准系指能否把语言信息加工得合情合理，取得"以理服人"的效果②。科学性求正确，艺术性求形象，逻辑性求合理，这三位一体的标准，较之于"信达雅"，描述得确实更为科学，也更容易把握了。

3. 关于翻译批评。当代中国的文学翻译，取得了辉煌的成就。然而在这辉煌的背后，我们也不能不看到一些消极的因素。首先表现在翻译质量方面，有的译者翻译态度欠严肃，对原作不求甚解，译文显得粗糙。其次表现在翻译的选材方面。由于版权问题，文学翻译界似乎淹没在名著重译的大潮之中，表现出了一种无奈与轻浮。面对如此的形势，文学翻译批评理应找到其应有的位置，起到其应有的作用。然而，多年来，由于缺乏理论的指导，我国的文学翻译批评一直处于一种惶惑的状态，在翻译批评的范畴、对象、原则、方法等一系列重大问题上，认识不清。因而在具体实践中，方向不明，力量不足，甚至出现了偏差或混乱，难以发挥真正的批评作用。张泽乾先生对翻译批评予以关注，试图在理论上为我们廓清一些目前还十分模糊的问题。如翻译批评涉及的对象，作者认为，不仅包括"作为翻译客体、欣赏客体和评论客体的翻译作品"，也应包括"翻译的再创作主体、欣赏主体与评论主体"③。翻译批评的基本对象是译者和译品。翻译批评应该是客观的，具有明确的目的性和正确的方向感，要着眼于科学的分析、判断和研

---

① 张泽乾.翻译经纬.武汉:武汉大学出版社,1994:263.
② 张泽乾.翻译经纬.武汉:武汉大学出版社,1994:276-278.
③ 张泽乾.翻译经纬.武汉:武汉大学出版社,1994:352.

究。作者特别指出,翻译批评要反映时代和社会的审美意识,要符合欣赏群体的审美需求,要以一定的哲学思想、科学原理、艺术准则为指南。作者认为,翻译批评者还应肩负起社会责任,鉴于此,"翻译批评家尤其是专业的研究工作者必须具有良好的文化素质与审美修养"。当然,还应具备崇高的职业道德。恐怕是由于篇幅的关系,关于翻译批评的具体原则和方法,作者未能深入展开讨论,特别是翻译批评研究中应解决的文化语境、批评立场、批评话语和理论构建等问题,作者未能涉及,不能不说是个遗憾。这方面留下的空白,期待着有志于翻译批评研究的学者去填补。

末了,还想就《翻译经纬》一书的总体构架作个简单说明:除导言外,《翻译经纬》分为上中下三篇,上篇为翻译史,中篇为翻译观,下篇为翻译论,体现了作者构建现代翻译理论的一种追求。以"史"为经,以"论"为纬,以"观"为纲,可以说是我们译论研究的一条有效途径,是一种可资借鉴的方法。

原载《中国翻译》1995 年第 5 期

三十年的实践与思索
——读《神似与形似——刘靖之论翻译》

今年 4 月,笔者应香港中文大学翻译系主任金圣华教授的邀请,赴港参加"翻译学术会议"。在与翻译学术会议同时举办的"翻译书籍展览会"上,笔者特别注意到了台湾书林出版社推出的那套"书林译学丛书"。这套丛书已出版有关的译学探讨著作十余种,其中有我们国内译界比较熟悉的刘宓庆教授的最新成果《翻译美学导论》、萧立明教授的《翻译新探》、何伟杰先生的《译学新论》等。刘靖之先生有两部大作被收入到这套重要的丛书之中,一部是由他主编的《翻译论集》,另一部是他的翻译论文集《神似与形似》。前者集近代三十位译家多篇重要文章,刘靖之先生为这部论集写了代序,题目叫作《重神似不重形似——严复以来的翻译理论》。后者为刘先生三十年来对译事与译论的思考的结晶,分概论卷、音乐卷、评论卷和香港卷。本文拟结合该书,就刘靖之先生的翻译思想和观点作一简略的介绍和分析,供国内译界同行参考。

一

读刘靖之先生的《神似与形似》,看到封二上有对刘先生简历的一个大致介绍,给我们了解刘先生的译事和他对翻译的研究探索经历提供了不可缺少的背景材料:刘靖之,毕业于英国皇家音乐学院,英国圣三一音乐学院理论作曲系,获英国伦敦大学学士,香港大学哲学硕士、博士,现为香港大学亚洲研究中心院士、翻译学会会长,英国语言学会香港分会会长、香港民族音乐学会会长。从以上的简要介绍中,我们也许已经可以勾勒出刘先生的主要研究领域和兴趣所在:音乐、哲学、语言、翻译。从我手中掌握的并不完全的材料看,刘先生在上述各领域都有出色的研究成果问世,但主要集中在音乐和翻译两个方面。音乐方面这里不拟介绍,就翻译而言,刘先生以哲学家深邃的目光和艺术家敏感的心灵对翻译与生活进行了观照,著有《翻译与生活》散文集;他对翻译有宏观的思考与总体的把握,主编有《翻译论集》《翻译新论集》《翻译丛论》与《翻译工作者手册》等书,另发表有翻译方面的论文数十篇。《神似与形似》则是刘先生从 1979 年撰写《泛论大学用语之中译》开始,到 1994 年的《〈约翰·克利斯朵夫〉里有关音乐和音乐翻译》这一翻译思考过程的回顾与总结。

研究翻译,考察翻译,有各种不同的方法与途径。翻译作为人类最重要的一项跨文化交流活动,人们固然可以对这一活动的目的、方法和各种相关因素进行这样或那样的思考,但翻译作为一项具体的实践活动,绝不能忽视其时间和空间的定位。刘靖之先生作为哲学博士,他对"翻译的可能性""翻译的限度"这些属于认识论范畴的问题自然有着自己的思考和探索,然而他却没有把过多的精力投入到纯理论的研究当中去,也许是因为他更重视翻译的实践性,更注重于翻译活动在某一个历史时期,某一个具体领域所涉及的种种问题的探讨。笔者的这一推测并不是没有道理的:在《神似与形似》一书的序言中,刘靖之先生开门见山地指出:"在这十五年里,香港的语文与翻译随着香港的局势发展和中国内地的开放政策,经历了深刻的变化。在这个具有历史意义的时刻,回顾一下过去在语文和翻译上的看法,应是饶有意义的。"刘靖之先生具有开阔的翻译研究视野,对社会、文化、经济与翻译的关系有着清醒的看法。在《香港的语言——从双语到三语》一文中,他指出:"在社会的发展过程中,语言一向都担当着重要角色,尤其是对于现在已成为国际商业中心的香港,在过渡到 1997 年的 11 年里,语言的重要性更为突出。"刘先生对香港当局的语言、文化、政治一直持批判的态度,他认为语言往往反映一个民族的灵魂与文化,因此,要达到文化的交流、灵魂的沟通,语言条件是不可缺少的。为此,他大声疾呼:"我们绝对不能忽视语言障碍对内地和香港之间商业、文化、学术交流所造成的隔膜和妨碍。"他要求香港要抓好中文教育,这是保证香港平稳过渡的一个基本条件。早在 1986 年为《翻译丝论》写的代序《香港的语文与翻译》中,他就明确指出:"我认为香港学童首先要学好中文,然后以最有效的方式掌握英文的听、读、写能力,以保持香港作为中国的特别行政区,同时也是一个国际城市的地位。要达到这个目的,香港政府就要立即制定相应的语文教育政策,采取有效措施,拨出款项将政策付诸行动。"同时,他认为:"香港的翻译工作和翻译人员的培养有赖于健全的、有远见的语文教育政策、扎实的母语培养和普通话的训练,以及有效的英语教育,也就是上文所提及的'三语体系',舍此并无其他良策。"

除了对香港语文教育本末倒置,以"外文为主、母语为辅"的政策提出强烈批评之外,刘先生对香港的翻译事业更是关注,极力维护这项事业的神圣性。他认为:"翻译是非常严肃的工作,任何避重就轻、投机取巧的主张都不足为法。"在香港的语文政策有所调整,朝向"三语体系"发展的情况下,香港的翻译工作者面对新的形势,工作越来越繁重、困难了。刘先生首先敏锐地看到:"在这种新形势下,翻译工作者的态度和方法是不是应该探讨一下才能应付新的挑战？有些人觉得严复的'信、达、雅'、直译与意译等翻译原则、观念和方法已过时；有的认为翻译工作者当前首要的任务是引进现代意识，要引进现代意识就要运用新的态度和方法；有的说旧式的逐字、逐句、逐章节翻译方式已经完成了历史任务，不再适用于新时代，因为这种方式费时太久，译文和内容亦不一定适合读者的需要。基于这些原因，他们主张用新方法来翻译，如增删、剪裁原文，或甚至根据原文用中文重写而不应该忠实地去翻译。"在1985年7月香港翻译学会举办的"翻译与现代化"研讨会上，周兆祥博士提交了《我们从今以后不要再翻译了——现代化运动里翻译工作的态度和方法》一文，认为："翻译有很多很多方法，哪种最好要视乎当前需要而定，所谓改写、编辑、节译、译写、改编……也是堂堂正正的翻译方法，跟'逐字逐段译出来'的方法同样名正言顺，在大多数情况下，这些才是最适宜的，甚至唯一可行的翻译方法。"针对周兆祥博士提出的翻译主张与方法，刘靖之先生从理论和实践两个方面进行了分析与批评。他认为，周兆祥的主张是从奈达与泰伯的"为谁翻译"的翻译原则探讨演变而来的。他指出："Nida和Taber的理论是基于他们长期翻译《圣经》所积累的经验而总结出来的。因为，《圣经》的读者数以亿万计，遍布世界各地，他们的文化、教育、社会、风俗习惯相异，若依照'旧'方法翻译出来，效果是不言而喻的了，故'为谁翻译'论的《圣经》翻译是必要的解决办法。"从读者的接受能力考虑，在不违背原文主旨的情况下，对原文中一些对目的语来说比较生疏的比喻、典故、谚语等进行一定的"加工"，以便读者理解、接受，当然不失其积极的意见。但若从读者考虑，发展到"读者至上"，强调翻译方法的随意性则隐藏着理论的误导可能造成的巨大危害。刘靖之先生明确指出："若认为从此我们应抛弃'旧'式翻译，全部以'新'方法去把原著编译、改写、节译、译写，未免过于偏激。"从理论上讲，以'为谁翻译'来决定译文正确与否,在逻辑上有漏洞。刘先生认为:"Nida 和 Taber 两位在提出'为谁翻译'时心目中只有《圣经》,忽略了其他种类的翻译。"在他看来:"每部著作、每一篇文章都是作者个人的观察、研究所得、个人的经验体会所总结出来的成果,如自然科学的发现与发明、社会科学的创见、哲理上的探讨、艺术上的创造。这些学术和艺术上的成果无不是作者穷毕生之精力和时间所取得的成就,翻译者怎能有资格去编译、节译、改写、选译这些著作? 又怎能忍心去冒犯这些献身于学术研究和艺术创作的学者、作家和他们的作品? 因为一不留神,就可能造成断章取义、误译、错译、漏译原著的恶果,贻害极大。"①刘先生在这里所强调的是对作者应有的尊重,是翻译工作者应有的职业道德,是翻译工作的严肃性。他的这些看法,对我们积极、严肃地从事翻译工作,保证翻译质量,无疑具有指导意义。

二

作为香港翻译学会会长、英国语言学会香港分会会长,刘靖之先生积极组织语言与翻译界同行开展学术活动,出版翻译专刊,促进文化交流,为翻译发展做出了积极的贡献。同时,他身体力行,投身翻译实践,进行翻译研究。与时下某些满口"新名词""新术语"的理论家相比,刘靖之先生似乎没有构建翻译学的雄心壮志,也没有自圆其说的理论体系,但他却有着踏踏实实的务实精神,他所耕耘的绝对是他钟情而又熟悉的领域:从《神似与形似》一书所收集的文章看,绝大部分是他探索音乐方面的文章。音乐卷中有《论音乐翻译》《装饰音名词的翻译》《统一音乐译名刍译》《罗曼·

---

① 刘靖之.神似与形似.台北:书林出版有限公司,1995:362-363.

罗兰和他的音乐著作中译》、*Translation of European Musical Terms* 等。评论卷录有《〈大陆音乐〉辞典——〈哈佛音乐辞典〉的中译本》《文学翻译与音乐演奏——翻译者应有诠释原著的权利》《〈约翰·克利斯朵夫〉里有关音乐和音乐的翻译》等。无须笔者多加介绍,懂行的读者单从以上列举的文章的题目中就可自己作出判断:刘靖之先生可以说是内地、香港和台湾音乐翻译的最权威人士之一。

在长达两万余字的《论音乐翻译》一文中,刘靖之先生对中国从 20 世纪初接受欧美音乐以来的音乐翻译工作作了全面的回顾和分析。他认为:"音乐翻译所涉及的范围十分广泛,既有独特的术语和名词,亦有歌曲的诗词;既有自己的发展历史,亦有别具一格的艺术哲学。要贴切地翻译这些术语、名词、诗词、历史和美学,不仅要顾及各国语言的音节,亦要考虑到特殊的历史背景,实在是一项非常艰难的工作。"在充分肯定前辈翻译家在音乐翻译领域所作出的不可磨灭的贡献的同时,刘先生也指出了音乐翻译工作所存在的种种障碍和不足。他从音乐术语、音乐名词、曲体名称、音乐史分期的翻译、作曲家的译名等五个方面分析了音乐翻译面临的困难、迫切需要解决的问题,并提出了解决有关问题的原则①,具有普遍的实践指导意义。

在刘靖之先生看来,目前海峡两岸和香港在音乐翻译(不仅仅是音乐翻译,应该说是整个翻译领域)方面,译名统一问题是最迫切需要解决的问题之一。他说:"虽然近年来,音乐名词的翻译在中国大陆已形成一种'默契',但同一名词在中国大陆、台湾和香港就可能有三种译法,若不附原文,读者就不知所从。"这种局面在一

---

① 刘先生提出了五条原则,因篇幅关系,这里恕不一一列举,读者请参见:刘靖之.神似与形似.台北:书林出版有限公司,1995:91-92.

定程度上影响了海峡两岸和香港的文化交流。刘先生在分析这一情况出现的原因时指出："这是由于近四十年来，大陆、台湾、香港这三个中国人的社会，随着经济和社会制度的不同发展，形成了自己的一套音乐文化观念，再加上语言的差异，音乐名词的翻译就难以统一了。"他认为："随着中国大陆开放政策、台湾在文化交流上的新措施，以及香港在中西文化上频繁的发展，我们应该坐在一起，探讨一下如何在音乐翻译工作上取得进一步的了解和合作，如何统一译名——不仅是外译中，也要顾及中国音乐名词的英译。"为此，他就"音乐术语的中译""中国音乐名词的英译"和"音乐词语翻译的统一问题"作了分析，并提出了具体的解决方法和措施。如他建议"中国大陆、台湾、香港三个地方的音乐界各自成立一个音乐词语翻译组织，将目前通用的词语编纂起来，完成初稿。然后在内部发行，广泛征求建议，由各地的翻译组织参考建议后订出一份二稿，再由大陆、台湾、香港三个音乐翻译组织研究编译出一份较全面的音乐词语对照表，列出三个地方的习惯词语，并推荐一个较适当的中译或英译，由各地音乐教育和研究工作者自己选用，经过一个时期之后自然会有一个多数人乐于接受的译名。"译名统一与大陆、台湾和香港的文化交流息息相关，刘靖之先生关心的译名统一问题，其意义远远超过译名统一本身。在上文提到的于今年4月初在香港中文大学召开的"翻译学术会议"上，大陆、台湾和香港学术界、翻译界和出版界的代表也充分认识到了译名统一问题的重要性，尤其在哲学、经济、科技等领域，目前大陆、台湾和香港的译名比较混乱，严重影响了相互的交流与沟通。刘靖之先生的具体建议确实值得各界的重视。

在刘先生的《神似与形似》一书中，关于翻译评论的文章占有很大的比重。虽然文章主要涉及音乐翻译，但贯穿其间的批评视野、方法和原则却有着普遍的理论价值。在上文的介绍中，我们已经看到,刘靖之先生始终把翻译的功能定位在文化交流这一最高层次上,他往往能从小见大,以翻译的一些最基本、最容易让人忽视的问题为研究对象,进行多角度、多层次的分析,进而揭示出与这些具体问题密切相关的基本原则和方法。

在刘靖之先生的翻译评论文章中,我们发现他特别关注原著风格的传达问题。在《文学翻译与音乐演奏——翻译者应有诠译原著的权利》一文中,他指出:"文学作品是完整的有机体,作者的风格、思想感情和文字技巧熔于一炉。译文对原文的忠实,不仅是对字面含义要忠实,对原作所表达出来的风格、感情、思想、节奏等方面也应该忠实。"他通过文学翻译与音乐演奏的比较,发现了两者之间的相似性:"演奏家和指挥家是作曲家和听众之间的媒介,一如翻译家之于原作者与译文读者,原著有如乐谱,译文有如演奏,其过程颇为相似。从乐谱到演奏,演奏家和指挥家要经历艰难的再创作过程,因此够水准的演奏家和指挥家是艺术家;从原著到译文,译者要把原著从一国文字转变成另一国文字,既要避免文化和语言习惯而产生僵硬牵强的痕迹,又要保持原著的风格和韵味,因此也要经历艰苦的再创作过程。"演奏家的再创作,有个人风格演绎的特权,翻译家的再创作,也不可避免地要注入个人的风格,"与原作者的风格熔为一炉,形成一种新的、综合的作品"。然而,"翻译评论家一般都以原著为出发点,来评论一部译文的优缺点。但译文既然掺入了译者的个人风格,翻译评论家似乎也应该把这个因素列入他们的评论范围"。

进入刘靖之先生评论视野的因素是多方面的:有从社会与语言角度的分析,有从时间和空间角度的比较,也有各个不同翻译主体的个人风格的对照。有思维、逻辑的深层剖析,也有艺术审美层次的感悟和阐发。从评论方法看,刘先生反对空洞无物的泛泛议论,也不喜欢以"智者"的面目出现,对别人的译品说三道四,横加指责,而是本着共同探讨、切磋技艺的目的,对具体实例进行以理服人的分析,给人以启发。《〈窦娥冤〉的英译——三种英译本之比较》就是其中的一篇评论范作,非常值得一读。

由于篇幅关系,我们在此不可能将刘靖之先生对译事与译论的思考作一个面面俱到的介绍,对刘先生在翻译领域近三十个春秋的实践和思考,我们在上文所作的评介远远不能概括其全貌。我们还是来读一读刘靖之先生《神似与形似》一书序言的结束语吧:"从事翻译工作前后三十年,觉得这是个古老行业,仍然需要以古老的态度和方法来对之:对原文要谨慎、忠实,译文最好能神形皆似,若无法两者兼得,则宁取神似而舍形似。理论上的研究与分析属学术范畴,让学者们去探讨。理论虽会影响实践,但语文与文化底子弱的翻译从业者,在理论上大唱高调,很容易走火入魔,这种情况例子不少,应引以为戒。"刘先生的提醒,诸位读者以为如何?

原载《语言与翻译》1996 年第 4 期

翻译的文化社会学观

——兼评《翻译文化史论》

　　作为文化传递的载体,翻译活动在人类走过的历史中可谓影响深远。当今世界科技、经济和信息网络的全球化进程不断加快,文化的多元一体化态势渐趋明晰,翻译的文化功用亦日益彰显。我们注意到,翻译是在一定社会背景下发生的交往行为(communicative activity),它不仅受到当时社会文化状况的制约,同时又能对后者产生积极的影响。翻译实践的这种文化特质引起了广泛的兴趣,因而自 20 世纪 70 年代起,译论探讨就将关注的目光投向了翻译活动之外的文化系统。20 世纪 90 年代之后,在翻译实践领域加强文化意识,在翻译理论层面树立文化观念,成了翻译学一个具有历史意义的转折点。在此学术背景之下,王克非先生编撰了《翻译文化史论》,以史为证,考古论今,中西对照,堪称是揭示翻译文化内涵的一部力作。本文将借鉴王先生对于翻译文化层面的理论探讨和资料整理成果,结合相关社会学理论,进而阐发在多元文化语境之下,翻译的文化社会学观研究对于译学建构的积极作用和重要意义。

一、翻译活动与文化交流

"翻译之事,由来已久"①,如若追究其存在的根源,乃是因为缺失了翻译活动,不同民族的文化融合与发展无法想象。当我们谈论翻译与文化这一主题时,首先应该对"文化"的概念有所了解。普遍认为,最早给"文化"下定义的是英国"人类学之父"泰勒,他在《原始文化》一书中提出:"文化,或文明,就其广泛的民族学意义来说,是包括全部的知识、信仰、艺术、道德、法律、风俗以及作为社会成员的人所掌握和接受的任何其他的才能和习惯的复合体。"②《英语与文化辞典》(朗文,1992)认为文化是"风俗、信仰、艺术、音乐和其他所有的人类思维产品。文化是某一社会在某一时期的特有产物,例如:古代希腊文化"。《辞海》(上海辞书出版社,1989)则从广义和狭义上对文化进行定义,指出文化"从广义来说,指人类社会历史实践过程中所创造的物质财富的总和。从狭义来说,指社会的意识形态,以及与之相适应的制度和组织机构"。

尽管古往今来,人们对"文化"的概念做出了形形色色的界说,"但无论怎样定义,文化是理性人类创造的物质、精神价值总和,具有时间、空间意义,这个最根本的特性应是趋同的认识。"③既然文化具有地域和时代的特性,各族文化间的交流便成了人类文明前进的巨大动力。文化沟通需要一定的载体,翻译正是通过语言文字来展现外族异域的政治宗教、人文地理和民风习俗的瑰丽图卷,因此王佐良先生写道:"翻译研究的前途无限。它最为实际,可以直接为物质与精神的建设服务……它又最有理论发展前途:它天

---

① 王克非.翻译文化史论.上海:上海外语教育出版社,1997:1.
② 伯内特·泰勒.原始文化.连树声,译.上海:上海文艺出版社,1992:1.
③ 王克非.翻译文化史论.上海:上海外语教育出版社,1997:2.

生是比较的、跨语言的、跨学科的,它必须联系文化社会、历史来进行,背后有历代翻译家的经验组成的深厚传统,前面有一个活跃而多彩的现实世界在不断变化,但不论任何变化都永远需要翻译,并对翻译提出新的要求,新的课题。"①

近三十年来,我国译论探讨的重点以语言分析和文本对照为主,对翻译活动和接受社会主体文化(host culture)之间的互动作用鲜有涉及。在《翻译研究与翻译文化观》一文中,作者回顾了中国译论的发展历程,指出当前的翻译研究存在着重技轻道、重语言轻文化和重微观轻宏观等值得反思的问题。在肯定语言学研究为建立翻译科学奠定了基础的同时,文章分析了纯语言学倾向在译论探讨活跃时期所显示出来的不足与局限。作者认为,通过文化视角来重新审视翻译活动,将有助于对翻译本质、翻译目的与任务、翻译标准与策略、影响翻译的因素以及翻译的历史地位与作用等争议性问题加深认识。因此,文章倡导在多元文化语境之下,把翻译实践的现实问题与理论研究结合起来进行思考,促进翻译文化意识的觉醒和翻译文化观的建立,从而将翻译理论研究推进到一个新的高度。②

我国香港学者张南峰也主张从多元文化系统的角度来总结我国译论的过去,将文化多元系统中与翻译关系最密切的并存系统进行分类,探讨我国学术传统、民族心理、意识形态、社会制度、经济状况以及中西方文化关系等等社会文化因素是如何决定了翻译研究的进程,并对翻译学科的发展前景做出了预测。③我国传统的

① 王佐良.新时期的翻译观//杨自俭.翻译新论.武汉:湖北教育出版社,1994:285-290.

② 许钧.翻译研究与翻译文化观.南京大学学报,2002(3):219-226.

③ 张南峰.从边缘走向中心(?):从多元系统论的角度看中国翻译研究的过去与未来.外语,2001(4):61-69.

翻译研究大多以原文为标准来评判译文的优劣,而以多元系统论为框架的描述性研究则表明,原文并不是决定译文面貌的唯一因素,译文面貌也不是唯一值得探讨的问题。针对翻译研究无法脱离"原文"观念的局限,王克非先生也指出,虽然现代翻译理论所孜孜以求的目标是忠于原作,求信求达,然而在中外翻译史上,不忠实或者不够忠实的译作屡见不鲜。因而,在端正翻译态度,杜绝滥译劣译的同时,对于历史上的翻译事实,我们不应仅仅关注其翻译质量的高低,更要看到它在文化交流上发生的作用和影响,这正是翻译文化史不同于翻译史和其他翻译研究之处。①

在各个时代的文学、史学和哲学作品中,一个民族的文化生活往往得到了最集中的反映。通过这些作品的翻译,人们得以了解该民族的地域风情和人文精神,因此对于翻译研究而言,文化史提供了极为广阔的视野。翻译是文化沟通的重要渠道,翻译文化论的探讨应以接受社会的主体文化为重心,对制约翻译产生和接受的社会标准与限制给予关注。在考察我国古代和近代翻译文化史时,王克非先生对佛经翻译、"五四"时期的西学译介等产生重大社会影响的翻译运动作了系统的梳理,通过将翻译史实置于文化背景之上进行有重点的考察,充分证明了无论是翻译素材的确定,翻译策略的选择,还是译文在接受社会中的地位和功能,都会受到该社会文化系统内诸多因素的影响。社会文化大环境和翻译活动之间这种相互选择促进的关系,使我们清晰地认识到:"翻译活动,包括关于翻译的论述,带有功利的色彩,受到时代亦即当时民族文化的制约。翻译事业的发达与否,也与翻译的目的、社会的反响,即文化上是否有此需要,关系极大。"②

---

① 王克非.翻译文化史论.上海:上海外语教育出版社,1997:6.
② 王克非.翻译文化史论.上海:上海外语教育出版社,1997:7.

在近代历史上,我国经历过两次大规模的侦探文学译介热潮,一次是在"五四"时期,另一次则在 20 世纪 70 年代到 80 年代。民国的侦探小说热潮通过翻译西方小说,为小说家提供了全新文学形式的范本,然而当时通过模仿进行创作的先行者寥寥可数,作品质量亦差强人意。在民国时期文化环境的制约之下,西方侦探文学的翻译只起到了为中国文学系统弥补缺失的作用,其应有的推动本土侦探文学创作的功能并不明显;而新时期的第二次侦探文学热潮,由于契合了社会、历史和文化等诸多因素,强劲地推动了中国侦探文学的原创。20 世纪 80 年代初期中国图书市场所有的作品中,侦探小说就占了四分之一,对于侦探文学乃至通俗文学的发展都起到重大的推动作用。至此,通过外来作品移译和本土文化接受的冲突融合,我国的侦探文学经历了从译介到原创的演进,而这两次翻译热潮之所以导致了中国文坛侦探文学创作的不同局面,和当时的社会体制和文化环境有着直接的关系。[①]

可见,翻译所造成的文化影响,并不取决于语言的转换过程,也不在于原著或译作本身,而是受目的社会文化环境的影响。考察翻译的文化功用,文化史实无疑是最具说服力的例证,然而,对我国的译论研究而言,翻译文化史尚属一个全新的角度,因此首先要对其探讨范围做出界定。王克非先生指出:"翻译文化史或翻译文化学则考察两种(或多种)文化如何发生交流,这种交流产生的因素、过程、结果和影响。"[②]因而"(翻译文化史)它不同于一般文化史,这是很显然的。它研究的是,经过了翻译这样的沟通工作之后文化发生的变化。它也不同于翻译史,因为它的重点不是翻译人物、翻译活动、翻译机构、翻译流派等。翻译文化史重在研究

---

① 张萍.侦探文学在中国的两次译介热潮及其影响.中国翻译,2002(3):53-55.
② 王克非.翻译文化史论.上海:上海外语教育出版社,1997:8.

翻译对于文化(尤其是译入语文化)的意义和影响,它在文化史上的作用,以及文化对于翻译的制约,特别是通过翻译摄取外域文化精华时,翻译起到什么样的作用,达到什么样的目的,发生什么样的变异"①。

二、译者的"选择性摄择"

长久以来,我们的翻译批评理想化地将对原文的"忠实"作为最高追求,译者在翻译实践中的主观能动作用因而被轻易地忽视了。译者似乎应该尽力抹去自己的存在,甘心扮演一个"隐形人"的角色。然而,正如阐释学代表人物伽达默尔认为的那样,由于任何的理解或阐释都是一种历史现象,永远也无法摆脱历史的制约,因而阅读理解或阐释是主观的。② 译者身处其中的社会文化背景、时代审美标准、民族生活经验等诸因素无不影响着他对原著的解读,从这个意义而言,对于原著的解读会是一个无法终止的过程,但我们可以确信的是,随着时代步伐的前进和人类认知水平的提高,译者在对原著的解读中会不断得到新的感悟,并且在译作的传达中有所体现。因此,无论在对原文的理解阶段还是在译文的重新表达过程中,译者的主观介入是客观存在的事实。

钱锺书先生曾说过:"一国文字和另一国文字之间必然有距离,译者的理解和文风跟原作品的内容和形式之间也不会没有距离,而且译者的体会和他自己的表达能力之间还时常有距离。从一种文字出发,积寸累尺地渡越过那许多距离,安稳地到达另一种文字里,这是很艰辛的历程。一路上颠顿风尘,遭遇风险,不免有

---

① 王克非.翻译文化史论.上海:上海外语教育出版社,1997:2-3.
② 陈秀.论译者介入.中国翻译,2002(1):19-22.

所遗失或受些损伤。因此,译文总有失真和走样的地方,在意义或口吻上违背或不尽贴合原文。"①王克非认为,这段话正是钱锺书先生以其深厚的语言文化造诣,对译者劳动表达了充分的宽容和理解。与此同时,他也指出了一个值得深思的现象:"从翻译文化史角度看,译本的忠实程度与该译本在文化沟通上的作用之大小并无绝对的正比例关系",而"有时,从不准确的译本,或再造性质的译述中,可以发现一些具有文化意义的东西"②。

在这里,严复所翻译的《天演论》是颇为典型的例子。在《天演论》的"译例言"中,严复创立了对中国译论影响深远的"信、达、雅"之说,但其译本中对原著的增删修改之处众多,显然与严复本人提出的翻译标准南辕北辙。王克非主张从翻译文化史的角度来看待这一现象,他认为,无论是严复在译本中采用的古雅语体,还是他对原著内容的安排调整,都体现了他在当时文化制约下所做的"选择性摄取",其动机便是在一个动荡与变革的时代中,尽可能有效地导入西方进化论,以达到自强保种、富国强民的目的。一个不争的事实是,尽管严复翻译的《天演论》不能作为求信求达的典范,但其对中国近代社会产生了重大的影响。③ 正如王克非所言,对于诸如此类的特殊翻译事件,我们必须将其置于翻译文化史的研究领域之中,进行具体的个案分析,才能充分理解其历史原因和意义。

在浩瀚博深的汉译史中,各个翻译活跃期积极引入了鲜活的水流,使得中华文化的长河源远流长。在整个人类文明史中,翻译也一直是传播外来知识的重要渠道。公元 8 世纪,阿拉伯国家一方面大量翻译古希腊的哲学和自然科学的文献,一方面引进源于

---

① 　罗新璋. 翻译论集. 北京:商务印书馆,1984:697.
② 　罗新璋. 翻译论集. 北京:商务印书馆,1984:6-7.
③ 　罗新璋. 翻译论集. 北京:商务印书馆,1984:117-132.

印度的知识,使得阿拉伯文化在很短的时间内有了突飞猛进的发展。公元12世纪,以西班牙、北意大利等地为中心的欧洲国家又大量翻译阿拉伯学者的著作,重新认识了古希腊的哲学和科学思想。这些在欧洲早已成为绝学的文献,从阿拉伯文再翻译成拉丁文,直接推动了中世纪欧洲文明的重大革新。如果说这一次基于翻译和重译的文化承传正是西方现代文明的缘起,也绝不是夸大之言。在《翻译文化史论》一书中,王克非先生不仅从纵向考察中国翻译文化史,而且注意从横向展开翻译文化比较,分析翻译活动在英国、俄罗斯民族文学兴起中起到的功用,以及它在欧洲文艺复兴时期和日本明治时代所担负的文化使命。这种纵横捭阖的研究方法颇具说服力,充分证明了全世界各个主要文化系统的发展都与翻译活动有密切关联。

　　鉴于翻译实践在东西方文化发展中的重要作用,翻译文化研究逐渐成了各国译论研究所共同关注的课题。半个世纪以来,西方的翻译理论研究逐步实现了从语言学到文学、再到文化学,乃至到国际政治学的转向,其探讨重点相应地经历了从原文转向译文,从规定性转向描写性的蜕变。文化翻译论学派认为,翻译决不仅仅是两种语言之间的转换,而是两种文化之间的交流,如斯内尔-霍恩比所言:"译文文本不再是原文文本字当句对的临摹,而是一定情境,一定文化的组成部分。文本不再是语言中静止不变的标本,而是读者理解作者意图并将这些意图创造性再现于另一文化的语言表现。"因而,翻译不仅受制于文化,同时也对文化产生积极影响,是一种有明确目的的社会行为。① 巴斯奈特则以"外科医生—心脏—肌体"为比喻,形象地说明了"译者—语言—文化"这三者之间的关系,文化是肌体,语言是心脏,它们的相互作用使得生

---

① 廖七一,等.当代英国翻译理论.武汉:湖北教育出版社,2001:21.

命延续不息,外科医生在进行心脏手术过程中不能忽视心脏周围的身体组织,译者处理文本时也不能忽视文化这个肌体。①

在《翻译的再现》中,英国翻译理论家西奥·赫曼斯从文化角度对于等值和透明的翻译思想提出了质疑。他认为,翻译所涉及的"先前文本"绝非单纯的源文本,译者总是在一定的翻译概念和翻译期待的语境中进行翻译的,他从来就不会"仅仅翻译"(just translate),因此译作也不可能做到透明。② 哈特姆和梅森则以话语分析为中心,强调翻译是一个动态的交际过程,译者在原文作者与译文读者之间发挥协调者(mediator)的作用,他不仅应通晓两门语言,更要具有两种文化视野。③ 文化学派的类似论述都强调,译者一方面要有两种不同的文化认同,另一方面要担负起文化使者的责任,引进源语文化因素,为目的语文化所接受,为目的语文化服务。在翻译活动中,译者对原文的理解正确与否,在很大程度上取决于他对文化的了解,译作的成功与否,与其说与语言有关,毋宁说主要与文化有关。

三、在异同之间追求"平等对话"

各族文化所具有的特点源自于其特殊的历史地理环境,既然文化的多样性是不可否认的客观存在,在翻译中如何处理源语文化和目的语文化的差异,无论在理论层面上还是在具体实践中都是一个重大的课题。文努蒂把对文化差异进行不同处理的翻译方法区分为"归化"(domestication)和"异化"(foreignization),他认

---

① Bassnett, S. *Translation Studies*. London and New York: Methuen & Co. Ltd, 1980: 14.
② 谢天振. 比较文学与翻译研究. 台北:业强出版社,1994:12-13.
③ 廖七一等. 当代英国翻译理论. 武汉:湖北教育出版社,2001:266-301.

为："译者可以选择归化或异化的方法,前者是以民族主义为中心,把外国的价值观归化到目的语文化之中,把原文作者请回家来;后者则离经叛道地把外国文本中的语言和文化差异表现出来,把读者送到国外去。"①早在六十多年以前,我国著名学者鲁迅也已经提出,在动笔翻译之前"先得解决一个问题:竭力使它归化,还是尽量保存洋气"②。鲁迅本人主张异化翻译,认为翻译的第一目的是"博览外国的作品",和旅行外国很相像,因此"它必须有异国情调,就是所谓洋气"③。看来,西方译论中的异化和归化的矛盾实际上也就是我国译界的直译与意译之争。

时至今日,东西方学者对于直译与意译、异化与归化、显形与隐形的问题还是各执己见,很难有一致的论断。在中国,"五四"运动以来一直提倡通顺易懂的翻译,归化翻译占主导的地位,"翻译的目的是尽量确切地使不懂原文的读者(或听者)了解原作的内容。译者的任务是客观地反映原作,用合乎全民规范的译文语言把原作的内容再现出来"④。在英美当代翻译理论家之中,奈达是提倡归化的代表人物。他提出的"动态对等","是要做到译文完全自然地表达",使得"接受者和译文信息之间的关系,应该与原文接受者和原文之间的关系基本上相同"⑤。勒菲弗尔赞同奈达"动态对等"的观点,主张译文要"完全自然地表达",译文应该"入乡随

---

① Venuti, L. *The Translator's Invisibility: A History of Translation*. London and New York: Routledge, 1995: 20.

② 罗新璋. 翻译论集. 北京:商务印书馆,1984:301.

③ 罗新璋. 翻译论集. 北京:商务印书馆,1984:301.

④ 罗新璋. 翻译论集. 北京:商务印书馆,1984:619.

⑤ Nida, E. A. *Toward a Science of Translating*. The Hague: Mouton, 1964: 159.

俗"①。在奈达等持归化观点的学者们看来,译者必须能够拨开语言与文化差异的屏障,让读者能够清楚地看到原文的本来意思。

尽管归化论在中西译坛曾一度占了上风,但近来也有不少学者开始提倡异化翻译方法。文努蒂认为,"异化的观点不仅可以改变翻译的方法,而且可以改变人们阅读翻译的方式"②,他进而解释:"提倡在翻译过程中用异化的处理方法而不是英美传统上的归化方法……目的是要发展一种翻译理论与实践,把外国文本中的语言和文化差异带进占统治地位的目的语文化价值观中。……发展一种与今天广泛流行的千篇一律的翻译模式不同的方法。"③在我国,鲁迅是直译派的代表人物,其他不少学者也有类似的主张,要求译者在翻译中善于存异求同,保存原文语言的特色,积极吸收外来语言新颖的表现手法,帮助读者更好地理解西方文化和表达方式。刘英凯曾提出,翻译作品要保留"外国的文化传统、风土人情、习俗时尚、宗教、地理、使用语言的习惯",他认为"归化的译文却要改造外国上述的客观事实,抹杀其民族特点,使它们就范,同化于归宿语言,因此也就必然是对原文的歪曲"④。

事实上,在翻译中究竟采用"归化"还是"异化"法,除了要考虑"选择能够分化目的语文化准则的外语文本"⑤之外,还应该考虑到读者对异质文化的接受能力。随着国际社会交往的日益频繁,

---

① Venuti, L. *The Translator's Invisibility*: *A History of Translation*. London and New York: Routledge, 1995: 117-118.

② Venuti, L. *The Translator's Invisibility*: *A History of Translation*. London and New York: Routledge, 1995:24.

③ Venuti, L. *The Translator's Invisibility*: *A History of Translation*. London and New York: Routledge, 1995: 23,41.

④ 杨自俭. 翻译新论. 武汉:湖北教育出版社,1994:269-270.

⑤ Venuti, L. *The Translator's Invisibility*: *A History of Translation*. London and New York: Routledge, 1995: 41.

人们的经验视野不断扩宽,其接受能力也会随之增强,因此,对于同一外语文本,在不同的历史时期就有可能采取不同的翻译策略。郭建中先生说得有理:"翻译中的'归化'和'异化'不仅是不矛盾的,而且是互为补充的。文化移植需要多种方法和模式。……译者既可采用'归化'的原则和方法,也可采用'异化'的原则和方法。至于在译文中必须保留哪些源语文化,怎样保留,哪些源语文化的因素又必须做出调整以适应目的语文化,都可在对作者意图、翻译目的、文本类型和读者对象等因素分析的基础上,做出选择。对译者来说,重要的是在翻译过程中要有深刻的文化意识,即意识到两种文化的异同。"①

在新兴的理论的观照下,翻译还被视为是具有鲜明的政治色彩的活动。通过翻译引入的新思想,既能够破坏甚至颠覆接受文化中现行的权力架构及意识形态,又能协助在接受文化中建立新的社会秩序及架构,对社会文化等各方面造成重大的冲击。因此,直译和意译所涉及的不仅仅是语义和形式的得失,在全球化语境中,这一层次的论战从某种意义上可以看作是民族主义和世界主义的对峙,弱势文化和强权文化的交锋。法国学者伯尔曼认为,在当今英语文化系统中采用异化译法显得十分有必要,"它是对当今世界事物的一个聪明的文化干预,是用来针对英语国家的语言霸权主义和在全球交往中的文化不平等状态,是对民族中心主义、种族主义、文化自恋主义和文化帝国主义的一种抵制,有利于在全球地域政治关系中推行民主"。贝尔曼认为,译文只有经受了"异域的考验",努力保持异国情调,有时甚至故意采用半通不通的句子,才能使译者"显形"②。

---

① 郭建中. 翻译中的文化因素:异化与归化. 外国语,1998(2):17.

② Berman, A. *L'Epreuve de l'étranger: Culture et traduction dans l'Allemagne romantique*. Paris: Gallimard,1984.

在进入 21 世纪的今天,全人类不同文化类型之间的对话和沟通已成为不可逆转的趋势。面对高潮迭起的文化交流,我们必须怀有理解异族文化的真诚愿望,克服一切误解和偏见。德国学者哈贝马斯指出,人类的每一种文化类型,都有自己产生的历史根据和存在的合理性,都有自己的优点和缺陷。他认为,尽管在近代,理性已经无可挽回地失去了最初的统一性,分裂为理论理性、实践理性和审美—伦理理性三种不同的成分,但在现代社会中,这三种理性成分的统一纽带还存在于通过语言进行的人际交往活动之中。因此,哈贝马斯主张将语言的纯理性研究转变为一种实践性研究,把对语言行为中所谓的"客观真理"的追求变成在交往行动中的"共识性真理"的探讨,而翻译本身是一种以语言为媒介的交往行为,在面对文化差异时,翻译也同样要力争达成"平等对话"①。

基于对人类社会通过翻译达成的文化交往的尊重,如王克非等具有前瞻意识的翻译家或翻译理论学者们已经注意到在翻译实践中充分重视语言中的文化因素,辨别文化之间的类同与差异;在译论研究中通过文化层面广泛而深入、系统而具体的对比,认识人类文化的共性,辨别它们的个性。我们有理由相信,通过对翻译文化史的考察,进而树立翻译的文化观念,一方面会对过去以原著为中心的翻译研究产生巨大的冲击,另一方面又将涉及负载于语言形式之中的文化身份、平等交流和社会历史感等新问题。总之,对翻译文化社会学观的探讨,拓展了译论研究的视野,为年轻的翻译理论开辟了新的研究领域,将有助于我们深化对翻译活动及其发展规律的认识,从而促进翻译理论体

---

① 尤尔根·哈贝马斯,米夏埃尔·哈勒.作为未来的过去:与著名哲学家哈贝马斯对话.章国锋,译.杭州:浙江人民出版社,2001:186-215.

系的构筑和完善,为推动新兴的翻译学逐渐发展成为严肃学科
提供一个重要的契机。

本文系与俞佳乐合作,原载《中国翻译》2004 年第 2 期

读《二十世纪西方文学比较研究》

新千年伊始,意外地得到了人民文学出版社推出的《王宁文化学术批评文选》。时下出版界,全集、文集铺天盖地,凡是有一点名气的,或者想要一点名气的,似乎不推出个十集八集,就不足以显示其学术实力或文化底蕴。王宁是在国内文化界、文学界和比较文学界成名很早,但至今还属年轻一代的学者,近年来在海外五十多所有影响的大学访学、讲学、研究,渐渐在国际上也有了一些名声,在学术界颇具布尔迪厄所说的"象征资本",理应名副其实地声张一下,借出版大潮流亮出自己的大型文集,可他却没有这样做,而是非常明智地选择了国内一家声誉上佳的权威出版社,将他近十余年来对西方文学与当代文化的研究成果进行了一番自省与梳理,以文选的形式,作一阶段性的学术回眸与总结。这样做,无疑是有益而又不失分寸的。

文选有二,之一是《比较文学与当代文化批评》,之二是《二十世纪西方文学比较研究》。作为比较文学学者,王宁自然要在"比较"两字上下功夫,就我的理解,如法国比较文学大师艾田蒲所说,"比较不是理由",更不是目的。比较在某种意义上说,是一种方法,一种视野,也是一个过程。从比较文学到比较文化,对王宁来说,是一种观念的更新,更标志着比较学科的拓展。笔者多年来从事外国文学的翻译与研究,做的虽都是具体而微的工作,但两种语言的翻译,离不开语言、文学与文化层次上的比较,包括宏观的与微观的。因此,对比较学者的研究成果,我向来比较敏感。王宁文选之二《二十世纪西方文学比较研究》自然引起了我特别的兴趣。

"二十世纪西方文学比较研究",是一个大胆的研究课题。20 世纪西方文学,主义爆炸、流派林立,诸如现实主义、意象主义、象征主义、未来主义、达达主义、表现主义、超现实主义、现代主义、荒诞派、愤怒的青年、垮掉的一代、后现代主义、存在主义、女权主义、后殖民主义等等,如何把握? 如何评价? 我很担心这一课题的研究会流于空泛而主观。前些日子,与几个研究生讲论文,得知研究生中流传着对外国文学研究的多种说法。说法一:见林不见树的,研究流派;见树不见人的,研究作品;不见树也不见人的,研究作家。说法二:泛泛而谈的流派论;婆婆妈妈的作品论;东拼西凑的作家论。这两种说法,自然不是当下外国文学研究状况的客观描述与概括,但其中所指出的问题,却是值得深思的。《二十世纪西方文学比较研究》,显然不在研究生们所议论的研究成果之列。作者以比较文学学者独特的视野,试图全面论述 20 世纪西方文学,客观地整体把握其流变,对具有代表性的流派与作家进行个案的具体分析与阐释。全书分上中下三编,上编为"思潮论",中编为"批评论",下编为"作家论"。这样的编选,目的是很明确的:第一部分旨在探讨 20 世纪的主要西方文学思潮,"如现实主义、现代主义与后现代主义以及历史先译派在这一时期的英美文学中的表现";第二部分,尝试着从宏观和微观两个方面,探讨与揭示 20 世纪西方文论发展的内在逻辑及发展趋向,对精神分析学派和后结构主义这两个在 20 世纪最具影响的批评流派进行剖析;第三部分则是在全球化语境下有选择地对英美几位作家进行新理论指导下的新阐释。

作者没有被 20 世纪西方文学复杂异常、令人眼花缭乱的思潮流派遮住眼睛，盲目地借用西方学人的观点，作一鹦鹉学舌式的论述，而是以冷静而不乏洞察力的目光，指出西方繁多的流派"基本上可归入现实主义、现代主义、后现代主义和历史先锋派这几个范畴之下"。而20世纪西方文学理论批评界的"形式主义、新批评、结构主义、精神分析学、现象学、阐释学、接受美学、神话—原型批评学派、马克思主义、女权主义、文化唯物主义、新历史主义、后殖民主义、文化研究派"等，"大致也可归入人本、形式、阐释和意识形态四种取向"。对这样的归纳，也许学界会有不同的看法，但作者以此为脉络，纲举目张，对20世纪西方文学的发展流变的有效探讨，不失为一种有益的尝试。

十多年前，常听到这样的抱怨，说中国比较文学界有不少研究者不懂外文，引用的是第二手甚至第三手的材料，依据的是译本甚至译本的译本。如今，这种状况可以说有了根本的改变，王宁的研究，就是证明之一。读《二十世纪西方文学比较研究》的"后记"，可以看到作者的研究依据的不仅仅是丰富而翔实的第一手资料，更有作者与国际学人合作研究的成果作为基础。多年来，作者一直强调在研究中要尽量进入国际学术前沿，与国际知名学者进行学术对话与探讨，也许，我们可以把这部文选当作作者在这一方面所做的种种努力与尝试的一份记录和见证。

读《二十世纪西方文学比较研究》，可以发现有几个词的运用频率是十分高的，那就是"全球化语境""多元共生""后现代""后殖民"。关注近年文坛的人们，无疑对这几个词都有自己的理解，甚或超越学术的范畴，有各自的好恶。有些学者甚至激烈到在一篇文章中一见到"后现代""后殖民"的字眼就断定该文章没有价值。实际上，这些词是无法回避，也是不应该回避的。在新旧世纪交替的时期，对西方20世纪文学的研究，不能不对这几个词所提出的问题进行自己的思考。从作者对这几个词的诠释中，我们可以看到作者作为一个中国学者的明确立场和价值取向。

若以挑剔的目光,细读这部文选,我们可以发现作者无论是对流派的研究,还是对作家的分析,都是有选择的,拿作者自己的话说,是选择"自己所熟悉的"。这种选择,自然有其理论的依据和自觉的学术追求,但也表现了作者的一种局限。谈 20 世纪的西方文学,不能不谈法国,不谈法国作家,而在《二十世纪西方文学比较研究》中,这方面的欠缺是十分明显的。相信作者会在以后的研究中加以补足,以使其描绘的 20 世纪西方文学发展演变的轮廓更加完整,更加丰满。

2000 年初于南京

中国翻译史研究及其方法初探

——兼评马祖毅先生主撰的五卷本《中国翻译通史》

1 引 言

中国翻译研究的一项奠基性工作五卷本《中国翻译通史》,已由湖北教育出版社于 2006 年年底出版。董秋斯先生早在 1951 年就提出过建立翻译学的思想,并呼吁中国翻译学界要写成两部大书:一是中国翻译史,二是中国翻译学。并称这两部大书的出现,表明中国的翻译工作已经由感性认识的阶段,达到了理性认识的阶段,实践了"翻译是一种科学"这一命题[①]。在时隔半个多世纪之后,我们很欣慰地看到,在马祖毅先生的努力之下,中国翻译史这一部大书终于问世,它无疑将对中国翻译界的理论建设起到巨大的促进作用。本文以史学研究方法论为参照,初步探讨一下中国翻译史研究及其可以采用的一些研究方法,并在此基础上对马先生主撰的巨著做一简要评介,从而对将来中国翻译史研究的发展趋势做出一些展望。

---

① 董秋斯.论翻译理论的建设(1951 年)//罗新璋.翻译论集.北京:商务印书馆,1984:543.

2　翻译史研究方法与思考

2.1　翻译史研究的对象、视角、类型与意义

英国史学家约翰·托什(John Tosh)认为:"'历史'一词包含两种意义。它既指过去实际发生的现象,也指历史学家的著述中对那种过去发生的现象的记述。"[①]那么,翻译史作为一门学科史,它的研究对象可以说是过去和现在发生的种种翻译现象,其研究重点包括翻译活动、翻译事件、翻译人物、翻译机构、翻译流派等。而中国翻译史又是翻译史中的国别史部分,应该以中国的翻译现象作为自己的研究对象。

翻译史的研究视角很多。比如:(1)传统意义上的时空视角是最为常见的一种视角,比如可以研究一个国家的翻译史,还可以研究一定时期的翻译史。前者如中国翻译史,后者如德国浪漫主义时期的翻译史。(2)按照文体类型的视角来研究翻译史。比如,诗歌翻译史、科幻小说翻译史、外交公文翻译史等。如在德国哥廷根进行的 18 世纪以来德语国家的戏剧翻译史研究[②]。(3)跨文化视角,包括国家与国家之间的交流以及殖民和征服等权利关系的研究。如王克非编著的《翻译文化史论》[③]。(4)统计学视角,运用统计数据来研究一定历史时期的翻译特征,从而反映翻译发展的规

---

①　约翰·托什. 史学导论. 吴英译. 北京:北京大学出版社,2007:18.

②　Woodsworth, J. History of Tranlstion. In Baker, M. (ed.). *Routledge Encyclopedia of Translation Studies*. Shanghai: Shanghai Foreign Language Education Press, 2001: 102.

③　克克非. 翻译文化史论. 上海:上海外语教育出版社,1997.

律。如姜秋霞、刘全国①运用统计学方法探讨了社会文化中社会意识形态、文化地位和文学地位对翻译文学主题选择和输入来源的影响。

翻译史研究的类型也是多种多样的。(1)国别研究:研究某一国家或地区的翻译现象。(2)时期研究:专门研究某一特定时期的翻译现象。(3)译者研究:专门研究某位译者的翻译活动以及他或她的翻译理论与实践,或者研究一些有某种特定关系的翻译家群体,如时空关系、地域关系等。(4)理论研究:如不同时期的理论著作选编,可以看到翻译理论发展的系统化趋势。(5)翻译机构和出版社翻译贡献研究:比如中国同文馆译书局翻译作品研究、江南制造局译书研究、联合国翻译机构研究等。(6)专题分类个案研究:比如佛经翻译史研究、《圣经》翻译史研究。当然这样的分类不是绝对的,他们之间存在着交叉与重合的方面。

历史研究的意义在于给现实提供教益。历史学家对过去做出解释,作为对当前现状的关注和现实问题的反应。他们"是我们文化遗产的守护人,对那种遗产的熟悉提供了对人类发展状况的洞察——一种提高自我意识和移情他人的手段"②。因此,翻译史的研究也应该提供一种教益,让翻译研究人员及时地理解自身,对翻译过程中出现的某些翻译现象可以做出历史视角的阐释,还要给翻译理论与实践中出现的问题提供一些借鉴。此外,撰写学科发展历史对于一门学科的确立来说至关重要。每一门成熟的学科都有自己的学科史,记录学科发展过程中的里程碑式事件。比如,语言学史会记录语言学发展的来龙去脉,以及各种流派,从而让后来的研究人员对语言学的发展现状了然于胸,并在此基础上探索新

---

① 姜秋霞,刘全国.翻译文学与社会文化的关系——二十世纪初与二十世纪末我国翻译文学主题和来源的调查分析.外语教学与研究,2005(1):62-72.

② 约翰·托什.史学导论.吴英,译.北京:北京大学出版社,2007:44.

的研究领域。文学史记录的是文学作品创作的背景以及作品的接受情况。研究人员可以通过阅读文学史了解历史大环境,进而探究文学作品的意义。对于翻译史而言,它的意义在于可以让翻译学这样一门新学科获得合理地位,同时还可以整合翻译研究中的不同流派和方法。贝尔曼(Berman)呼吁:"翻译史的建设是真正现代意义上的翻译理论的最迫切任务。"①因此,翻译史的撰写对于翻译学的学科建设与发展有着举足轻重的作用。

2.2 中国翻译史研究新方法初探

传统意义上的历史研究为撰写叙事史。西方史学界在1955年以后开始探索新的研究方法,以摆脱历史主义的桎梏。这就是西方"新历史学"的兴起。它的主要动力来自于社会科学以及其他一些相关学科。我们将结合中国翻译史的研究初步探讨一下这些新方法在翻译史研究中的应用。

2.2.1 社会学方法

社会学家使用的证据只能是历史的证据,因此在研究对象上,社会学家与历史学家是一致的,但是社会学家处理数据的方法完全不同于传统历史学家处理数据的方法。他们"不可能通过使用叙述的方法来罗列事实资料这一简单的过程就可得出有意义的结论"②。而必须使用民意测验、抽样分析、统计分析以及类似的方法来分析大量的、庞杂的信息。换句话说,社会学方法可以反映大

①　Berman, A. *L'Epreuve de l'étranger: Culture et traduction dans l'Allemagne romantique*. Paris: Gallimard, 1984; tran. by Heyvaert, S. 1992. *The Experience of the Foreign: Culture and Translation in Romantic Germany*. Albany: State University of New York. 1984 : 12.

②　杰弗里·巴勒克拉夫. 当代史学主要趋势. 杨豫译. 北京:北京大学出版社, 2006:61.

量史料(史实)背后的规律、倾向或者发展趋势。具体到中国翻译史研究来说,我们可以采用抽样分析以及统计分析等方法来研究一定时期翻译著作的出版情况,从而探究翻译作品的增长情况以及背后的社会因素。还可以研究一位翻译家在一生中的什么时期是进行翻译的主要时期,这一时期与个人的以及社会的因素之间是否存在某种联系等。还可以使用民意测验的方式调查近代以来同一部作品(尤其是诗歌)在不同时期产生的不同译文受读者欢迎的程度,甚至可以在问卷上让他们回答为什么偏爱这一译文。

2.2.2 人类学方法

根据《大英百科全书》的定义:人类学是"人类的科学",研究人类的诸多方面,包括人类的生物和进化历史以及那些使得人类区别于其他动物体的文化和社会特征。由于它的研究对象极其丰富,所以可以分为如下一些领域:自然人类学(有的学者也称其为"体质人类学",physical anthropology)主要研究人类的生物特性与进化过程,而那些研究人类社会和文化构成的领域则归为文化人类学或者民族学(cultural anthropology or ethnology)、社会人类学(social anthropology)、语言人类学(linguistic anthropology)以及心理人类学(psychological anthropology)。与翻译史研究有关系的主要是文化人类学,它主要阐释人类文化的方方面面。所有的文化在其历史发展过程中都无一例外地会吸收别的文化,从这一观点切入,可以探讨翻译与文化交流与文化接触之间的关系。美国文化人类学中的文化相对主义理论(即文化变化与文化适应)也可以给我们研究中国翻译史提供一些新的启示。比如,对于中国某些社会科学的概念,是由日语汉字直接输入中国的,而原先这些概念的名称在中国就存在,这样一个回归的(也可能是"改头换面"的回归)过程,既反映了翻译的功用,也显示出文化交流的情况。高圣兵曾经透过 logic 这一学科语词在中国的翻译传播来探讨翻译对于学科建立的功用①,他的理论框架里面就包含了比较文化学,而比较文化学就植根于文化人类学,建基于美国女人类学家贝内迪克特(Benedict)提出的文化类型理论。此外,台湾"中研院"研究员王名珂曾提出过用人类学方法革新民族史的研究②。因此,人类学中有关民族的某些理论和观点对于我们研究中国境内的民族翻译史也具有较大的借鉴意义。

2.2.3 心理学方法

心理学的心理分析方法可以用在历史研究中。心理分析赋予历史学家的是"使人类表面的行动由内在的情绪因素来证明"③。利用心理分析研究历史目前有两种方法:"一是心理分析的传记研究(psychoanalytical-biographical approach),将个人动机转投向公共事务;二是心理分析的人类学研究(psychoanalytical-anthropological approach),透过神话、集体符号(collective symbols)、某一时代的特别的意识形态,研究社会制度和生活方式之间的关系,以及范型人格(modal personality)或民族性格(national character)的心理需要。"④因此,历史学家可以通过分析个人心理与集体心理来解释某些历史行为。具体到中国翻译史研究来说,我们可以研究翻译家个人的心理动机,以及整个社会一定时期的集体心理,从而来结构化某些翻译现象以及译者的某些翻译行为。比如复译现象的心理历史学研究。通过分析译者的个人

① 高圣兵. Logic 汉译研究——跨文化翻译中的"格义"、视域融合与接受. 南京:南京大学博士学位论文,2006.
② 王名珂. 民族史的边缘研究——一个史学与人类学的中介点. 见:康乐,彭明辉. 历史方法与历史解释. 北京:中国大百科全书出版社,2005:87-106.
③ 张玉法. 心理学在历史研究上的应用. 见:康乐,彭明辉. 历史方法与历史解释. 北京:中国大百科全书出版社,2005:172-173.
④ 张玉法. 心理学在历史研究上的应用. 见:康乐,彭明辉. 历史方法与历史解释. 北京:中国大百科全书出版社,2005:192-193.

心理以及社会的集体心理可以对复译中出现的问题提供有益的借鉴。此外，还可以研究某些中国文学团体的集体心理，比如创造社等，以及他们的集体心理如何指导他们的翻译实践。

2.2.4 计量学方法

计量学方法与前面的社会学方法有一些相同之处，这里单独提出是因为 20 世纪 50 年代在西方兴起了一门历史学的分支学科——计量史学(quantitative history)。20 世纪 60 年代以后随着计算机的广泛应用，历史研究中的量化趋势得到了进一步的推进。到了 20 世纪 70 年代中后期，计量史学已经成为国际史学研究中最庞大的流派[①]。这种以数学方法和统计方法为基础的历史研究，其主要特征是定量研究，以区别于传统史学中以描述为主的定性研究。中国翻译史的研究也可以采用计量化方式，从而可以把史料组织得更具有说服力，同时也更加系统化。比如，对不同时期国内出版的不同种类译著的统计数据进行相关分析，可以得出翻译活动是否在某一时期达到高潮，这比一般的描述性研究更具有说服力。翻译史中的量化研究虽然不可能作为翻译史研究的灵丹妙药，但是在我国现阶段的翻译史研究中，倒是可以加大采用计量方法研究的力度。

以上这些方法不是孤立的，在中国翻译史的研究中，可以同时采用多种不同方法，而对于传统的史学研究方法，即描述性叙事史，也并不是与上述方法格格不入的，他们都是历史研究中的重要方法，我们可以根据不同的选题，选用一种或者多种研究方法进行中国翻译史有关问题的研究。

---

① 罗德里克·弗拉德.计量史学方法导论.王小宽，译.上海:上海译文出版社，1997.

3 关于《中国翻译通史》的评介及其研究方法与特点

在我国的翻译史研究中,传统的叙事方法是研究方法的主流。据不完全统计,从马祖毅先生撰写的我国第一部翻译史专著《中国翻译简史——"五四"以前部分》开始,迄今已出版将近二十部翻译史著作,他们大多围绕时间主线安排史料。这里我们将结合上文翻译史研究方法的探讨审视一下新近出版的五卷本《中国翻译通史》的主要内容与特点。

3.1 《中国翻译通史》的结构与内容

马祖毅先生主撰的五卷本《中国翻译通史》(以下简称《通史》)是一部工具书性质的著作,叙述了上起公元前 841 年(西周共和元年),下迄公元 2000 年之间的中国翻译历史,全书计 415 万字。它以翻译活动事实为基础,分门别类,以时间为脉络,展现了中国翻译活动发展的全貌。这部巨著整体上分为两个大部分:第一部分,古代部分(全一卷),基本上就是马祖毅先生原来撰写的《中国翻译史(上卷)》。第二部分,现当代部分(共四卷),叙述了从 1919 年到 2000 年之间不足九十年间的翻译活动。当然,其中有些章节并不是绝对以 1919 年为界,编撰者根据实际情况做出相应调整,以收集充分的翻译史料为尺度,力求全面反映某一专题的现当代历史。

《通史》古代部分分为一个总概述和六个专题。总概述综观了中国三千年译史,具有统领整部巨著的作用。后面的六个专题:(1)从周到清各朝外事机构之沿革与口笔译活动篇。(2)宗教文献的翻译篇。(3)中国境内各民族语言文字的互译篇。(4)从东汉到清朝初年的科技翻译篇。(5)从鸦片战争到清末的西学翻译篇。(6)从东汉到清代的文学翻译篇。叙述了从周朝到五四运动以前的中国翻译历史。

现当代部分分为四卷,各有侧重,涵盖"五四"以后到 2000 年间不足 90 年的中国翻译史全貌。第一卷主要是哲学社会科学翻译史。鉴于马克思主义对于近现代中国发展的重要贡献,全卷单独列出一篇专门叙述百年来马克思主义在中国的传播。接下来是分门别类地介绍各哲学社会学科的翻译史,包括一个总论(第 1 章),然后是西方哲学、伦理学、逻辑学、政治、法律、西方经济学、管理学、军事、外国史学及历史著作、地理、教育、社会学、文化人类学、民族学著作、心理学、未来学、人口学、美学、外国文论、美术、音乐、舞蹈、电影、建筑、语言学和宗教,共 20 章。第二卷主要是外国文学在中国的译介,共 27 章。第一章是"五四"以后整个外国文学翻译情况的概述,然后按照国家和地区分别进行详述,包括古希腊罗马文学、俄苏文学、法国文学、英国文学、德国文学、奥地利文学、东欧文学、南欧文学、北欧文学、欧洲其他国家文学、日本文学、朝鲜和韩国文学、蒙古人民共和国文学、越南文学、印度文学、南亚其他国家文学、东南亚诸国文学、古巴比伦文学、波斯—伊朗文学、犹太—以色列文学、土耳其现代文学、古代阿拉伯文学和西亚、北非国家阿拉伯文学、马格里布及黑非洲文学、美国文学、加拿大文学、拉丁美洲文学、大洋洲文学共 28 个国家和地区的文学翻译。该部分由于参编人数较多,加之各个国家和地区作品译介数量多寡不一,所以该部分的体例没有强求一致,而是由各位参著者根据具体情况和个人写作风格进行撰写。第三卷是自然科学著作的翻译,共 16 章,按时期和专题交叉撰写。鉴于科技翻译中术语的重要性,该卷包括两章专门叙述不同时期术语译名的统一(第 7 章和第 16 章),其余章节分别为:科学名著的翻译时代、系统科学进化论的翻译、相对论的翻译、西方近现代科学名著的翻译、科学翻译大潮中的科普翻译、其他科学文献的翻译、科学翻译出版机构——文化传播的媒介、文化传播的使者——科学翻译家、新中国成立初期的科学翻译、荒芜年代的科学翻译、新时期的科学翻译高潮、计算机技术书籍的翻译出版、新时期的科普翻译、科学丛书的翻译出版。该卷既包括科学著作的翻译史，又有科学翻译家和科学翻译机构的介绍，还包括了术语定名的一致性等问题，基本包括了自然科学著作翻译的方方面面。第四卷包括四个部分。第一篇是海外谈中国的译本篇，基本上是外国人用外语撰写的有关中国方方面面的报道和书籍，然后再由国人翻译到国内来的历史记述。第二篇是国人的外译汉籍篇，就是记述中国人把本国的典籍译介到其他国家的历史。第三篇是国内各民族的语文翻译篇，就少数民族而言，这里面包括双向的内容，一方面是汉语和外文著作被翻译成少数民族的语言，另外一方面又包括少数民族的典籍和民间文学翻译成汉语的情况，最后又记述了少数民族翻译家。第四篇是国内现当代研究翻译理论的概况篇。共 11 章，分为各个专题撰写。其中第 1 章关于译名研究，看似与前面第三卷中的译名统一重复。实际上，细读之后，觉得两者侧重完全不同，前面第三卷是从自然科学著作翻译的角度谈科技术语名词的定名统一工作，而此处的译名研究是注重理论探讨，而且其讨论范围已大大超过前面讨论的自然科学术语的统一问题。

3.2 《中国翻译通史》的研究方法与特点

《通史》是我国第一部翔实阐述历代翻译活动、揭示翻译发展规律的重要史学著作。它主要采用的是描述性历史叙述的手法，当然在部分章节也融入了西方"新历史学"的一些研究方法。对于翻译研究者来说，它是一部工具书性质的参考书。如果要研究汉外翻译理论，那么《通史》可以提供很多重要的信息，研究者可以了解中国不同时期的翻译活动，以及翻译理论的概貌。而且要研究中国翻译史,可以就其中的某个章节深挖下去,在马先生搜集的充分史料基础之上,再进行新的探索。因此可以说,这部著作对于翻译学科的发展必将起到重要的促进作用。这部巨著有如下一些特点:

(1)结构安排科学合理,符合中国翻译历史发展的基本情况。全书首先分成两大部分,一部分是古代翻译史,另一部分是现当代翻译史。因为古代部分脉络清晰,可以分成几个大的主题,然后再依照时间顺序叙述清楚。但是现当代部分头绪繁多,非一卷可以论述清楚,所以只能按照题材先分出几个大的类别,然后在每个大类之下再分出小的专题,然后按照时间和逻辑顺序叙述史料,这样做还可以让不同的参编者专注于一个专门的主题,从而能够更好把握和梳理有关这一专题的翻译史料。

(2)注重国内各民族间的翻译史料搜集。这与中国是一个多民族的统一国家密切相关。《通史》中民族间的语文翻译可以联系起来阅读,即把古代部分全一卷中的中国境内各民族语言文字互译篇与现当代部分第四卷中的国内各民族语文翻译篇结合起来阅读,即可得到中国各民族之间的翻译概况。有兴趣的研究者还可以进一步深入下去进行民族语文之间的翻译研究,甚至可以探讨一下汉语与少数民族语言的接触与交流情况。

(3)侧重于"通"字,即用较为翔实的史料贯通中国翻译史的来龙去脉。《通史》主要着笔在于"史料",其中史料的搜集较为翔实,可以为研究中国翻译史的学人提供一根拐杖,以进入中国翻译史研究的殿堂。当然《通史》中也不乏"史论"。有散见于各处的译名问题,如古代部分全一卷中关于从鸦片战争到清末的西学翻译的译名统一问题、现当代部分第三卷自然科学著作翻译中的术语译名统一问题以及第四卷翻译理论研究中的译名研究问题。而最为集中的理论史料部分就是第四卷中的最后一篇,它以中国翻译中的重要论题为小的专题,叙述中国现当代翻译理论发展的简况。
我们希望将来有学者可以在马先生搜集史料的基础上再写出一本
《中国翻译通论》,以论带史,阐述翻译理论各个方面的问题。

(4)统计与计量方法在《通史》的相关部分也得到充分应用。
如在古代部分的第 308 页上有耶稣会士(1584—约 1790)的译述
种数统计表,从中可以看出 17 世纪是译述的高潮,而神学译述占
了其间相当大的一部分。在现当代部分中有关自然科学著作的翻
译(第三卷)更是辟专门章节进行译著的统计分析。如:第 122 页
科学翻译统计分析一节中的民国时期自然科学译书统计表[1],第
163 页的民国时期上海商务印书馆出版科学译书统计表,第 214
页和第 215 页的 1949 年—1966 年科学翻译分类统计表和 1949—
1965 年间科学翻译原著国别选择抽样统计表,而第 246 页的现代
科学翻译统计分析一节更是专门探讨了"文革"后我国的翻译出版
情况。

当然,《中国翻译通史》中也存在某些缺憾:因诸多因素限制,
港澳台地区的翻译史料未能收录,与口译有关的史料也未能收录。
此外,将管理学、地理和心理学著作的翻译归入哲学社会科学著作
翻译一卷是否科学尚有待进一步论证。但是,《通史》能够把整个
中国三千年译史叙述清楚,而且纲举目张,的确不是一件易事。光
是其中史料的搜集就不是一朝一夕可以一蹴而就的,要靠长时间
的积累。马先生经过八年的努力,呈现给翻译界的是一部工具书。
译界学人可以顺着马老提供的史料,展开进一步的研究。

---

[1]　马祖毅,等.中国翻译通史(五卷本).武汉:湖北教育出版社,2006:122-123.

4 结束语

《中国翻译通史》作为国家"十五重点出版工程"可以说具有开创性的意义,四百万言阐述中国三千年译史。马先生虽已至耄耋之年,仍然笔耕不辍,现在每日仍以写古体诗自娱。《中国翻译史(上卷)》在 1999 年出版后,他用了前后八年多时间终于撰写出了这部中国翻译界的一部大书。柯飞①曾经说过:"对于一些文献性的基础研究在翻译史研究中的重要性没有给予足够的重视,而无论对于通史或专门史来说,收集充分的史料都是至关重要的,也可以成为许多研究工作的发端。"马先生主撰的《中国翻译通史》可以说为翻译研究者提供了翔实的史料,做了奠基性的工作,翻译界的诸位前辈、同仁和后学可以在这些已搜集史料的基础上,运用新的研究方法进行更为系统化和专门化的中国翻译史和中国翻译理论研究,以推动翻译学学科的发展。

本文系与朱玉彬合作,原载《外语教学与研究》2007 年第 6 期

---

① 柯飞.译史研究,以人为本——谈皮姆《翻译史研究方法》.中国翻译,2002(3):32.

中华文化典籍的对外译介与传播

——关于《大中华文库》的评价与思考

近十年来,国内学界越来越关注中国文化的外译,重视中国文化的对外传播①,陆续举办以"中国文化走出去"为主题的学术研讨会。国内出版界也积极参与,采取有效举措,推进中国文化和中国文学的对外译介。就目前而言,最令学界关注的,应该是 20 世纪末国家新闻出版署推出、多家出版社共同参与出版的《大中华文库》(以下简称《文库》)。对这套作为"中国文化外译"国家宏观文化战略重要组成部分的《文库》,学界有不少肯定性的评论,但也有学者提出不同的看法,认为这套书的出版未能有效地起到对外译介中国文化的目的,因为"绝大多数已经出版的选题都局限在国内的发行圈内",最后仅束之高阁于各地高校的图书馆里,无人问津,无人借阅②。这一看法的提出,依据的是读者的接受效应。一套书的出版,如果没有读者的广泛接受,自然就达不到传播的有效性,其译介与出版的价值就值得质疑。但是,评价一部书或一套书,尤其是评价像《大中华文库》这样的具有战略意义的出版物,仅仅以当下的市场销售与读者接受情况来衡量便得出否定性的结

---

① 赵芸,袁莉采.著名翻译家倾谈"文化走出去".上海采风,2010(3):16-29.

② 谢天振.中国文学走出去:问题与实质.中国比较文学,2014(1):2-6.

论,是值得商榷的。

《文库》最初是在原国家新闻出版总署和国务院新闻办公室的指导和推动下,以向海外传播原汁原味的中国文化为目的,于1994年7月开启的一项大型系统出版工程。这套书的图书选题110种,其中哲学思想类经典21种,如《老子》《论语》《周易》等;文学类经典55种,如《诗经》《唐诗三百首》《红楼梦》《浮生六记》等;科学技术类经典15种,如《黄帝内经》《天工开物》《四元玉鉴》等;历史类经典10种,如《战国策》《史记选》等;军事类经典9种,如《孙子兵法》《孙膑兵法》《六韬》等。《文库》得到了季羡林、任继愈、叶水夫、袁行霈、丁往道、韩素音等多位学者和翻译家的支持与指导,现已有外文出版社、湖南人民出版社、中华书局、商务印书馆、译林出版社、花城出版社等18家出版社参与该项目图书的编辑与出版工作。《文库》涉及两种类型的翻译,一种是语内翻译,即将古代汉语翻译成现代汉语;另一种是语际翻译,即将汉语翻译为英语、法语、西班牙语、德语、俄语、阿拉伯语、日语和朝鲜语等8种外语。1999年1月1日外文出版社出版《孙子兵法·孙膑兵法(汉英对照)》,拉开了《文库》系列图书出版的序幕,到2014年7月1日五洲传播出版社出版《唐诗选》的汉英对照版已经出版了97种,汉法对照版已经出版了11种,汉西对照版出版了9种,汉德对照版出版了8种,汉俄对照版出版了3种,汉阿对照版出版了6种,汉日对照版出版了6种,汉韩对照版尚待出版。

《文库》中的每一本书,除经过出版社正常的"三审"程序之外,还要经过《文库》编委会指定专家的"二审",它代表了我国最高的出版水平与出版质量。随着《大中华文库》出版规模的不断扩大,其在国内外的影响也越来越深远,已经成为对外汉语教学、国外图书馆和科研机构以及外国友人收藏的首选图书。《大中华文库》(汉英对照)的编纂出版工作得到党和国家领导人的充分肯定和重视。

温家宝总理曾三次写信批示要努力做好《大中华文库》出版工程，他特别指出："这部巨著的出版是弘扬中华民族优秀文化的有益实践和具体体现，对传播中国文化、促进世界文化交流与合作具有重大而深远的意义。这部文库翻译和出版质量之高，反映了我国的出版水平。"胡锦涛主席 2006 年 4 月对美国进行国事访问时，曾向耶鲁大学赠送《大中华文库》中的《论语》《礼记》《墨子》等图书。

这一对外传播中国文化的宏大出版工程，有着不可忽视的重要历史价值。第一，《文库》敏锐地捕捉到了世界文化发展的新动向，顺应了世界文化发展的潮流和趋势。随着中国经济实力的不断提升，综合国力的进一步增强，莫言、余华、毕飞宇等一批汉语作家在国际文坛上获得广泛认可，引起了国际社会对中国文学和中国文化的兴趣。而中国文化所反映出的中国精神植根于中国文化典籍，《文库》就包括了这些文化典籍和著作，因此这一出版工程在启动时就带有前瞻性，顺应了当下海外希望了解中华文化的发展潮流和趋势。应该说，海外读者要想真正了解中国文化，就会有走近中国文化的源头的兴趣，去阅读中国文化典籍，而他们在阅读中国文化典籍时，语言是他们首先需要跨越的障碍。他们在语言水平不能完全达到的情况下，通过阅读准确而精当的译本，而不是删减改编的译本，有助于他们更加准确全面地了解中国文化。可以说，在世界希望了解中国文化的需求不断增长的今天，且文化经典的翻译本身就需要相对较长的时间，这套书的出版从现实角度看是适逢其时，从历史的角度来看是意义深远。季羡林先生 1995 年在谈到《文库》时说，这一翻译出版活动是"送去主义"，把中国文化的精华送出去，惠及全世界，并预见这套书对中国文化的外传，特别是在海外非英语世界的传播，必将起到重要的推动作用①。从

---

① 季羡林.从《大中华文库》谈起.群言,1995(8):34.

当今世界文化发展的趋势来看,《文库》确实顺应了世界文化交流与发展的潮流,正在为中国文化的域外传播起到至关重要的助推作用。

第二,"中国选择"和"中国阐释"是构建系统的中国文化价值观的基础。中国文化经典丰富,《文库》通过组织中国的学者和专家选择具有代表性的作品进行翻译,构建一个系统的中国文化宝库,这里面既包括儒家思想、道家思想、佛教思想典籍,也包括重要的文学、科技、军事、历史典籍,它们都是中国文化的源头和结晶。就"中国选择"而言,通过文本的选择,体现的是中华文化的价值观,中国人依照自己的价值观念,选择本民族文化的经典著作进行推介,有助于系统全面地反映中国文化的精髓,对于其他国家与民族译介中国文化,可以起到引导与示范的作用。而"中国阐释",则是以对中国文化精髓准确的理解为基础,保证传译的准确性。就目前阶段而言,在中国文化尚处于弱势的情况下,我们不无遗憾地看到,在西方,对中国文化及中国作品的解读,可能会出现刻意的曲解。有翻译研究者近来研究了台湾地区著名作家朱天文的成名作《荒人手记》和葛浩文、林丽君夫妇翻译的英文本的伴生文本之后,发现出版葛氏夫妇译本的美国哥伦比亚大学出版社为了迎合美国的意识形态,在书的宣传页上极力想凸显台湾的地缘政治位置和现实生存状态,并对这本以同性恋为主题的小说进行了较为明显的政治化阐释与评价①。可见,"中国选择"和"中国阐释"是现阶段向海外传播中国文化的必要举措。从《文库》的具体实施情况看,《文库》约请了专家学者撰写导读,对其中的一些典籍还做了必要的注疏并进行了语内翻译,然后要么选择已有经典旧译,或

---

① 朱玉彬,陈晓倩.翻译中可变之"门"——《荒人手记》及其英译本的伴生文本.学术界,2015(2):149-158.

者另寻译家进行新译,从而形成最具有民族性的中华文化双语读本,向读者传播原汁原味的中国文化,应该说具有积极的意义和无可替代的价值。

第三,《文库》对于国内高水平翻译人才和语言服务人才培养具有不可忽视的价值。随着全球化进程的不断加快,国际交流日益频繁,翻译需求迅速增多,国内对高水平翻译人才的培养越来越重视。《文库》的翻译工作,实际上锻炼并培养了一批优秀的中译外人才。几年前,杨宪益先生离开我们时,国内翻译界曾有学者提出"杨宪益之后,中国文化如何在全球传播"的问题,在强调杨宪益先生翻译功绩的同时,从多个角度考虑文化的实际传播。这样的思考,笔者是赞同的。但《文库》工程自启动以来,并不只是埋头翻译与出版,不问传播与接受。事实上,随着《文库》工程的不断推进,《文库》工作委员会一方面强调翻译的质量,《文库》中的作品要么是精选翻译名家的经典旧译,要么是邀约中外翻译家对一些作品进行新译后经过严苛的中外文校核方才付梓,其翻译质量和出版质量得到相对的保证,可以成为外语学习者学习汉译外时的译文范例。另一方面,也不断增强对外传播与接受的意识,做好《文库》的对外推广与传播工作。事实上,在参与《文库》的翻译工作中,一些年轻翻译家得以不断积累经验,提升水平,逐渐成长为翻译名家,其翻译的中国文化典籍被国外重要的或主流的出版社接受并出版。如承担《文库》翻译的中年学者王宏教授、傅惠生教授(《易经》译者)、朱源教授(《紫钗记》译者)等已成为典籍英译界知名专家。苏州大学的王宏教授更是先后主持英译了五部《文库》作品:《梦溪笔谈》《明清小品文》《国语》《山海经》《墨子》。其中《梦溪笔谈》《明清小品文》《国语》《墨子》均属首次全文翻译。全英文版《梦溪笔谈》《明清小品文》后来被英国帕斯国际出版社(Paths International Ltd.)选中,于 2011 年和 2013 年在全球出版发行。

这些作品到底命运如何？笔者在 2014 年 2 月 28 日《苏州日报》对王宏教授的一篇题为《王宏：翻译的烦恼和快乐来自不同文化的碰撞》的访谈中，读到了王宏教授本人的回答："要查询《梦溪笔谈》的英文全译本出版后的情况，最简捷的方法就是利用谷歌进行搜索。我于今年 2 月 14 日在 google. com. hk 查询了一下，双引号键入《梦溪笔谈》的英文 'Brush Talks from Dream Brook'，只用时 0. 31 秒就得到 12 万 6 千条结果，这说明《梦溪笔谈》英文全译本已经享有很高的国际关注度。再搜亚马逊网站，则发现英国帕斯国际出版社在 2011 年出版《梦溪笔谈》英文精装本后，又于 2014 年出版了《梦溪笔谈》英文平装本，这说明《梦溪笔谈》的英文全译本销售情况很好。帕斯国际出版社社长保罗先生在其网页上把《梦溪笔谈》的英文全译本称为'中国科技发展史上的重要代表作' (an important masterpiece in the history of Chinese scientific and technological development)。我又搜索了包括牛津大学、剑桥大学、哈佛大学、耶鲁大学、哥伦比亚大学、斯坦福大学等几十所英美著名大学图书馆的网站，发现它们的馆藏里都有《梦溪笔谈》英文全译本，有些大学图书馆有收藏，下属学院图书馆也有收藏。我还在网上读到英美硕士生在读完《梦溪笔谈》英文全译本以后，以《梦溪笔谈》反映的中国古代科技为题目写出的系列论文等。这些都说明《梦溪笔谈》的英文全译本已经真正走向了世界并起到了传播传统中国文化，弘扬中国古代科技成就的作用。作为《梦溪笔谈》的英译者，我看到这些信息感到很高兴。"笔者读到这样的信息，比译者本人更高兴，因为这样的例子，并非特例，恰恰说明通过王宏教授这样的一批优秀的中国译家实实在在的努力，在国内外译家的合力助推下，中国文化典籍在域外的传播才成为可能。

当然，我们清醒地知道，《文库》系列图书的翻译与出版发行，并非是我们对外传播中国文化活动的全部与终结，如何避免这些双语对照的中国文化经典读本在出版之后被"束之高阁"或"无人问津"的命运,是我们必须面对的重要课题。美国国家智库亚洲研究专家贝茨·吉尔博士和黄严忠博士 2006 年在共同撰写发表的《中国"软实力"资源与局限》一文中指出:"就文化吸引力而言,中国虽然资源丰富,但应该承认,她未能有效地推销自己的文化产品。"①因此,《文库》的出版仅仅是提供了中国文化对外传播的一种参照性双语文本,我们还要花大力气推介这些文化产品。在这一过程中,众所周知,翻译是一种困难复杂的跨文化交流活动,要将代表中国文化精髓的典籍准确翻译成外文,会遇到多方面的障碍,译作出版值得庆贺,但是译作问世,仅仅是我们对外传播中国文化的另一个新开端。《文库》今后若想走得更远,真正达到准确、全面、系统地传播中国文化精华的目的,除了继续抓好图书的翻译质量与出版质量、邀请国外汉学家加入翻译与审校阵营之外,还必须采取积极的措施,在以下几个方面做出努力。

首先,加强与国外著名出版机构和国外书商的合作,为《文库》图书在海外获得更多读者开辟渠道。每个国家都有一些具有影响力的人文作品出版社,这些出版社出版的图书,在读者心中具有相对来说更大的吸引力。如果能够加强与他们的合作,通过出售图书版权或者联合出版等形式,我们就能够借助这些海外出版机构的发行与销售渠道,让《文库》图书走出国门,获得更多海外读者的关注。现在随着新媒体的发展,越来越多的图书在电子商务平台上出售,《文库》图书也可以直接进入相关国家电子书商的销售平台,让更多的外国读者有机会去购买这些图书,助推《文库》真正切实有效地走向世界。我们还可以考虑推出《文库》的电子版,通过

---

① Gill, B. & Huang, Y. Z. Sources and Limits of Chinese "Soft Power". *Survival: Global Politics and Strategy*, 2006, 48(2):27.

电子书销售平台,比如亚马逊公司在各国网站的 Kindle 书店,扩大海外读者接触到《文库》图书的机会。

其次,围绕《文库》作品,借助改革开放以来我国在教育领域所建立的国际合作途径,与国外高校和学术机构举办中国文化专题学术研讨会和报告会,探讨中国文化,扩大中国在国外的影响力。这里,不仅要关注英语世界,更需要关注法语、德语、西班牙语、俄语、阿拉伯语等世界。德国一些学术机构经常举办文学作品朗诵会,邀请作家本人公开朗诵其本人写作的作品,或者邀请学者就自己的研究对象取得的最新研究成果做学术报告,这些作品和报告的内容不局限于德国的文学作品,还包括世界各个国家和地区的作品。这一活动旨在促进德国文学与他国文学的交流,从而促进世界文学的发展。很多中国作家都受益于此,他们的作品通过朗诵会扩大了在国际文坛的影响。此外,不少人也都有这样的亲身体验,他们可能对一个作家或者某部作品不了解,而听过某位学者专家或者作家本人的报告之后,就萌生了对这个作家或这部作品的兴趣,进而想购买该作家的作品深入阅读。由此观之,我们需要创造译本接受的小环境。这里需要指出,每个文本接受的小环境并不是彼此孤立的,而是互相联系的,外国读者听了关于老子的报告,可能进而会对庄子感兴趣,甚至对中国道家思想以及与之有关联的佛教思想和儒家思想感兴趣。可见,这种创设接受语境的方式,是弱势文化输入强势文化的一条重要途径。

第三,采取有效措施,主动宣传与推介《文库》图书。文化作品的对外译介与传播是一个长期而复杂的过程,我们需要不断拓展交流途径,系统地向国外介绍中国文化。实际上,在全球化的进程中,各个国家都非常重视自己文化的对外推广工作,美国如此,欧洲国家也如此。如法国政府,多年来一直采取积极措施,利用学者讲学和文化交流的机会,积极推广。就笔者所知,法国驻中国大使馆与法语联盟,每年都会资助数十位法国作家、艺术家、教授到中国讲学与交流。这方面,有很多成果经验值得借鉴。如在哲学领域,我们知道冯友兰先生通过他的《中国哲学简史》,对中国哲学思想在国外的传播起到了重要的作用。事实上,冯友兰先生的《中国哲学简史》最初是他在美国宾夕法尼亚大学讲授中国哲学的英文讲稿,后来结集成书出版①。如果当时没有冯先生通过授课的方式进行宣传,这本书恐怕无法得到诸多海外学者的广泛认可,更谈不上中国哲学思想的传播了。就我们所在的翻译理论界而言,长期以来西方翻译理论界一直认为中国没有系统的翻译理论,后来香港浸会大学张佩瑶教授编译出版了《中国翻译话语英译选集(上册):从最早期到佛典翻译》②,并在国际翻译界的顶级刊物《译者》杂志编辑专号③,系统介绍中国的翻译思想和翻译话语系统,其作用是非常明显的。由此可见,《文库》作为中国文化的载体,需要有人主动去宣传。宣传者可以是译者本人或译作研究者,他们利用去国外开会或者授课的机会,向海外学子介绍自己的翻译成果或研究成果;宣传者也可以是国学家,他们与翻译家合作或在海外撰写书评,或举办中国文化研讨会,目的就是向海外读者宣介中国文化的精髓。我国现阶段已在全球范围内广泛建立了孔子学院,这是推动汉语国际教育、宣传中国文化的重要机构,它与法国的法语联盟、英国文化教育协会、德国的歌德学院和西班牙的塞万提斯学院一样,都是宣介人类优秀文化的非营利性机构。孔子学院的教师除了教授汉语和介绍中国文化之外,还可以通过这些双语对照

① 冯友兰.中国哲学简史.赵复三,译.北京:三联书店,2009(前言).

② Cheung,M. *An Anthology of Chinese Discourse on Translation* (*Volume 1*): *From Earliest Times to Buddhist Project*. Manchester: St. Jerome, 2006.

③ Cheung,M. (ed.). Chinese Discourses on Translation. *The Translator* (*Special Issue*), 2009: 223-278.

的中华文化经典读本,鼓励所在国的年轻人阅读,甚至可以使用所在国语言,从《文库》相关双语读本撷取有关部分,向海外学子介绍中国文化的精髓,激发他们深入了解中国文化和现代中国的兴趣。

总而言之,中国文化的对外译介与交流,有助于丰富世界文化,维护文化的多样性。"翻译活动是一种以符号转换为手段、意义再生为任务的一项跨文化的交际活动。"①《文库》代表着中国声音,是中外文化交流的桥梁,它有着重要的现实价值与深远的历史意义。目前,《文库》的翻译与出版还在继续,而且《文库》的图书选题还保持了一定的开放性,总编辑杨牧之先生希望今后尽快将图书选题扩展到现代和当代的一些作品上②。我们期待作为"中国选择"和"中国阐释"的《文库》,与"外国选择"和"外国阐释"的中国文化和文学作品形成更多的互补,从而让中国文化在异域文化中走得更远,更好地促进全世界不同民族文化的交流与发展。

本文系与许多博士合作撰写,原载《外语教学理论与实践》2015年第3期

---

① 许钧.翻译论(修订本).南京:译林出版社,2014:50.
② 杨牧之.国家"软实力"与世界文化的交流——《大中华文库》编辑出版启示.中国编辑,2007(2):26.

论翻译批评的介入性与导向性

——兼评《翻译批评研究》

20 世纪 90 年代,当中国翻译研究步入发展期,笔者曾有感于翻译基础理论的长足进步与翻译批评的相对薄弱,就翻译批评研究的重要性提出了自己的看法,同时在翻译批评的实践层面,就"太活"与"过死"的两大批评倾向提出了批评,呼吁加强翻译批评在实践与理论两个层面的建设。二十多年过去了,情况已经有了相当的改观,但相对于新时期翻译教学、翻译史和中国文学对外译介研究领域的活跃程度,翻译批评仍然显得活力不足,暴露出理论发展缓慢与实践缺乏在场两大问题。这些问题的存在,国内翻译批评界应该充分予以重视,就翻译批评的理论建设与实际工作展开深入的思考与探索。正是在这样的背景下,我们欣喜地看到了南京大学刘云虹教授的新著《翻译批评研究》。在这部学术著作中,一方面,我们可以看到对于翻译批评研究长期发展滞后原因的探究,另一方面,我们更能看到作者如何"立足于翻译批评的现状,关注翻译、翻译理论与翻译批评之间的关系,关注翻译批评理论途径的建构,在较为系统地论述翻译批评的本质、价值、标准、原则、功能、精神与视野的基础上,着力探讨以文本意义、翻译过程和译者主体性为核心概念的翻译批评的意义研究途径,同时注重翻译批评理论与实践的结合与互动,力求探寻、展现并深化翻译批评在理论与实践两方面所具有的建构性价值"①。该书作者就翻译批评展开的实践性反思与理论性探索具有很强的针对性,本文拟结合作者近十年来在翻译批评领域进行的研究与她在新著中提出的一些理论新见,尤其是结合她在翻译批评研究中所表现出的立场、视野与价值观,就翻译批评的介入性与导向性提出自己的一些看法,求教于翻译批评界的同仁。

一、翻译批评的介入性

翻译批评,就其本质而言,首先是具有实践性,是针对翻译活动展开的评价性、反思性活动。依据法国翻译理论家安托瓦纳·贝尔曼的观点,翻译批评的主要目的在于拓展翻译的可能性。在这个意义上,翻译批评的首要任务就是要介入翻译实践,就翻译实践展开的动机、方法、质量等进行评价、检视、批评。因此,翻译批评的介入性,是其本质的要求。然而,我们却非常遗憾地看到,在新的历史时期,在经济全球化和文化多元化的背景下,当翻译扮演着越来越重要而独特的角色时,翻译的质量却越来越堪忧,一如《翻译批评研究》一书作者所言:"令人担忧的是,低劣的翻译质量、浮躁的翻译风气、沉沦的翻译道德、青黄不接的翻译人才以及不健全的翻译出版机制,这一切仿佛令翻译的繁荣背负了无法挣脱的'虚假'之名,不断遭受媒体和读者的质疑与拷问。"而对于这样的局面,翻译批评界理应有清醒的认识:"对于种种翻译危机的出现,以维护翻译事业的健康发展、保证翻译价值的实现为使命的翻译批评恐怕是难辞其咎的。"②认识与把握翻译实践中所出现的种种

---

① 刘云虹.翻译批评研究.南京:南京大学出版社,2015:3.
② 刘云虹.翻译批评研究.南京:南京大学出版社,2015:261.

问题,明确翻译批评理应承担的责任,这无疑可以使我们进一步认识到翻译批评"缺席"与"失语"的危害性,进而促使我们对翻译批评应有的介入性加以深入思考。

首先,翻译批评的介入性应体现在对翻译实践中重大问题的把握。翻译批评的对象往往是具体的翻译文本,但翻译文本的生产与传播则不限于语言层面的转换。"翻译作为一种跨文化的交流活动,其社会性和文化特质是不言而喻的,也就是说,无论何种形式、何种目的的翻译都必然在一定的社会文化语境中进行,而从翻译的选择到翻译的接受这一翻译活动的整个过程都必定深受该语境中所涉及的各种因素的影响和制约。"[①]鉴于此,仅仅局限于文本对比、理解与再表达的偏误进行评价的翻译批评恐怕难以真正担负起翻译批评的介入使命。介入不应是盲目的,也不应是短视的。要克服翻译批评常见的这两种毛病,笔者曾在不同场合提出两条原则:"一是翻译批评要坚持历史发展观,对翻译现象、翻译事件和具体文本的批评要从历史出发,将之置放于一定的历史环境中去考察;二是翻译批评要坚持文化观,要有一种宏大的文化视野,从文化交流的高度去评价翻译史和具体翻译活动中的一些重要问题,如翻译选择、文化立场、价值重构等。"[②]坚持历史的发展观和文化观,无疑有助于我们去发现,进而去把握翻译活动中的重大问题,对涉及翻译价值、翻译伦理、翻译立场乃至翻译标准等原则问题做出理性的评价。在这一方面,作为翻译批评研究的学者,刘云虹以其敏锐的理论意识和坚定的介入立场,善于在翻译历史中去捕捉事关翻译价值与功能评价的重大问题展开思考与研究,并以中国翻译史上具有代表性的两位翻译家的翻译选择、方法与

① 刘云虹.翻译批评研究.南京:南京大学出版社,2015:31.
② 许钧.翻译论(修订本).南京:译林出版社,2014:288.

价值为例,身体力行地展开翻译批评。这两位翻译家,一位是主张"活译"的林纾,其翻译的小说不乏增添、删节、改译与谬误之处。另一位是中国新文化运动的伟大旗手、主张"硬译"的鲁迅,其翻译的小说在当时被贬为"佶屈聱牙"。如果单从翻译的语言转换这一层面出发,对这两位翻译家的翻译活动进行检视与评价,势必会做出"否定性"的批判。然而,基于对翻译活动本质的理解,对两位翻译家所处时代的社会、文化语境的细致分析,对两位翻译家不同的翻译动机与翻译选择的深刻审视,刘云虹一方面有力地说明了"传统的文本比较批评虽然能够就语言层面对译作的得失做出详尽、细致的分析和评判,却因缺失了对文化、社会等文本外因素的深入考察而难免流于片面,无法彰显翻译批评应具有的评介翻译作品、解析翻译现象、引导翻译实践等多重功能"①;另一方面则从历史与文化的高度,对林纾和鲁迅的翻译价值做出了肯定性的评价,指出"正是在翻译救国新民、翻译振兴中华民族、翻译重构文化的不同目标与理想下",林纾与鲁迅"在各自的翻译中做出了不同的选择",为促进中华文化的发展做出了重要贡献②。

其次,翻译批评的介入性应体现在对翻译实践中不良倾向的斗争与批评。在新世纪之初,笔者曾在《中国图书评论》撰文《翻译的危机与批评的缺席》,就当时中国译坛出现的种种危机提出了自己的看法,指出:"面对昌盛的翻译背后潜藏的重重危机,翻译批评界对重大的现实问题缺乏应有的警觉,对译界不良风气少有批判,对翻译图书质量问题几乎不闻不问,从理论的高度上说,这是对翻译事业不负责任的表现。翻译批评的失语与缺席,对翻译事业的健康发展无疑是不利的。"③十多年过去了,这种状况是否得到了

---

① 许钧.翻译论(修订本).南京:译林出版社,2014:155.
② 许钧.翻译论(修订本).南京:译林出版社,2014:166.
③ 许钧.翻译的危机与批评的缺席.中国图书评论,2005(5):15.

改观？换句话说，笔者当初所指出的各种危机是否引起了我国翻译批评界的重视，有关问题是否得到解决呢？我们知道，进入21世纪以来，中国翻译界出现了新的动向，"译出"问题受到了前所未有的关注。随着中国国力的增强，中国文化"走出去"的呼声越来越高，在这一背景下，目前翻译批评界是否关注到一些新的问题或新的倾向？刘云虹是国内翻译批评界少数几位对新时期翻译批评的现状始终加以密切关注、对中国文化"走出去"这一新的历史语境下翻译批评应该担负的责任有着清醒认识的学者之一。她不无担忧地看到："目前看来，翻译批评的现状并没有发生改变，面对目前中国文学、文化'走出去'战略下翻译承担的重要历史使命、面对翻译在这一时代背景下遭遇的新问题与新挑战，翻译批评仍然几乎处于缺席与失语状态，没有对翻译的重要现实问题给予切实的关注，没有对翻译界和文学界存在的某些模糊认识甚至错误观点及时加以引导与澄清，也没有从理论层面针对'中译外'这一新的翻译形式下翻译的标准与价值观等根本性问题进行重新审视。"①对这一基本判断，笔者是十分认同的。正是基于这一认识与判断，刘云虹提出，为推进中译外事业的健康发展，为促进中国文学、文化更好地"走出去"，翻译批评应当以实际行动切实改变目前的"不力"状况，勇敢地承担起"批评"应尽的责任。②

勇敢地担负起批评应尽的责任，这正是翻译批评的介入性的重要体现。就上文所提及的在新的历史语境下，如何与翻译实践中的不良风气或倾向做斗争的问题，我们认为，首先应该对新的语境中翻译所存在的问题有清醒的认识。在这一方面，翻译批评界应该切实展开思考。在笔者看来，当前的翻译界，存在以下几个方

① 刘云虹.翻译的挑战与批评的责任——中国文学对外译介语境下的翻译批评.中国外语,2014(5):91.
② 刘云虹.翻译批评研究.南京:南京大学出版社,2015:295.

面值得警惕、值得思考，也应该展开批评的严重问题：一是翻译的价值观混乱；二是翻译批评缺乏标准；三是缺乏翻译的质量监督体系，翻译质量得不到保证；四是在中国文化"走出去"的战略实施过程中，存在着浮躁的心理；五是翻译文本的选择缺乏规划，表现出很大的盲目性；六是中国文化与文学对外译介有急功近利的倾向；七是翻译市场不规范，翻译从业人员资格制度缺乏法律保障；八是文学翻译中抄译、拼凑现象严重。上述八个方面的问题，有的是多年来始终存在的老问题，有的则是在新形势下暴露出来的一些具有倾向性的问题。翻译批评界应当予以高度重视，以积极介入的姿态展开批评。

再次，翻译批评的介入性应体现在对翻译方法或模式所反映的翻译观与翻译价值观的反思与批评之中。在新的历史时期，翻译的走向发生了根本性变化，由一个世纪多以来以"外译中"为主导的单向性翻译转变为"外译中"与"中译外"并举的双向性翻译。从目前的走势看，"中译外"将会持续受到各方的关注。除了这一重要转变之外，随着全球化进程的加快，翻译活动空前活跃，无论是翻译内容、翻译方法还是翻译工具等都发生了变化。有学者提出，在新的历史时期，针对翻译界发生的种种变化，应该重新定义翻译，进而转变翻译观念。正是在这样的重要历史转变过程中，我们不无遗憾地看到，围绕着翻译是什么、翻译应采取怎样的方法或模式等涉及翻译观、翻译标准或翻译价值观的重大问题，学术界出现了一些模糊甚至错误的观点，如文学批评界针对莫言获奖而对葛浩文的翻译展开的批评中出现的翻译是"象征性文本"、是"影子"等论点，又如某些媒体宣扬的"好的翻译可以'连译带改'"等观点。① 这些观点的流行极大地影响了普通民众对翻译的认识，也在很大程度上干扰或影响了翻译实践活动和翻译评价活动。在这些事关翻译观与翻译价值观的大是大非问题前，我们的翻译批评界不能听任这些观点似是而非地到处传播，对这些观点所涉及的根本性问题视而不见。作为一个翻译批评学者，理应保持理论的敏感，并以开阔的视野密切关注学界的动向，就一些原则性问题展开研究、介入批评，一如刘云虹所明确指出的："针对部分学者提出的在中国文学对外译介语境下'要尽快更新翻译观念'并据此对翻译的忠实性原则提出质疑的观点，翻译批评应当理性地加以辨识，避免某些绝对化的理解和认识。"②同样，针对翻译界对《红楼梦》的两个具有代表性的英译本的不同评价及其折射的不同观点，"翻译批评应以敏锐的学术目光，及时发现问题、引导翻译界从译本的可接受性角度对中国文学对外译介展开进一步的思考，力求从理论层面澄清问题、深化研究，进而有效地促进'中译外'翻译实践的开展"③。从大的方面讲，当"何为翻译"的概念不清时就去功利性地评价"翻译何为"，显然会导致盲目的评价。在这个意义上，翻译批评在涉及翻译是什么、翻译价值是什么等根本问题上的介入立场，一方面要求翻译批评学者具有高度的理论敏感意识，另一方面则要在一些错误性甚至危害性的错误观点面前具有明确的立场，从理论高度展开分析、评价乃至批判。

---

① 刘云虹,许钧.文学翻译模式与中国文学对外译介——关于葛浩文的翻译.外国语,2014(3):9-11.

② 刘云虹.翻译的挑战与批评的责任——中国文学对外译介语境下的翻译批评.中国外语,2014(5):92.

③ 刘云虹.翻译的挑战与批评的责任——中国文学对外译介语境下的翻译批评.中国外语,2014(5):92.

二、翻译批评的导向性

近二十年来,国内在翻译批评的理论建设方面有过不少努力,就翻译批评的基本概念、原则与依据、路径与方法等展开过积极探索。杨晓荣的《翻译批评导论》、王宏印的《文学翻译批评概论》、文军的《科学翻译批评导论》、肖维青的《翻译批评模式研究》等著作是国内翻译批评研究的重要收获。在这些著作中,我们或多或少都可以看到对翻译批评基本功能的探讨。在上文中,我们对翻译批评的介入性进行了讨论与分析,如果说翻译批评的介入性是翻译批评活动的本质诉求,那么翻译批评的导向性则是发挥翻译批评功能的根本保证。

在《翻译批评研究》中,笔者特别注意到该书作者在论述贝尔曼的翻译批评理论时写的一段话:"贝尔曼为翻译批评带来了'建构'的观念,他一再重申,'否定'并非翻译批评应有的姿态,简单的摧毁性工作无法承载翻译批评的意义,也无益于实现翻译批评的目标与价值。翻译批评在有所'破'的同时必须有所'立',即建构或曰开启一个复译的空间。"①"破"与"立"揭示了翻译批评的两大任务。翻译批评的介入性在实践层面承担着重要任务,面对不良的风气与倾向,必须有"破"的勇气与"破"的行动,但同时,这种介入性又始终与导向性紧密相连,以理论的敏感,针对重大问题,发出批评的声音,在批评中拓展翻译的可能性,引导翻译向健康的方向发展。就此而论,翻译批评的导向性又体现在理论层面的构建或创新。在贝尔曼看来,翻译批评应该是自省的、自治的,有自身

---

① 刘云虹.翻译批评研究.南京:南京大学出版社,2015:95.

的方法论,更应有拓展翻译可能性的追求①。

关于翻译批评的导向性,国内译学界有过一定的思考,但对其重要性认识不足。在《翻译批评研究》这部新著中,刘云虹对翻译批评的导向性展开了深入探究,在该书的第六章,作者强调了翻译批评对读者的引导功能以及翻译批评的理论研究与建构功能。在笔者看来,这三种功能,可以说是翻译批评导向性的重要体现。《翻译批评研究》的作者没有囿于对这三种功能的简单揭示,而是始终秉承翻译批评的介入立场,以高度的理论敏感性对国内翻译场中所出现的重要翻译批评个案进行理性审视,进而考察翻译批评个案所蕴含的建构力量,力求最大程度地发挥翻译的导向性。高度的理论意识往往催生自觉的批评行动。刘云虹在《翻译批评研究》第九章"从批评个案看翻译批评的建构力量"中这样写道:"翻译批评的价值和力量究竟何在? 不妨让我们把目光转向历史史实,从实际发生的翻译批评事件中去寻找答案。"正是在这一指导思想的促动下,她选择了翻译批评史上三个有代表性的批评个案为考察对象,即围绕《堂吉诃德》杨绛译本的交锋、关于村上春树汉译的讨论以及《光明日报》以"构建与世界的通道"为题就翻译质量问题进行的系列报道,"试图通过对事件的形式、内容、对象、目标、价值的深入分析,揭示翻译批评对翻译理论与实践的建构力量,并力求在客观评价翻译批评的基础上促使其朝向更科学、有益的方向发展"②。对翻译批评的批评,充分体现了翻译批评的理论自觉与导向功能,其意义是多重的。通过对具有代表性的翻译批评个案的分析、反思与研究,刘云虹揭示了翻译批评活动所隐含的批评精神、批评视野、批评标准和批评价值,从多个层面展现了翻

① Berman, A. *Pour une critique des traductions*: *John Donne*. Paris: Gallimard, 1995: 45.

② 刘云虹. 翻译批评研究. 南京:南京大学出版社,2015:262.

译批评的构建与导向力量①,值得我们特别关注与思考。

要发挥翻译批评的导向性,首先必须正确把握翻译活动的本质特征。评价翻译活动,需以理解翻译活动为前提。正确理解并全面把握翻译的本质,为翻译定位,建立科学的翻译观,这无疑是翻译批评的基础。有关翻译的本质,近期学术界有比较深入的讨论,谢天振、王宁、廖七一等学者在不同场合发表了重要见解。在笔者看来,有两点特别重要:一是"符号的创造、使用与转换,是人类存在的一种根本性的方式,经由转换的符号性创造,拓展的是人类的思想疆界,促进的是人类各民族文化之间和各种形态的文化成果之间的交流与发展。通过翻译,人类的文化得以在空间上不断拓展,在时间上不断延续"。二是"翻译活动在人类历史上一直持续存在,其形式与内涵不断丰富,与社会、经济、文化发展相联系,这种联系不是被动的联系,而是一种互动的关系,一种建构性的力量。因此,从这个意义上来说,翻译是主导世界文化发展的一种重大力量,对翻译的定位与定义应站在跨文化交流的高度进行思考,以维护文化多样性为目标来考察翻译活动的丰富性、复杂性与创造性"②。我们坚持认为,如果没有对翻译活动的正确理解与把握,就难以对翻译活动进行正确的评价。关于这一点,《翻译批评研究》的作者有着清醒的认识,也认同笔者的观点:"翻译批评的开展应立足于对翻译的本质与价值的理解和认识,即'建立一定的翻译价值观是进行翻译批评的基础'。"③鉴于此,以翻译的本质特征为基点,建立翻译价值观,进而为翻译批评提供理论基础与评价依据,也就成为发挥翻译批评导向性的重要保证:"翻译价值观的最终形成,有赖于我们对翻译本质的认识,也有赖于我们对翻译目

---

① 刘云虹.翻译批评研究.南京:南京大学出版社,2015:282.
② 许钧.关于新时期翻译与翻译问题的思考.中国翻译,2015(3):8-9.
③ 刘云虹.翻译批评研究.南京:南京大学出版社,2015:14-15.

的、翻译过程、翻译方法和手段的把握以及我们对翻译结果的分析与判断,但反过来又为我们更进一步认识翻译的作用,把握翻译过程,正确地采取翻译方法和手段,更有效地发挥翻译之用,提供了价值判断依据,更为我们对翻译活动进行宏观与微观、外部与内部的批评提供了价值参考。"①

要发挥翻译批评的导向性,其次必须坚持翻译的价值导向。从翻译的本质出发,笔者曾系统考察过翻译的价值体现,提出了翻译活动的五个方面的重要价值:社会价值、文化价值、语言价值、创造价值与历史价值。评价翻译活动,就是在根本上把握其是否在上述方面发挥了翻译活动应有的作用、实现了翻译活动应有的价值。就翻译批评的根本任务而言,只有树立正确的翻译价值观,才有可能从社会发展、文化交流、思想传播的高度去衡量具体的翻译活动的价值取向及其实现过程。当下的翻译批评大多集中于对翻译方法的评价,且这种评价又往往止于语言的转换层面,即使有所突破,也常以读者和市场的接受为考察标准。进入新时期以来,当"翻译在中国文学对外译介语境下遭遇来自学界的种种疑问和质疑,关于翻译的问题甚至被文学评论界借以质疑某些作家的创作以及中国文学'走出去'的价值和意义"的时刻,我们的翻译批评界"应当一方面在密切关注现实的基础上表明立场,切实发挥批评的导向作用,另一方面加强理论意识,通过对问题和事件的探寻与思考,深化翻译理论研究"②。在坚持翻译的价值导向方面,我们的翻译批评界长期以来忽视或者说轻视了一个重要的方面,那就是翻译的伦理。我们知道,翻译活动是一项具有社会性的活动,社会性的活动必然产生各种关系,而对关系的处理便涉及伦理,"翻

---

① 刘云虹.翻译批评研究.南京:南京大学出版社,2015:17.
② 刘云虹.翻译批评研究.南京:南京大学出版社,2015:301.

译的现象反映的是自己与他者的关系,而伦理,正是对于自己和他者之间合理关系的界定"①。在《翻译批评研究》中,作者在"翻译批评的理论途径"一章中以很长的篇幅讨论了"有助于确立翻译价值观的翻译伦理研究",明确指出:"翻译伦理研究有助于明确翻译活动的本质、确立翻译价值观,而翻译价值观的确立从根本上决定着对翻译价值的追求与实现,也就从根本上决定着翻译批评理论与实践的方向与目标。"②基于这一认识,刘云虹对贝尔曼、韦努蒂与皮姆的翻译伦理思想进行了深入探讨,进而敏锐而准确地提出了在翻译行为中如何处理好"自我"与"他者"的关系、如何保存"异质性"的原则问题。如果依贝尔曼所言,"翻译的伦理行为在于把'他者'当作'他者'来承认和接受"③,那么在刘云虹看来,翻译行为就是"将'他者'作为'他者'向自我的语言空间开放,在异域语言与自身语言之间,进而在他者与自我之间建立一种对话关系,并以对自我的革新与丰富为最终目标"④。以此衡量新时期有关翻译方法或模式的探讨或争论,我们不难看出,翻译方法折射或直接体现的就是翻译的立场,而翻译立场又直接反映了译者的翻译目标与翻译价值观。在近几年围绕葛浩文对莫言作品的翻译而展开的讨论中,表面上是有关翻译方式的讨论,实质上则是翻译的核心价值之争。从对贝尔曼、韦努蒂、皮姆伦理思想的探究,到对葛浩文翻译模式的批评与反思,再到明确阐明文学对外译介应致力于中国文学"异质性"的传达,充分显示了在新的历史时期,刘云虹作为一位翻译批评学者所具有的清醒的伦理坚守与积极的介入立场。

---

① 袁筱一,邹东来.文学翻译基本问题.上海:上海人民出版社,2011:211.

② 刘云虹.翻译批评研究.南京:南京大学出版社,2015:96.

③ Berman, A. *La traduction et la lettre ou l'auberge du lointain*. Paris: Editions du Seuil, 1999: 74.

④ 刘云虹.翻译价值观与翻译批评伦理途径的建构——贝尔曼、韦努蒂、皮姆翻译伦理思想辨析.中国外语,2013(5):85.

实际上,翻译因异而起、为异而生,以维护文化多样性为重要使命的翻译活动,对他者的尊重、对异质性的保留,都是翻译伦理的本质要求。正如贝尔曼所指出的那样,"为了方便阅读而抹去一部作品的异域性,这只能导致对作品的歪曲,并由此导致对读者的欺骗"①。在翻译批评实践中,旗帜鲜明地把对"他者"的尊重、对文学作品"异质性"的维护与传达当作衡量与评价翻译活动或翻译文本的伦理尺度,这在当今的时代具有特别意义。

要发挥翻译批评的导向性,还应该坚持翻译的历史发展观,以辩证、发展的观点评价翻译活动。翻译作为人类跨文化的交流活动,具有悠久的历史,正是通过翻译,"人类社会从相互阻隔走向相互交往,从封闭走向开放,从狭隘走向开阔"②。评价人类的翻译活动,大到翻译潮流,小到翻译作品,首先应该充分认识翻译对人类历史的发展所做的实际贡献;其次要从历史发展的角度看待翻译的可能性。树立翻译的历史观,意味着"一方面,从人类的翻译活动去考察人类历史的发展,另一方面,从历史的发展来看翻译活动的不断丰富的内涵和不断扩大的可能性"③。法国文论家、翻译理论家亨利·梅肖尼克之所以提出"翻译的概念是一个历史概念",他的用意正在于强调"时代可能性"对于翻译活动的制约④。当今世界,随着全球化进程的加快,国际的文化交流日益频繁,翻译活动从来没有像今天这样受到关注,尤其是随着中国文化"走出去"战略的具体实施,翻译日益呈现出其丰富性与复杂性,有关翻译的认识与评价出现了一些值得我们关注与警惕的问题。根据笔

---

① Berman, A. *La traduction et la lettre ou l'auberge du lointain*. Paris: Editions du Seuil, 1999: 73.

② 许钧. 翻译论(修订本). 南京: 译林出版社, 2014: 214-215.

③ 许钧. 翻译论(修订本). 南京: 译林出版社, 2014: 274.

④ Meschonnic, H. *Pour la poétique II: Epistémologie de l'écriture*, *poétique de la traduction*. Paris: Gallimard, 1973: 321.

者粗浅的观察,仅涉及中国文学对外译介,就有两点尤为突出:一是急于求成的浮躁心态;二是功利主义的价值取向。对于这两个方面的问题,刘云虹在《中国文学对外译介与翻译历史观》一文中有详尽分析,并在分析的基础上提出要"从翻译历史观出发,针对目前中国文学对外译介的现状及其中凸显的某种功利主义倾向,一方面要对中国文化'走出去'进程中的'现阶段'有清醒的意识,用更具有现实意义的目光来看待并应对中国文学对外译介中的困惑与问题,另一方面应以辨证的目光更加理性地看待文学译介和传播中的阶段性方法、模式与翻译的根本价值、目标之间的关系,充分认识到,面向一种双向的、平等的因而也才能是真正的文化交流,一个开放而多元的翻译空间仍亟待有效地建立。在这个意义上,历史性、发展性和开放性应是我们在推进中国文学对外译介过程中必须坚持的立场与态度"①。笔者十分认同这一观点。就总体而言,在翻译批评的理论与实践两个方面,坚持翻译的历史观,可以有效地澄清或纠正目前翻译界和文学界流行的一些模糊或错误的观念。在笔者看来,有几点尤其值得关注:一是要从历史发展的角度,看待与评价中国文学对外译介中存在的困难与障碍,坚持开放的立场和双向交流的姿态,促进中外文化与文学的交流;二是要正视历史发展的差异性,尤其是中西文化交流明显不平衡的现实,正确认识阶段性的翻译策略与方法,谋求长远的真正的交流;三是要以辩证的、发展的目光认识翻译与理解翻译,不应把妥协性的权宜之计当作绝对化的恒久价值去追求。以发展求交流,以交流促发展,如是才能有效地发挥翻译批评的导向性。

---

① 刘云虹.中国文学对外译介与翻译历史观.外语教学理论与实践,2015(4):5.

结　语

在上文中,我们针对翻译批评的理论建设与实践状况,就翻译批评的介入性与导向性进行了思考。笔者深切地感到,在新的历史时期,翻译活动呈现出前所未有的丰富性与复杂性,迫切需要翻译批评界以敏锐的理论意识和高度的历史责任感,切实改变长期以来一直存在的翻译批评失语与缺席的状态,以介入的姿态,关注当下翻译面临的重要问题,正视翻译活动中种种不良倾向,发挥翻译批评的警示作用与建构力量。同时,进一步加强翻译批评理论建设,树立翻译批评精神,发挥翻译批评的价值导向和发展导向。一如刘云虹所言,"捍卫批评的尊严、履行批评的职责、实现批评的价值,这是每一个批评者永远的追求与责任"[1]。

原载《外语教学与研究》2016 年第 3 期

---

[1]　刘云虹. 翻译批评研究. 南京:南京大学出版社,2015:282.

阅读傅雷 理解傅雷

——读傅雷翻译有感

　　四十年前,傅雷走了。我是在三十多年前听说过傅雷的。因为学法语,知道了翻译,因为学翻译,知道了有一个翻译家,叫傅雷。三十多年来,傅雷好像一直没有走,没有离开过我。我读傅雷,研究傅雷,一步步接近傅雷,似乎离他越来越近了。

　　在今年 9 月 25 日于傅雷家乡南汇召开的"傅雷著译作品研讨会"上,我说,在我 30 岁的时候,傅雷对于我而言是一部书,一部普通的书,因为那时我只知道傅雷是个做翻译的,他翻译的《约翰·克利斯朵夫》《高老头》等外国文学作品很好读,很有意思。但我记住的只是他译的书,记住的是作者的名字,很少想到翻译这些书的傅雷这个人。在我 40 岁的时候,傅雷对于我而言,是一棵树,一棵常青树。因为研究翻译,我知道了翻译是一种历史的奇遇,是翻译使原作的生命在异域、在异国的文化土壤上得到了延伸与传承。由此而想到傅雷,我想,傅雷和罗曼·罗兰,可谓是一段历史的奇缘。要是没有傅雷,罗曼·罗兰在中国也许不可能拥有那么多知音;是因为傅雷,《约翰·克利斯朵夫》才在中国这块土地上获得了新的生命,像本雅明所说的那样,"获得了来生"。是傅雷这棵译界的常青树,延续了巴尔扎克、梅里美、罗曼·罗兰等法国文学家在中国的文学生命。

由傅雷翻译的书，我开始关注书后的人，关注赋予了原著生命的翻译家傅雷。渐渐地，我懂得了翻译，懂得翻译不仅仅是一种简单的文字转换，而是一种思想的播迁，一种跨文化的交流。等我成长到了 50 岁，傅雷于我而言，已经不仅仅意味着《约翰·克利斯朵夫》《贝姨》《高龙巴》等数百万字的经典译作，也不仅仅是赋予原作生命，使原作生命在中国得到延伸的译界常青树，而是一个人，一个大写的人。围绕着傅雷这个人，我的脑子里经常出现一个个问题：何为翻译？为何翻译？翻译何为？确切地说，对于傅雷而言，翻译意味着什么？傅雷为什么如此专注于翻译？他的翻译到底给中国、给中国读者带来了什么？

带着这些有关傅雷、有关翻译的根本问题，我参加了纪念傅雷逝世四十周年的"傅雷著译作品研讨会"。在会上，哲学家郑涌说，我们如果仅仅从翻译与艺术的角度去评价傅雷是不够的，因为傅雷不仅仅是翻译家，而且是一个思想家，他传播的是思想的圣火，他是"思想圣火传播者永远的榜样"。88 岁高龄的北京大学教授张芝联教授是傅雷生前的好友，他认为，我们对傅雷，关注其翻译的技术层面比较多，但实际上，傅雷是个"文艺家、翻译家"，还是个"政治家、知识分子和心理学家"。要理解傅雷，研究傅雷，必须研究傅雷这个人，研究傅雷所处的时代，和傅雷赖以生存的文化空间。从他们的话中，我感觉到，从对傅雷的翻译的关注，到对傅雷思想的关注，再到对傅雷这个人的关注，可以构成接近傅雷，理解傅雷的不同途径。

要理解傅雷，必须以阅读傅雷为基础。傅雷的书，我读过很多，我读过他的所有译作，还有他的家书。这次会议期间，我有幸读到了当代世界出版社刚刚出版的《傅雷文集·文艺卷》，其中收有傅雷的"小说散文""文艺评论""著译序跋""政治杂评""美术论著"和"音乐论著"。近来又读文集,也许是职业的缘故,我又联想起与傅雷翻译相关的一些重要问题。

对于傅雷而言,翻译意味着什么?傅雷为什么如此执着于翻译?在傅雷文集中,在他为其译作所写的序言、前言或附识中,我们可以找到傅雷本人对这些问题的一个个答案。对于傅雷而言,翻译的意义是多重的。

在黑暗的岁月,傅雷想通过翻译寻找光明。我们知道,1931年,傅雷从法国回国后,虽然满腔抱负,立志要有一番作为,但他性格刚直,愤世嫉俗,委实难以融入那个"阴霾"遮顶的黑暗社会,于是他只得闭门译书,献身于对法国文学的翻译。20世纪30年代初,国内正处于"九一八"事变、军阀混战时期,傅雷有感于许多中国人"顾精神平稳由之失却,非溺于激情而懵懵懂懂,即陷于麻痹而无所作为",陆续翻译了罗曼·罗兰的《贝多芬传》《弥盖郎琪罗传》和《托尔斯泰传》,即《巨人三传》。1934年3月3日,他在致罗曼·罗兰的信中,表达了他翻译的初衷:"偶读尊作《贝多芬传》,读罢不禁号啕大哭,如受神光烛照,顿获新生之力,自此奇迹般突然振作","贝多芬以其庄严之面目,不可摇撼之意志,无穷无竭之勇气,出现于世人面前,实予我辈以莫大启发";"又得拜读《弥盖郎琪罗传》和《托尔斯泰传》,受益良多"[①]。鉴于此番经历,傅雷曾发誓翻译此三传,期望能对陷于苦闷中的年轻朋友有所助益,从中吸取与黑暗社会抗争的勇气和信心。

是在对光明的渴望与找寻中,傅雷与罗曼·罗兰达成了精神的契合。他从罗曼·罗兰的"长河小说"《约翰·克利斯朵夫》中发现了人类生存最基本的元素——爱和当时的中华民族所需要的英雄主义,于是,他投入了更大的热情,翻译了罗曼·罗兰的这部伟

---

① 傅雷,著.傅敏,编.傅雷文集·书信卷.北京:当代世界出版社,2006:462-464.

大作品。在译著的卷首部分,附有原作者的"原序",我们借此可以揣摩出傅雷将这部"贝多芬式的"大交响乐呈现给人们的意愿:"在此大难未已的混乱时代,但愿克利斯朵夫成为一个坚强而忠实的朋友","成为一个良伴和向导","使大家心中都有一股生与爱的欢乐,使大家不顾一切地去生活,去爱!"①不难发现,傅雷是希望以伟大的人道主义精神激起人们对世界的爱,对人生的爱,对一切美好事物的爱。

傅雷想通过翻译寻找光明的强力动机在他为重新翻译的《贝多芬传》写的序言中表现得更为明显。那是在 1942 年 3 月,傅雷重新翻译出版了《贝多芬传》。他认为,"现在阴霾遮蔽了整个天空,我们比任何时候都更需要精神的支持,比任何时更需要坚忍、奋斗、敢于向神明挑战的大勇主义"②。他在"译者序"中写道:"唯有真实的苦难,才能驱除浪漫底克的幻想的苦难;唯有看到克服苦难的壮烈的悲剧,才能帮助我们担受残酷的命运;唯有抱着'我不入地狱谁入地狱'的精神,才能挽救一个萎靡而自私的民族:这是我十五年前初次读到本书时所得的教训。"他要将"所受的恩泽"转赠给比他年轻的一代,借伟人的精神力量,拓展中国人民的精神视野,启迪民心民智,帮助中华民族正视眼前的黑暗,重新振作起来,发扬大无畏的勇气,为挽救和振兴中华而勇往直前。

在举国惶惶、中华民族面临巨大灾难的时刻,傅雷又想通过翻译,给颓丧的人们燃起希望。他在莫罗阿的《人生五大问题》译者前言中写道:"在此风云变幻,举国惶惶之秋,若本书能使颓丧之士蒙蘖若干希望,能为战斗英雄添加些少勇气,则译者所费之心力,

---

① 《约翰·克利斯朵夫》原序.见傅雷译文集(第七卷).合肥:安徽人民出版社,1982:9.

② 傅雷《贝多芬传》"译者序".见:傅雷译文集(第十一卷).合肥:安徽人民出版社,1982:7.

岂止贩卖智识而已哉?"①在这里,我们可以看到,对于傅雷,翻译不是语言技巧的玩弄,不是西方智识的贩卖,更不是如今天的有些人那样,把翻译当作赚钱的营生,干些"抄译"的勾当。

在"现实的枷锁"重压着人生、国人在苦恼的深渊中挣扎时,傅雷则希望通过翻译,给痛苦的心灵打开通往自由的道路。为此,他选择了罗素的《幸福之路》,把它介绍给中国读者。在译者前言中,他写道:"现实的枷锁加在每个人身上,大家都沉在苦恼的深渊里无以自拔;我们既不能鼓励每个人都成为革命家,也不能抑压每个人求生和求幸福的本能,那末如何在现存的重负之下挣扎出一颗自由与健全的心灵,去一尝人生的果实,岂非当前最迫切的问题?"他有感于"人生的暴风雨和自然界的一样多,来时也一样的突兀;有时内心的阴霾和雷电,比外界的更可怕更致命。所以我们多一个向导,便多一重盔甲,多一重保障"②。他翻译此书的目的是非常明确的,那就是希望起到精神向导的作用,给彷徨歧路的国人指一条路,给脆弱的心灵以保护,给禁锢的灵魂以自由。

中华人民共和国成立后,傅雷主要着力于翻译巴尔扎克的小说,这既有主流意识形态的影响因素,也有傅雷的主动追求。他翻译巴尔扎克,是想让善恶颠倒、是非不辨、美丑不分的世界吸取教训。在《夏倍上校》《奥诺丽纳》《禁治产》简介中,傅雷写道:"每个中篇如巴尔扎克所有的作品一样,都有善与恶,是与非,美与丑的强烈对比;正人君子与牛鬼蛇神杂然并列,令人读后大有啼笑皆非之感。——唯其如此,我们才体会到《人间喜剧》的深刻的意义。"③

通过傅雷所写的这些文字,我们可以得到重要的启迪,以更好

① 傅雷,著. 傅敏,编. 傅雷文集·文艺卷. 北京:当代世界出版社,2006:206.
② 傅雷,著. 傅敏,编. 傅雷文集·文艺卷. 北京:当代世界出版社,2006:209.
③ 傅雷,著. 傅敏,编. 傅雷文集·文艺卷. 北京:当代世界出版社,2006:221.

地理解原作,更好地理解其翻译的意义。是的,读傅雷的翻译,理解他翻译的意义,我们不能忽略他翻译的初衷和动机。他的翻译之路,给我们树立了榜样,有助于我们明确新时期的翻译工作目标:为输入优秀的外国文化遗产,弘扬中华民族文化,拓展我国读者视野,振兴中华民族,做出贡献。只有在这个意义上,去理解傅雷的翻译,我们才有可能超越文字和文学的层面,真正认识到傅雷的翻译所具有的文化和思想意义,真正认识到傅雷的生命价值。

2006 年 9 月底

融生命之美于再创作艺术之中

——许渊冲《追忆逝水年华》读后

春节前,收到了北京大学许渊冲先生寄来的回忆录,扉页上有他用法文题给我的一句话,意思是"创造,是无愧于人的唯一乐趣"。

书是北京三联书店出的,为"读书文丛"的一种,装帧很美,书名也很美:《追忆逝水年华》。译林出版社 1991 年推出过法国著名作家马塞尔·普鲁斯特的那部被世界文坛称为"不朽之作"的七卷本巨著,汉译本的书名叫《追忆似水年华》,许渊冲先生是该书的译者之一,与潘丽珍教授合作翻译七卷本最厚的一卷——《盖尔芒特家那边》。两本书的书名只有一字之差:"似"与"逝"。这里面还有一段有趣的故事。记得是在 1987 年 9 月底,全国法国文学研究会在北京大学召开学术讨论会,专门讨论书名的翻译问题。当时与会的人员有两种意见,译家们主张用《追忆似水年华》,而有关的法国文学专家和评论家则主张用《寻找失去的时间》,双方都有理由,各不相让。正当双方意见僵持不下之际,席中的许渊冲先生猛地站起身来,大声道:"我要求用《追忆逝水年华》,若不采用,我退出此书的翻译。"最后不得已采取了表决方式,还是选用了《追忆似水年华》。也许是太喜欢普氏的作品了,许渊冲先生没有退出翻译集体。但他也没有放弃他情有独钟的书名,九年后用在了他的这部回忆录上。

普鲁斯特的《追忆似水年华》不短，译成汉语有洋洋二百多万字，许渊冲先生的《追忆逝水年华》不长，只有精炼的十多万字。这两部书的体裁和写法也不相同，但在我看来主旨却有相似之处。《追忆似水年华》以追忆为手段，借助超时空概念的潜在意识，凭借现时的感觉与昔日的回忆，通过融有嗅觉、味觉、听觉和触觉的文字，立体、交叉地重现似水年华，追寻生命之春。而许先生的《追忆逝水年华》也是以回忆的形式，用简洁而充满激情的笔触，再现他所走的人生道路，重现其生命之美。

确实，读许先生的《追忆逝水年华》，可以感觉到全书尽落在一个"美"字上。他在《序曲》的第一段就明确写道："这本小书就像锦瑟一样，一弦一柱，都在追忆我所见过的'美的身体'，我所听到的或读到的'美的思想'。"于是通过许先生的笔，我们结识了他的中学老师，那位"一身硬骨，宁可杀身成仁，不肯苟安江东"，最后惨遭日寇杀害的汪国镇老师，结识了"当年风华正茂，后来各自走上了不同的道路"，但都卓有成就的中学同学熊德基、贺其治、徐采栋，结识了传播"美的思想"的赵元任、朱光潜、叶公超、钱锺书等一代宗师。从故乡南昌第二中学到昆明的西南联大，从昆明的天祥中学到上海，又到巴黎、牛津，再从英国到北京、张家口、洛阳，最终又回到北京，随着许渊冲的足迹，我们看到了他年轻时代美好的梦想，美丽的爱情故事，更看到了他为创造美而永不停息的人生脚步。

正如他在《追忆逝水年华》首页集的欧美诗哲语所说，"自然给了我们生命，智慧使得生活美好。美就是真，真就是美。美是最高的善；创造美是最高级的乐趣"。一个人来到世界，总要给世界带来一点什么。对许先生来说，无愧于人的唯一乐趣，是创造。而他这一生，无怨无悔地选择了文学翻译。他以这一再创造的艺术，不懈地为世界创造美。请看看新中国成立以来他所走过的翻译道路:50年代翻译英法;80年代译唐宋;90年代领风骚;20世纪登顶峰,即使在60年代"文化大革命"期间受批评,挨皮鞭,他也没有放弃过对美的追求:"一九六六年'文化大革命'爆发,我的译著受到批评;德莱顿是宣扬爱情至上主义,罗曼·罗兰则是鼓吹个人奋斗精神,都是资产阶级思想。那时不受批评的文学作品,只有一本《毛泽东诗词》,而出版了英、法文译文,都把诗词译成分行散文了,读后得不到原诗的美感,于是我就在劳改批判之余偷偷地把《毛诗》译成英、法韵文。有一次在烈日下批斗,又热又累,度日如年;我忽然想起了毛泽东的《沁园春·雪》,就默默地背诵'千里冰封,万里雪飘','惟余莽莽,顿失滔滔',并在心里试把这首词译成英文。说来也许叫人难以相信,我一译诗,就把热、累、批斗全都忘记到九霄云外去了;眼里看到的仿佛只是'山舞银蛇,原驰蜡象',心里想到的只是'略输文采,稍逊风骚';等到我把全词译完,批斗会也结束了。于是我心中暗喜,自以为找到了一个消磨批斗时光的绝妙方法。不料乐极生悲,'造反派'知道了我在翻译毛诗,说我是在歪曲毛泽东思想,是在逃避阶级斗争,抽了一百鞭子,打得我皮青肉肿,坐立不安,他们把'文化大革命'变成'武化大革命'了。幸亏照君把我孩子的游泳圈吹足了气,让我用作坐垫;就是这样,我把全部毛诗,包括当时传抄的作品,都译成了英、法韵文。"①

文学翻译,是许先生的生命,他是把翻译当作历史的使命去完成的。他说,20世纪70年代末,"小平号召到本世纪末,国民生产总值要翻两番。我已经出版了一本英译中、一本法译中,这次又出版了一本中译英、一本中译法,一共是四本。翻一番是八本,翻两番是十六本,加上已出的四本,到本世纪末,我打算出二十本书,这

---

① 许渊冲.追忆逝水年华:从西南联大到巴黎大学.北京:三联书店,1996:224.

样才能挽回中断二十年的损失"。他以超乎寻常的努力，一方面，把精心翻译的外国文学名著献给中国人民，如英国德莱顿的诗剧《一切为了爱情》、罗曼·罗兰的长篇小说《哥拉·布勒尼翁》、巴尔扎克的《人生的开始》、莫泊桑的《水上》、雨果的《雨果戏剧选》、司各特的《昆廷·杜沃德》(合译)、普鲁斯特的《追忆似水年华》(卷三、合译)、福楼拜的《包法利夫人》、司汤达的《红与黑》等；另一方面，他借助自己深厚的中文、法文和英文功底和精湛的译艺，把中华民族的文化精华推向国外，如香港出版的《中国革命家诗词选》(该诗词选"包括孙中山、黄兴、秋瑾、毛泽东、周恩来、朱德、陈毅、叶剑英的旧体诗词，毛的六言诗《彭大将军》，朱的《贺少奇五十寿辰》，还有一首《刘伯承、邓小平将军飞渡黄河》，真可以说是一部中国革命的史诗了")、《苏东坡诗词》一百首、《唐诗三百首》、西安出版的《唐诗一百五十首》、湖南出版的《楚辞》、北京出版的《诗经》《西厢记》《毛泽东诗词选》、英国出版的列入"企鹅古典文学丛书"的《中国古诗词三百首》等英译本，以及北京出版的《唐宋词选一百首》等法译本。拿他自己的话说，"还不到本世纪末，我已经提前完成翻两番的目标"，可他没有停息，现在，以他七十多岁的高龄，他又在"攀登名著复译的高峰"，在复译傅雷先生翻译过的，洋洋百万余言的《约翰·克里斯朵夫》。

许渊冲先生何以有如此的抱负，在文学翻译中倾注他的全部生命？在他的回忆录里，我们找到了答案。他说："英国诗人济慈说过：'美就是真，真就是美。'德国哲学家叔本华更说过：'最高级的善就是美，最高级的乐趣就是美的创造。'如果能把一个国家创造的美，转化成全世界的美，那不是最高级的善，又是最高级的乐趣吗？而翻译文学正是为全世界创造美的艺术。"①

---

① 许渊冲.追忆逝水年华：从西南联大到巴黎大学.北京：三联书店，1996：6.

翻译作为一门创造美的艺术,有它的规律。许渊冲先生时刻都在实践、追求和探索之中,他"做了一个独一无二的试验,就是把中国的诗经、楚辞、唐诗、宋词、元曲中的一千多首古诗,译成有韵节的英文;再将其中的二百首唐宋诗词译成有韵的法文,结果发现一首中诗英译的时间,大约是英诗法译的十倍。这就大致说明了:中英或中法文之间的差距,大约是英法文差距的十倍,中英或中法互译,比英法互译大约要难十倍。因此,能够解决英法互译问题的理论,恐怕只能解决中英或中法互译问题的十分之一。由于世界上还没有出版过一本外国人把外文译成中文的文学作品,因此,解决世界上最难的翻译问题,就只能落在中国译者的身上了"①。他在用翻译为世界创造美的同时,又在以求真求善的精神,以敢为天下先的勇气,提出了下一系列独特的见解和大胆的主张。

他提出了"一加一大于二"的文学翻译公式。他认为,"科学研究的是'真',艺术研究的是'美'。科学研究的是'有之必然,无之必不然'的规律;艺术研究的却包括'有之不必然'的理论。如果可以用数学公式来表示的话,科学研究的是 $1+1=2,3-2=1$;艺术研究的却是 $1+1>2,3-2>1$。因为文学翻译不单是译词,还要译意;不但要译意,还要译味。只译词而没有译意,那只是'形似': $1+1<2$;如果译了意,那可以说是'意似': $1+1=2$;如果不但是译出了言内之意,还译出了言外之味,那就是'神似': $1+1>2$"②。为此,他认为文学翻译的最高标准——"化"还不足,他要打破一条"能直译就直译,不能直译时再意译"这一条几乎是公认的规律,提出文学作品的翻译,尤其是重译时,能意译就意译,不能意译时再直译。

---

① 许渊冲.追忆逝水年华:从西南联大到巴黎大学.北京:三联书店,1996:230.
② 许渊冲.追忆逝水年华:从西南联大到巴黎大学.北京:三联书店,1996:243.

他受王国维"境界说"的启发,提出了文学翻译应该达到"知之、好之、乐之"的"三种境界论":所谓"知之",犹如晏殊《蝶恋花》中说的"昨夜西风凋碧树,独上高楼,望尽天涯路"。西风扫清了落叶,使人登高望远,一览无遗。就像译者清除了原文语言的障碍,使读者对原作的内容可以了如指掌一样。所谓"好之",犹如柳永《凤栖梧》中说的"衣带渐宽不悔,为伊消得人憔悴"。译者如能废寝忘食,流连忘返,即使日渐消瘦,也无怨言,那自然是爱好成癖了。所谓"乐之",犹如辛弃疾《青玉案》中说的"众里寻他千百度,蓦然回首,那人却在灯火阑珊处"。这说出了译者"山重水复疑无路,柳暗花明又一村"的乐趣。使读者"知之"是"第一种境界"或低标准,使读者理智上"好之"是"第二种境界"或中标准,使读者感情上"乐之"是"第三种境界"或高标准①。

他还根据鲁迅的"意美以感心,一也;音美以感耳,二也;形美以感目,三也"的文章三美说,提出了翻译的"三美论"。他把"意译"明确为"传达原诗(原作)的意美、音美和形美",并指出,在三美之中,意美是最重要的,是第一位的;音美是次要的,是第二位的;形美是更次要的,是第三位的。在传达原文意美的前提下,尽可能传达原文的音美;还是在传达原文意美和音美的前提下,尽可能传达原文形美;努力做到三美齐备。如果三者不可兼得,那么,首先可以不要求形似,也可以不要求音似;但无论如何,都要尽可能传达原文的意美和音美。②

他更提出了"发挥汉语优势论"和"文化竞赛"及"超越说"。他认为,"翻译是两种语言的竞赛,文学翻译更是两种文化的竞赛",在翻译中,他强调要"发挥中文的优势,运用中文最好的表达方式

---

① 许渊冲.追忆逝水年华:从西南联大到巴黎大学.北京:三联书店,1996:19-20.
② 许渊冲.翻译的艺术.北京:中国对外翻译出版公司,1984:60.

(包括四字成语),以少许胜人多许",与原文竞赛,与原作者平起平坐,甚至超越原作。

许渊冲先生的翻译实践是富有个性的,为此,他得到了包括钱锺书、吕叔湘等名家在内的不少同行的称赞。这里仅举他在回忆录中提到的几例:法国文学学会会长罗大冈先生读了他译的莫泊桑的《水上》日记,称其译本"传神与传真两全其美,可谓上品"[①];钱锺书先生称他为"译才",说他"译著兼诗词两体制,英法两语种,如十八般武艺之有双枪将,左右开弓手矣"[②];美国康州大学教授斯特夫妇读了《唐诗》英译本后,称赞他"译文很美,说明译者是可以和原作者媲美的诗人"[③];更有《北京大学研究生学刊》1986年第1期评论说:"译笔之美,使同类译家汗颜","在意美、音美的传达上,已入化境,译文堪与原作媲美","汉诗词的英译能到此境界者,古今中外,实不多见"[④]。

许渊冲先生的翻译理论是极具挑战性的。为此,他的某些观点,包括在他的理论指导下的有关实践,也有不少译家和理论家提出了异议。如王佐良先生、裘克安先生提出过批评意见(见第229—230页),江枫先生、刘英凯先生等也提出了商榷,后辈如我在1995年有关《红与黑》汉译的讨论中也在不同场合表示了不同的观点。作为学术探讨,许先生勇于求真,勇于表现自己的观点,也敢于不遮不掩地批驳别人的观点,这种精神更从另一侧面表现了他人生"磊落"的一面。

许渊冲先生的为人是坦荡而又可敬的。他心底坦荡,坦荡得不在自己心里保留任何不同观点,凡是涉及他的翻译、他的翻译理

---

① 许渊冲.追忆逝水年华:从西南联大到巴黎大学.北京:三联书店,1996:223.
② 许渊冲.追忆逝水年华:从西南联大到巴黎大学.北京:三联书店,1996:234.
③ 许渊冲.追忆逝水年华:从西南联大到巴黎大学.北京:三联书店,1996:230.
④ 许渊冲.追忆逝水年华:从西南联大到巴黎大学.北京:三联书店,1996:226.

论的批评或商榷意见,他都要辩出个是非曲直来;他是可敬的,可敬得有时当你觉得他观点"偏激",不能苟同的同时,又打心眼里敬佩他,敬佩他的率真和磊落,因为他的心里很光明,没有一丝阴暗。由于《红与黑》的汉译讨论,我和许先生有过许多接触和交往,我常和学生、朋友谈起这些,心中也不免感叹:要是没有许渊冲先生的执着和激情,我们今日的中国译坛也许会寂寞很多,会冷清很多,也会暗淡很多。如今读了许先生的《追忆逝水年华》,我似乎更理解了他:他把翻译当作创造美的艺术,文学翻译,就是他的生命。

1997 年 2 月 20 日

"橙红色的梦魂啊,会年年放歌!"

——读赵瑞蕻《离乱弦歌忆旧游》

从巴黎开会回宁不久,听唐建清兄说杨苡老师病了,第二天晚上,我来到省人民医院。推开病房,只见她静静地躺在床上,床头桌上放着一本她译的新版的《呼啸山庄》。

杨老师瘦多了,我想她是因为"太牵挂赵先生",心里这么想,嘴里也就这么说了。她摇摇头,说:"不,不。只是先生的去处还没有找好。想选学校里的一棵常青树,悄悄地把他的骨灰在树下埋了,让他安息。"我告诉她,赵先生临走前编定的回忆录《离乱弦歌忆旧游》,翻译界和读书界很多朋友读了,都很感动,都在怀念他。

是的,赵先生走了已经五百多个日子,可我总觉得他还在。读着他的书,仿佛在聆听他说话,顺着他旧游的足迹,慢慢地走进他丰富的精神世界。

这是一次漫长的人生之旅,"从西南联大到金色的晚秋",赵先生说,他是在"寻觅消逝了的时光",忆旧游,"特别虔诚地祭奠那些不幸和非命的已故者们,歌颂他们高洁心灵不灭的光辉"。他说他相信卢梭的一句话,"时间会揭开重重帷幕",西南联大知识分子群体所走过的道路,以及他们后来的命运,折射出了永存的西南联大精神。闻一多的鲜血、朱自清的傲骨、吴宓的呼喊、沈从文的独行,在赵先生的眼里,这是崇尚自由、坚持独立、勇于探索、追求真理的历史见证。赵先生一次次"梦回柏溪",在"南岳山中,蒙自湖畔"追寻的,正是西南联大的精神。

赵先生在《南岳山中,蒙自湖畔》那篇纪念文字里,这样写道:"六十年前降临在中国大地上的秋云是灰色的,黑色的,动荡的,悲愤的,兵荒马乱,烽火连云,也是同仇敌忾的,充满着反抗呐喊声的。"青年诗人赵瑞蕻将他愤怒的呼吼融入了这反抗呐喊声中。他的怒吼声一直延续了半个多世纪,在纪念世界人民反法西斯战争胜利五十周年的日子里,他再一次发出呼喊:NIE WIEDER!"这是以全世界人民的生命、鲜血和眼泪,成千上万人的苦难的牺牲、挣扎和抗争,其中包括德国、意大利和日本人民自己长期的悲剧、惨痛的教训和觉悟所换来两个宝贵的字眼,两个神圣的字眼,充满着坚定的意志和最强烈的希望,闪烁着全人类、地球上每个民族每个国家最美好祝愿的光辉!——NIE WIEDER! 这就是:永远反对法西斯和战争!"①反对战争,爱好和平,关心民族和人类的命运,这是西南联大知识分子群体精神的又一闪光点。我终于明白了,为什么面对不义,面对罪恶,他总要发出一百多年前法国作家左拉响彻世界的那声怒吼:J'accuse! 我控诉!

赵先生是个富于创造的诗人,他的一生,是一首融汇着"热血、想象和智力"②的诗。在他的生命中,"热血",也可以说是"激情",是第一位的。因为在他看来:"这也是爱,是灵魂,童心,同情;是青春之火,生命之源。同时,这也是一种憎恨人世间一切堕落腐朽的东西的力量。"③更是他赞美人间一切美好的东西的源泉。于是,

---

① 赵瑞蕻. 离乱弦歌忆旧游——从西南联大到金色晚秋. 北京:文汇出版社,2000:159.

② 赵瑞蕻. 离乱弦歌忆旧游——从西南联大到金色晚秋. 北京:文汇出版社,2000:261.

③ 赵瑞蕻. 离乱弦歌忆旧游——从西南联大到金色晚秋. 北京:文汇出版社,2000:261.

我们才可以听到他的《岁暮挽歌》，看到《梅雨潭的新绿》，才可以《长留双眼看春星》，跟着他歌唱《金色的晚秋》，赞美《一颗燃烧的心与生命的开花》。

赵先生是个不断探索的学者，从他 1932 年秋天进入温州中学高中部到 20 世纪最后一年的初春离开我们，67 个春秋，他在不停地求知，不停地思考，不停地探索。他走的是一条中外文学探索之路，他融文学创作、翻译和研究为一体。是他，在嘉陵江畔，低吟着"炉火峥嵘岂自暖，香灯寂寞亦多情"的诗句，追问生命的意义，第一个将司汤达的不朽名著《红与黑》介绍给中国读者。是他，致力于新兴的比较文学学科，在南京大学中文系创建了比较文学与世界文学专业，培养了我国第一批比较文学方向的研究生，他的专著《鲁迅〈摩罗诗力说〉注释、今译、解释》被公认为我国比较文学领域的一部力作。他对学生这样说："比较文学是文学研究的一种方法，是新世纪许多眼光远大、心胸恢宏的人，许多可敬的学者开辟出来的一条文学研究的新路。这种探索使人看得更远，想得更深，越过民族和国家的界限而把全人类在漫长的岁月里所创造出来的文学作品统统聚集在一起，加以比较研究，探索它们之间的异同，共同影响，各种文学现象的产生发展和演变；追寻世界文学发展的共同规律。"[①]有对比较文学如此深刻的理解，才有对比较文学独到的研究心得，他在八十高龄出版的《诗歌与浪漫主义》《诗的随想录》，是他一生探索的结晶。重读回忆录中的《西方的"红学"》、*Que sais-je*、《重译重读雪莱〈西风颂〉》《重译重读济慈〈夜莺颂〉》，我更深刻地理解了赵先生以诗的语言表述的这样的一段话："在人类悠长的文学史上，每个国家社会都有自己的诗人和作家，唱出每

---

① 赵瑞蕻.离乱弦歌忆旧游——从西南联大到金色晚秋.北京：文汇出版社，2000：298.

个时代各自的心声。虽然民族、国家不同,社会情况各异,但是,在特定的历史条件下,不同的文学艺术仍能互相产生作用,对人们起着这样那样的精神影响。仿佛春风吹过,中国的牡丹和欧洲的郁金香都能一齐开放;又如秋气袭来,南天的凤凰木和北地的白桦林都纷纷落下了叶子。"①我想,文学是心声,赵先生不懈地进行中外文学探索,不正是致力于人类心灵的沟通吗?

见过赵先生的人,都说他纯真、乐观、充满着激情。我的学生袁筱一在四年前写过一篇记赵先生的文字,叫《岁月不曾流失的纯真和诗情》。这篇文字,赵先生跟我不止一次提起,说他很喜欢。看来,我们对他的感觉,赵先生是认同的。他的学生范东兴,写过一篇同样充满激情的文字,说先生有一颗"火焰拥抱着的诗魂"。作为译界的后学,我有过很多机会登门向赵先生请教,我还带上我的朋友、我的学生一起去听他,听他夫人杨苡老师谈文学,谈翻译,谈人生,还留下过几篇谈《红与黑》翻译、谈翻译与创作的文字。赵先生跟我们说话,总是带着慈祥的微笑,说到激动处,会爆发出爽朗的笑声,那笑声真的很纯,很透明,很有力量;赵先生跟我们说话,从来没有武断的声调,教训后辈的口气,他总是在探询,在诱导。于是,谈话往往会变成对话,年轻人会自然地打开心灵,接受他光明的启迪。荡漾在他纯真的笑声中,沐浴在他心灵的光辉里,我多少次感到迷醉。真的,我跟杨苡老师说过,他走后,我有很多次梦到赵先生,梦到他跟我谈《红与黑》,谈文学翻译,谈文化交流……

在新世纪第一个春天的一个上午,我带着赵先生在梦中传来的笑声,轻轻地走到他居住的小园子前,园子里弥漫着一种温馨的

---

① 赵瑞蕻.离乱弦歌忆旧游——从西南联大到金色晚秋.北京:文汇出版社,2000:198.

春天气息:西边的丁香树开着乳白色的花朵,东边的一棵高大的石榴树正绽出绛紫色的嫩芽,树底下有簇簇剑叶兰,盛开着浅蓝色的小花,还有一丛丛橙黄色的金盏花,杜鹃正在含苞待放……看着这番景色,我想起了赵先生"八十放歌"的最后两句:

窗前石榴树仍要开花似火,

橙红色的梦魂啊,会年年放歌!

2000 年 8 月 8 日于南京

文字的转换与文化的播迁

——白先勇等谈《台北人》①的英译

    2000 年 12 月 5 日至 18 日,应香港中文大学新亚学院院长梁秉中教授邀请,笔者在香港参加了一系列与翻译有关的学术交流活动。12 月 17 日清晨,香港中文大学出版社社长陆国燊博士遣人送来请柬,邀我去香港大会堂听白先勇和高克毅先生谈《台北人》中英对照版的翻译与出版经历。同去的还有台湾笔会前任会长齐邦媛教授,著名翻译家、散文家林文月教授,香港中文大学文学院副院长金圣华教授和香港翻译学会会长刘靖之教授等。这天是星期天,上午十点钟到达大会堂二楼的剧院门口,发现已经排着长长的队伍,大都是年轻人,手里拿着《台北人》,等着进场。

    讲座于 10 点半正式开场,陆国燊博士介绍了《台北人》中英对照版的出版经过。他说,该书所收的故事,有一部分在 1968 年就出了单行本。后来,在 1971 年,全书十四篇以《台北人》的统稿问世。过去三十多年来,《台北人》已经成为一部现代文学经典,曾被《亚洲周刊》评选为"二十世纪中文小说一百强"第 7 名,被香港教育署指定为中学生课余自行阅读书目之一。该书在台湾以及大陆

---

①   白先勇著,高克毅,主编.台北人(中英对照版).白先勇,叶佩霞,译.香港:香港中文大学出版社,2000.

重版过好几次,在世界各地中国人所到之处,都有忠实的读者。这些故事和白先勇其他的小说作品,被翻译成多种外国语言,编成剧本在台北、香港、上海等地上演,还拍成电影,透过银幕和荧光屏普及广大的观众。现在,出版这本书的中英对照版,时机已经成熟了。而香港,这个拥有大量中英文读者群的城市,也正适合出版这样的一本书。该书有中英文文本,经过仔细校勘,在少数英译词句上稍有编修,但整体内容没有改动,依旧是本来面目。英译版原是1982 年由美国印第安纳大学出版社出版的,当时考虑到要适合英美读者的需求,并表示此书写的不是台北本地人,因此采用书中的名篇《游园惊梦》为书名:*Wandering in the Garden*,*Waking from a Dream*,副标题:*Tales of Taipei Characters*。现在香港中文大学出版社出这部中英对照版,决定回到原书所定的名称——《台北人》,英文直译为 *Taipei People*,以便存真,同时保留一点原文的反讽意味。陆国燊博士认为,这部中英对照的书可供三种不同的读者阅读:一种是只懂中文的;还有一种是只懂英文的;第三种,无疑是最大的一群,就是中英文都通的读者。他们不但要读小说,而且要看看这些故事是怎样度过两种文字播迁的风险的。他强调指出,对研究翻译的人士来说,《台北人》的这部中英对照版可以再一次证明,文学的翻译不是"复写纸"的工作。原作的作者和优秀翻译家共同合作,在理解和表达上虽有优势,但文字的转换,承载的是文化的播迁任务,困难很多。多亏白先勇先生、叶佩霞女士和高克毅先生通力合作,充分运用美式英语,及其固有的音调、色彩和辞藻,还原出中文原文的艺术境界。

白先勇是《台北人》一书的作者。在翻译中,他调换了角色,从作者变成译者。角色的转变和文字的转换,给他展现了一个新的艺术天地。在这个天地里,他遇到了许多障碍,他说:"我通过自身参与《台北人》一书的翻译,感到翻译确实太难了。我是第一次参加翻译，看来也是最后一次了。创作固然不易，但毕竟可以随心所欲。翻译则不然，不能随意改原文的，原文说'红'，译者不能译成'绿'。我知道霍克斯译《红楼梦》，其中的不少'红'字，译成了'绿'字，他好像忌红爱绿，比如把'怡红园'译成了'怡绿园'。我想最好还是把'红'译成'红'好。我是台湾大学外语系毕业的，写过小说，但中译英的工作基本没有做过。我先期写的某个短篇，自己虽说译成了英语的，但不能说是严格意义上的翻译，可以说是改写。凡是难译的，我就改了，因为自己可以赋予自己一定的自由。后来夏志清教授主编一部《二十世纪中国小说选》，我的《谪仙记》被选入，夏先生让我自己译，我作了努力，后来夏志清先生帮着改了。当初写《台北人》，我刻意追求风格的不同，调子的不同，人物语言的不同，没想到后来要自己参与这部小说集的翻译，给自己带来了许多麻烦。这部书早就出版了，有不少读者，我从作者变成译者，首先要求自己尊重作者白先勇，不要随意改动原文。好在高克毅先生出来主持译事，我和叶佩霞合译。翻译时，我们特别注意从原文的'调子'出发，先定调，再重词的色彩和分寸。一本《同义辞典》都翻烂了。我们的工作前后五年，'磨'了五年，具体是1976年至1981年。我和叶佩霞在美国西岸，高先生在东岸。我们通过邮局，邮寄译稿、修改稿，你来我往，修改稿有一尺多高。翻译中，我们先定下原则，那就是尊重翻译三律'信达雅'。第一步先信，再谈达雅吧。第一步就很难，我们有个共识，为忠实原著，要做到不怕难不取巧。书里有'红'，就一定翻出'红'字来。可有时实在太难，急得团团转。桌子上有十几本辞典，可辞典里有的词找不到。看来翻译要有灵感，有的词，辞典找不到，突然想到一个词，高兴得叫起来，真快乐。可有时遇到难题，翻译到深夜三四点，叶佩霞直抓头发。想睡觉，就到花园去跑步，真是自讨苦吃。叶佩霞有个理论，汤显祖和莎士比亚是同时代人，要用类似莎士比亚的句法来译我在《游园惊梦》中涉及的'牡丹亭'的内容。说起来容易,做起来就难了。句子结构的调整,费了我们很多心思。"

白先勇认为,翻译的障碍是多方面的,他说:"翻译,特别是中译英,名字的翻译就是个问题。名字一经拼音,意思全无,更不谈文中之美,如我的名字,白先勇,先父白崇禧给我起这个名字,是有用意的,希望我有勇,以勇为先;还有今天在座的林文月教授,文月,多美的名字,一经拼音,美感就没有了。怎么办? 可以效仿《红楼梦》的英译,音义结合。《台北人》中的《游园惊梦》有个人物,叫'月月红',月月红是花名,蔷薇科的一种,用作人名,月月叠字加上红,很有味,用音译,翻不出意思,只有翻词典,找了几百个蔷薇科的花名,没有一个叠字的,于是请教高先生。他说就译成 red red Rose 吧,真是拍案叫绝,是神来之笔。再举一个例子,《金大班的最后一夜》中金大班的艺名叫金兆丽,很有味,可译起来很难。高先生通法文,建议译成'Jolie Chin',很美,音也相近,也像个艺名,译得又活了。又如'夜巴黎',是个舞厅名,高先生建议干脆用法文,叫'Nuit de Paris',一下增加了舞厅的巴黎味,给这篇小说增了色,生了辉。我和叶佩霞译初稿,高先生改,来来往往,改了不知多少回,经历了多少年,初稿加修改稿有几尺高,后来我全捐给了洛杉矶大学芭芭拉分校。人名的翻译很难,但高克毅先生往往因难见巧,妙译连珠。除了人名的翻译,作品韵味和调子的翻译,也很重要。《台北人》中有一篇,叫《思旧赋》,里面有两个老妇人,是佣人,她们的对话很有地方色彩,也有特色。第一次尝试着用普通英文译,译出来后发现'调子'不对。叶佩霞让我说说其中的人物,我们发现我的小说中的两个老佣人与《飘》中的一个老佣人很像。叶佩霞便建议以美国南方方言来译。我们便尝试,译出来后,觉得很有味道。可我们也觉得别出心裁,没有底,寄给高先生。他仔细读后说可以,但出版社不同意,说中国故事怎么能用美国南方方言呢。高先生据理力争,说翻译重效果,读者读了要有共鸣,用美国南方方言来译两个老妇人的对话,很像老佣人的口气,能达到效果,传达了原文的精神。他们最后也就同意了。这是一种尝试。《台北人》译成英语,涉及多方面的问题。我很幸运,有叶佩霞女士的合作,有高克毅先生这样优秀的老翻译家把关。对一个作者来说,《台北人》中英对照版的出版,是一种幸运。"

在白先勇先生之后,高克毅先生谈了编校《台北人》英译稿的一些体会。高克毅,笔名乔志高,祖籍南京,出生于美国密歇根州,3岁回国,在中国成长,毕业于燕京大学,22岁回美定居,是个真正学贯中西的双语人才,毕生从事中外文化交流事业,贡献很多。主要译作有《大亨小传》《长夜漫漫路迢迢》《天使,望故乡》等,并著有《吐露夜话》《金山夜话》《英语新诠》《听其言也》《吐露集》《鼠咀集》等散文集。高先生翻译经验丰富,他认为:"作者、译者和编辑同时合作翻译《台北人》,是个团队合作,是非常有意义的。文学翻译与创作有所不同,创作是世界上最美的事,文学翻译是第二美的事。翻译是不得已而求之,求其次。文学创作是天才,是主观的,作者是对自己负责。翻译要对原作者,对读者负责。出版中英对照版,更要负责。最早的英语版,是在美国出版,美国读者只能欣赏,内容错了也不知道。现在在香港出中英对照版,不能出错。刚才白先勇谈翻译,先谈名字的翻译,很有趣,名字难译,中文名字一罗马拼音化,就没有个性,林语堂说过,名字翻译虽说是小道,但很难。"

高克毅先生说,许多中外学者都曾尝试翻译《台北人》的故事,从这点也可以证明这些故事的感人和吸引力。在翻译该书时,译者采取了既大胆又具弹性的译法来设法重现故事中生动鲜活的语言。白先勇和叶佩霞大胆尝试尽可能保留中文里的惯用法,同时也采用美国的口语,甚至俚语来传达原文的精神。譬如说,在《金大班的最后一夜》里,那位利口落舌的舞女大班讲的自然不该是

"标准英语",可是也不该硬给她套上美国俚语所谓"龙女"的冒牌华人语气。《一把青》故事的叙述人师娘和《花桥荣记》里妄想替人做媒的老板娘的话,如何翻译,也同样遇到语气传达的问题。高先生觉得如果译者要以英文作为这些角色的表达媒介,自然得让他们自由自在地使用英文里的惯用语和独特的表达方式。这样面对美国读者才能达到好的效果。

在《台北人》的整个翻译工程中,高克毅先生说他作为编校者,扮演的是仲裁人的角色。他努力在语气和意象完全不同的情形下做调人,以便妥为保全故事的重心。他也努力协助,使译文在语气上和字面上不但自然而且精确,使它既是可读的英文又同时忠于原文。原文使人感动的地方,译文照样得使人感动,原文不令人发笑的地方,译文也不该逗笑。也就是说,偶尔有些粗糙的文字,他得相互切磋琢磨一下;遇到某些可能产生不当效果的刺眼之处,也须设法消除——不管这些问题是因为过度忠于中文原文,还是因为太随便地借用了美国语言"大熔炉"里面丰富的词汇。高克毅先生举例说:"金兆丽,这个世界任何语言中都会有的泼辣徐娘,实在等不及情人攒了钱再来娶她'……再等五年——五年,我的娘——'这里若用 mamma mia! 来译中文里的'我的娘'! 真是再传神没有了。但是我们不得不割爱,而另挑一个同样合用却喜剧性稍差的译法,Mother of Mercy,因为 mamma mia 一词,读起来其种族色彩和语意交错的效果实在太叫读者眼花缭乱,莫所适从了。"关于白先勇谈到的《思旧赋》的翻译,高先生补充说:"白先勇和叶佩霞采用的的确是创新的译法,他们用美国南方方言来译故事里两个老妇间的闲话家常,在这段对话中,她们两个人感叹她们帮佣的一个功臣人家的衰落。我曾经对美国深为了解的中国朋友们谈到,美国南方很使他们想起自己旧时的生活方式,包括柔和的口音、多礼的态度,以及主仆关系之深,处处看得出一些古老文化的足迹,了解了这点,我们就会觉得这样的翻译技巧——其实也可以说是文学的一种'戏法'——并不像乍听之下那么奇怪;因此我读这篇译文时,只需要拿掉几个乡土意味过重而不协调的字眼,其余的部分没有更动。因为译者所用的是一种我所认为的'世界性的白话'(universal vernacular),也就是放之四海而皆准的口语。如果不是有这种语言,这两位老妇人或任何其他《台北人》里的角色,恐怕都无法轻易而传神地在英文里面活现了。"

讲座后,笔者有机会与白先勇和高克毅先生交流,笔者向白先勇先生提了这样一个问题:"作为作者的白先勇是否满意作为译者的白先勇。"白先勇先生回答说:"作为作者,我觉得译文有点意犹未尽。作为译者,我觉得讲忠实,不能拘泥于一字一词的得失。"今年 88 岁的高克毅先生积其半个多世纪的翻译经验,意味深长地说:"翻译是一种妥协。翻译涉及很多的因素,作者、译者、读者,还有出版者之间,都需要相互理解,就译者而言,还是有一点自由的空间为好。"

听了他们的讲话,我思考了许多问题,觉得对翻译研究者来说,《台北人》的英译及中英对照版的翻译与出版,是一个很有价值的个案。作者与译家的合作经验,文字的转换及文字转换中所涉及的原作风韵的传达,文学形象的再现以及文化价值的播迁,都值得认真总结与探讨。

2000 年 12 月 27 日于南京

译文的美及其他

——读柏拉图《文艺对话录》

　　近读柏拉图的《文艺对话集》①，书中的"斐德若篇——论修辞术""大希庇阿斯篇——论美""斐利布斯篇——论美感"等篇均涉及美的认识问题，特别是"论修辞术"一文，论及了真与美的关系，对我们翻译中的"美"的尺度的把握非常有启发意义。

　　法国文学翻译家罗国林先生曾多次撰文，谈到目前我国译坛的情况，认为"美译"之风日盛，以"美"的名义，行背叛原文之实。文章发表后，虽然译界有不同观点，但罗国林先生所指出的这一"译文追求华美"的状况，确实存在，可以说是个不争的事实。

　　关于翻译中对"美"的追求问题，可以说自从有了文学翻译，便有了对这个问题的争论。从文学翻译角度看，问题的症结在于对"美"没有一个统一的认识。尽管许渊冲先生积多年文学翻译，特别是诗歌翻译之经验，在理论上提出了翻译中的"美"应包括三个方面，即"意美、音美、形美"，还提出："从客观上看，'美'与'真'是统一的，所以英国诗人济慈说：美就是真，真就是美。"但从实践角度看，目前译界对译文所追求的"美"，基本上只归结到一点，那就是文字的美，而所谓文字的美，则又简单地归结到"辞藻的华美"。

---

① 柏拉图.文艺对话录.朱光潜，译.北京：人民文学出版社，1963.

这方面的问题是有目共睹的。从理论上来讲，我们需要澄清两个问题：一是翻译中所求的"美"到底是什么？二是"辞藻的华美"是否文学翻译所应追求的？

柏拉图在《大希庇阿斯篇》中提出美"应该是一切美的事物有了它就成其为美的那个品质，不管它们在外表上什么样，我们所要寻求的就是这种美。这种美不能是你所说的恰当，因为依你所说的，恰当使事物在外表上现得比它们实际美，所以隐瞒了真正的本质。我们所要下定义的，像我刚才说过的，就是使事物真正成其为美的，不管外表美不美"①。在这里，我们看到，美指的是美的事物固有的美的本质。具体到翻译来说，它到底美不美，要看翻译的本质是什么？翻译是应该与原本相对而言的，它的本质，拿柏拉图的话来说，应该是原文的"影像"。换句话说，翻译的出发点是原作，而归宿是原作的再现，如此说来翻译应以传达原文美为美，在这个意义上说，要达到所谓译文的"美"，首先必须捕捉到原文的美。只有传达了原文的美，译文才能算是真正的美。而原文的美，应该是多方面的，里面涉及的因素很多，形式美是一个方面，内在的美是另一个方面，两者的和谐统一，构成了文学的整体美。这是一个深奥的理论问题，我们在此不拟深究。具体到文学翻译而言，译作所追求的"美"，应该是原作所蕴含的"美"，译作应以最大限度地再现原作的美为己任。

时下的"美译"之风，从本质上看，与翻译的求真求美原则是相悖的。事实上，眼下的许多所谓"美译"，是对原作的过度"美化"，或者说是对原作的失度"美化"。无论原作是朴素的美还是委婉的美，译者所力求的，总是"华丽的美"，把功夫全用在了美化辞藻上。而且不管原文是古典主义的，浪漫主义的，还是现代派的，都以译

---

① 柏拉图.文艺对话录.朱光潜,译.北京：人民文学出版社,1963：192.

者自己所追求的笔调去译,结果,译文徒有华丽的美的外表,但与原作精神却相去甚远,与原作者的追求甚至背道而驰。

柏拉图在"斐德若篇"中提到:"斯巴达人说得好:'在言辞方面,脱离了真理,就没有,而且也永不能有真正的艺术。'"①在文学翻译中,我们求美是不错的。这里,我们强调的是文学翻译的艺术。文学翻译是一种文学活动,没有艺术性,就谈不上文学翻译的"文学性"。对于原作而言,我们所要强调的,是对原作精神与风格,包括形式美的忠实,这是求真所必需的,也是求美的基础与保证。译文不管原文的本质的美,一味追求所谓文字的美,那无疑是对原作的背叛或偏离。有人认为,只要译文不失真,越美越好。我看并非如此,译文不失真,美也要适中,才是我们要追求的。如今的一些"求美"而失真的译文,颇有些希庇阿斯所说的那种味道:"美没有什么别的,只要能在法院、议事会,或是要办交涉的大官员之前,发出一篇美妙的能说服人的议论,到了退席时赚了一笔大钱,既可以自己享受,又可以周济亲友,那就是美。"②也许在某些译者看来,制造一点辞藻华美的译文,让不懂外文的编辑先生看了叫好,让盲目信任译者的广大读者"喜欢",也就是尽了翻译所追求的最大的"美"的责任了。这样的背叛了原文的"美译",价值何在呢?

2002 年春于南京

---

① 柏拉图.文艺对话录.朱光潜,译.北京:人民文学出版社,1963:143.
② 柏拉图.文艺对话录.朱光潜,译.北京:人民文学出版社,1963:209.

少一分虚假的伟大，多一分真实的平凡

——读金圣华《荣誉的造象》

最近一段时间，在报纸杂志上，不时可以见到有关"大师"的议论。有的议论颇有些极端，认为在当今时代，中国根本无大师可言，以致与大师沾了点边的一些人物，多多少少都受到了质疑。在解构主义、后现代主义盛行的年代，这一现象看来在所难免。但我心里总是有些疑问，一个时代，总要有那么一些人，虽然称不上时代脊梁，配不上"大师"的称号，但在他们身上，总是可以看到某种伟大的品格，某种时代的精神。这样的人，在每一个时代，我想总是应该有的。带着疑问，又带着某种希望，我意外而又欣喜地读到了香港中文大学金圣华教授的《荣誉的造象》①一书。

首先对这部书的书名产生了兴趣。大凡伟人或大师，普通百姓少有机会零距离接触，人们所能看到的，都是他们无比闪光的一面，是经由意识形态的操纵被政治化、价值化、理想化的一面，《荣誉的造象》一书所着力的，莫非是对荣誉造象现象的解构？或是对荣誉造象过程的解剖与批评？

打开书，一个个熟悉的名字映入我的眼帘：李嘉诚、田家炳、季羡林、余光中、饶宗颐、袁隆平、费孝通……我马上本能地感到，看

---

① 金圣华. 荣誉的造象. 香港：香港天地图书有限公司, 2005.

来时下流行的解构和批评不应该是此书的主旋律。

　　看了目录，又拜读了白先勇先生为此书写的序："风雅颂——金圣华教授的'颂体'"，我对全书的内容有了大概的了解。原来，香港大学每年12月都要举行隆重的荣誉博士颁授典礼，为学术、文艺或其他行业顶尖的人物颁授荣誉博士学位。在仪式上，对每一位荣誉博士，都要朗诵"荣誉博士颂词"。而此书所汇集的，便是金圣华教授多年来撰写并诵读的"荣誉博士颂词"。我有幸在2002年和2004年两度应邀参加了香港中文大学的盛典，也聆听过金圣华教授面对万余名学子和四海嘉宾，以优美动人的声音，为李光耀、田家炳、余光中、陈家洱等荣誉博士朗诵颂词。当时只有一个感觉：了不起的人物，了不起的赞辞，再配上富有感染力的了不起的"朗诵"，让你不得不对他们肃然起敬。

　　如今有机会拜读全书，盛典的景况历历在目，读起来格外亲切。书中，我发现在每篇赞辞之后，都附有一篇印象记。一篇高雅的颂词，配上一篇平实的专访，构成了对每一个人物的完整"造像"：正面与侧面。在正面中，作者向世人展示的是他们伟大而闪光的业绩，而在侧面中，作者试图勾画的是他们平凡人生中不平凡的人生轨迹。我们知道，香港中文大学授予荣誉博士学位的，都是"各行各业的翘楚，有的学贯中西，誉满士林；有的富可敌国，乐善好施，他们在各自的领域中出类拔萃，德望俱崇，要认识、了解、剖析以至于描述这些伟大的心灵，再恰如其分地表达出来，实在是一项极大的挑战"。身为香港中文大学翻译系的讲座教授和成就卓著的翻译家，金圣华教授仿佛天生就有非凡的理解与沟通的才能，善于与伟大的心灵对话。书中收录的18篇赞辞，虽然描绘的对象不同，但篇篇传神，篇篇深刻。我想，没有过人的洞察力，没有非凡的笔力，是不可能捕捉并展示出这些伟大的心灵的。更为珍贵的是，金圣华教授通过对这些人物的近距离接触，在与他们心灵的对话中，还捕捉到了他们各不相同的人生历程中一些相近的轨迹，进而领略到了他们成功的背后种种必然的因由与要素。她发现在这世上，没有唾手可得的金矿，不劳而获的成功；她发现，杰出的人士都富有创意，不甘于故步自封；她还发现，成功的人士都胸怀大志，谦逊好学；她更发现，不平凡的伟大人生，都是由平凡、坚定而踏实的脚步，一步步走出来的。通过金圣华教授的笔触，透过耀眼的光环，我瞥见了"年逾八旬、名闻遐迩的大慈善家"田家炳先生在盛大的捐献仪式之后，"没有保镖，没有司机"，先走一步，"去赶巴士"的清瘦的身影；我领略了至今"仍然勤勤恳恳"，恨不能每日下田的现代神农袁隆平的平凡与伟大；我触摸到了70岁时被平反，"袋里只有十块钱"，而后以二十年的非凡努力，让那"珍贵的十块钱"生生不息，本利倍增，化成千万元，亿万元，为中国，为人类创造了不可估量的财富的费孝通先生纯粹的灵魂……读着他们的故事，我的心灵在受到净化。面对他们，我想，在这个人心浮躁、争名逐利的时代，还是少一分虚假的伟大，多一分真实的平凡为好。

原载香港《大公报》2005 年 11 月 7 日

语言的鸿沟让"遗憾接近于绝望"

——由池莉读《生死朗读》而想到的

翻译处于一种非常的两难境地。它要克服差异，又要表现差异。所谓要克服的差异，是语言上的。不同的语言，造成了交流的障碍。要克服这种因语言不通而造成的交流的障碍，必须进行语言的转换，将一种语言转变为另一种语言。在转换之中，语言的形式变了，但作为翻译，其语言所蕴含的特质则需要保存下来，不然，翻译的目的就无法达到了。在这种两难的处境中，翻译所承担的，实际上是一种超度个性或灵魂的神圣任务。他要在改变出发语的语言外形的情况下，让其灵魂和个性在目的语当中表现出来，如此神圣的任务，却往往被人们所忽略所小视。在作家面前，翻译家似乎总要低一等，"稿酬"的不同，就是个非常物质性的证明。法国有位翻译理论家说，在翻译中，译者似乎注定要担当隐形的角色，译品成功了，人们想到的，自然是原作的精彩。我想，如若译品不成功，译者则无论如何要担当罪人的角色的。

很多人也许没有想象过在今日的社会和世界，要是没有了翻译，会是个什么样子。前一阵子，在一份小报上看到这样一则报道，说几个以考察为名到国外玩乐的领导，怕被翻译了解"隐私"而独自外出，结果连个菜也点不到。也许自以为高明的领导，对这样一则报道会一笑了之。但对语言敏感的作家们，恐怕体验就不一样了。今读池莉发表在《扬子晚报》(2000 年 3 月 11 日)上的一篇文章,叫《惊心时刻——读哈德·斯林克的〈生死朗读〉》,其中谈到她在 1997 年冬天,曾参加一个已故的德国著名作家海因里希·伯尔的纪念会,会上德国人谈起了斯林克的《生死朗读》,他们谈论时的"热烈表情和急迫语气,使我非常吃惊。当时,我的遗憾接近于绝望。我觉得人与人之间最大的鸿沟不是别的,是语言。我想我也许无缘阅读《生死朗读》"。当两年之后,池莉意外地读到译林版的《生死朗读》时,她对翻译的作用,想必会有另一种评价了,因不通语言而造成的绝望毕竟使她对翻译有了一点理解和宽容:"遗憾的是,我不懂德语。但是我知道德语是一种非常缜密,冗长,精确的语言。这种节奏相对缓慢的语言很适合《生死朗读》的内容,我希望语言的转换没有损失多少《生死朗读》原本的韵味。令人高兴的是,毕竟我们这么快就能够阅读《生死朗读》了。"池莉毕竟不通德语,对德语的所谓"知道"只是一种"感觉",不管译本如何,她总归从绝望中走出,而这是多亏了译者。不知池莉想到过没有?

2000 年 3 月 11 日

文字、文学与翻译

——读布朗肖《未来之书》札记

——布朗肖所说的"未来之书",是写作永远不终止,通向未来的探索。布朗肖所归于的沉默,是语言与思想,或者说言语与灵魂永恒合一的刹那的呈现。布朗肖分析的文学大家,各有独特的追求。布朗肖往往以直逼作品灵魂的思想之锋,扼住作家或作品的生命之道。

——未知就是走向陌生,只有置身于真正的陌生中,才有可能忘我地投身于真正的交流。

——普鲁斯特写的时间,不是实际的时间,是感觉的时间,心理的时间,纯粹的时间。纯粹脱离过去与现实,将重现在记忆中的一个个独一无二的点连接起来,铸成独特的当下,想象在喷涌,灵感通往生命的召唤,迷醉中闪现的是快乐而唯一的瞬间及其背后的真相。

——思考的隙缝中的真实闪光,赋予艰难的思想以意义。无思有思之谓也。不足与缺陷可能导向完满与完美。

——卢梭的伟大在于他对自身的不断追问,直至灵魂显形。行动与思想的矛盾,在极端的自由与禁锢中冲击着德与思的藩篱。新的语言,是在不停的永远的写作中呈现出激情的力量。

——迷失的时候,有时也许也会有所发现,也有美好的相遇。

——虚与实、弱与强、轻与重,巴门尼德的两极对立,在儒贝尔看来,是两极的转换,昆德拉的小说《不能承受的生命之轻》是很好的阐释。

——人生的减法,要在对生命的参透中才有可能实现。

——突破推理与论证的束缚,突破异化、套化、程式化、僵化的语言,走进模糊的、不确定的、灵动的意义地带,去发现其交叉的部分和意义外更深的地方,这也许就是诗与语言、与生命相遇之处。

——安静、安宁、安放心灵:心安平安之谓也。

——翻译之笨为忠实,翻译之本也为忠实,忠实是因为有义务。都说翻译不可能,我看翻译不可能仅仅是回声,是一种带有主体性的理解,所指向的是赫墨斯的任务。《圣经》是上帝之言的翻译,投向人间,因有误解、曲解而导向多元,有了生命,不然便纯粹是重复,失去了个体的理解与阐释,重复便不产生新意,便没有巴别塔的"迂回"。

——放下作品,作品便迷失,迷失间才有作品生命在你身上的附魂。生命体出神一瞬,闪现的是创造的生命之光。

——整体过于抽象,无法把握,需要扩散,像德里达所言的播撒与延异,在一个个远离中心的点上找到实在,找到真实的瞬间,是永恒的保证与延伸。

——句式是思想的节奏,长句与短句有其节奏与灵魂。

——叙事不能从外部构建:依靠叙事发展的进程才能发现叙事得以完成的空间。叙事之于小说写作的关系,不少作家都有思考,勒克莱齐奥认为,一旦进入写作,就是一场历险。小说家无法凭自己的主观意志去掌控叙事的发展。叙事的展开,在根本意义上,是作品内在的自我调节与指引。

2016 年春

朴素的存在与真性的光芒

——读柳鸣九著述

2011年5月,收到了柳鸣九先生赐的新作《名士风流》,拜读之后我在扉页写下了这样一段话:"柳先生是我最敬重的学者之一。敬重他,不仅因为他的学识和胆识,也不仅因为他是外国文学研究的权威,也不仅仅因为他对我有知遇之恩,而是因为在他身上我见到了朴素的存在与求真的勇气,因为他身上闪烁着'真'的光芒。"

柳鸣九先生早年毕业于北京大学,半个多世纪以来,一直潜心学术。学者生活大抵都有些"平淡乏味",先生自嘲是个"相当无趣的人",数十年如一日,读书、编书、译书、评书、写书、与书同伴,一路思考探索,仿佛诚朴求真不过是尽到学者的本分。但想到新中国成立以来的历史,细察柳鸣九先生走过的路,外有朝野时局之震荡,内有个人命运之曲折,一个"真"字,说着简单,竟也在很多时刻成了世上最难做到的事。"真"是有分量、有棱角的,有时也是要付出代价的。真,光辉闪耀,却也锋芒锐利,为小人所忌。求"真"本就需要胆识气魄,而敢为他人先、言他人所不敢言,更少不了真正的勇气与大智慧。正因如此,贯穿先生近六十年学术生涯的一个"真"字,终成为柳鸣九先生的独特与最可敬之处。

学界谈柳鸣九先生的学术贡献与胆识,似乎不约而同都会说起他在我国改革开放初期,对萨特思想及其作品的译介与评论。2005 年,适逢萨特诞辰百年,国内多家大型报纸、周刊纷纷开辟专栏,回顾与检视萨特在中国的"精神之行",而柳鸣九先生被学术界一致视为中国"萨特研究第一人"。

面对如此赞誉,先生的态度谦逊如常,坦言自己"深感受宠若惊"。诚然,柳鸣九先生并非最早向国内译介萨特作品之人,可这"第一"也不该作时序上的头名来解。虽然中国从 20 世纪 40 年代起便开始接触萨特的思想及作品,但直至"文革"结束,这位存在主义思想家与文学家在我国都是一味批判的对象。存在主义哲学本身被视为一种主观唯心主义思想,一些出版说明则将萨特简单看作"日暮途穷的资产阶级垂死挣扎的心理的一种表现"。萨特的思想和作品究竟如何,中国绝大多数读者没有机会一睹其"庐山真面目",又遑论臧否优劣?

钱林森教授有句话说得很中肯:"对于我国绝大多数读者来说,第一次知道萨特这个名字,开始较为了解其人其文的,恰恰始于萨特逝世那年(1980)中国人写的一篇悼念文章《给萨特以历史地位》。"而这篇长文的作者,正是柳鸣九先生。

1980 年,萨特逝世,柳鸣九先生在《读书》杂志上发表了长文《给萨特以历史地位》,充分肯定这位 20 世纪伟大思想家的积极作用,提出了对从前的研究工作具有纠偏意义的重要意见。该文从三方面出发,就作为哲学家的萨特之哲学体系、作为文学家的萨特之文学作品以及作为社会活动家的萨特之社会实践做了深刻的分析和辩证的评价。先生把萨特作为一个活生生的历史中的人加以剖析,予以历史的定位,冲破了当时意识形态的束缚和种种限制,打开了萨特研究的禁区,为中国学界进一步了解与理解萨特的思想提供了可能。之后,在 20 世纪 80 年代的中国知识界,掀起了一股"萨特热",这位法国重要思想家与其"存在先于本质""自由选择"的理念深深印刻于一代人的记忆之中。而今谈论萨特与存在主义在中国的译介、研究与传播，我们自然不会忘记柳鸣九先生开拓性的贡献。

知识界关于柳鸣九先生与哲学家萨特的集体记忆常引我深思。先生的创举背后除了扎实的学术功底支撑，更涌动着求真求实的思想之源。他以不同寻常的勇气为萨特辩护，以非凡的洞察力剖析萨特思想的内核，其意义是深远的。柳鸣九先生自己说过："我'为萨特在文化上堂而皇之地进入中国而替他办"签证"的客观经历'，这个故事既是我个人的，也是公众的，它展现了近二三十年来中国学术文化领域的一个侧面，它反映了我们时代的真实。"1980 年前后，改革开放伊始，柳鸣九先生勇发时代先声，其用意，远不限于对萨特的研究与评判，而是一个重要的节点，以此承继其求真的初衷，勇敢地延续其思想破冰的行动，在外国文学研究界开思想解放之先风。

事实上，《萨特研究》是柳鸣九创编的"法国现当代文学研究资料丛刊"的第一辑。而"丛刊"的诞生则是当时柳鸣九在外国文学研究领域"破冰"行动之延续。20 世纪 70 年代末，改革开放东风吹拂，思想解放萌芽渐发。然而，学术文化领域，尤其是 20 世纪文学研究领域还有一座在先生看来"阻碍通行的大冰山"：日丹诺夫论断。对此早有"反骨"的柳鸣九深受"实践是检验真理的唯一标准"大讨论之启发，也早自 1978 年起"三箭连发"，誓为外国文学研究"破冰"：先是于 1978 年在广州举办的第一届外国文学全国工作会议上做了题为《西方现当代文学评价的几个问题》之发言；接着又将此报告整理成文于《外国文学研究》上发表；最后则在《外国文学研究集刊》上组织系列笔谈，扩大影响。大家都知道，第一届外国文学全国工作会议聚集了国内外国文学的著名专家，而《外国文学研究》，据先生自己回忆，更是"当时唯一一家外国文学评论刊物",这场"破冰"行动自其伊始便得到热烈之响应。更重要的是,《西方现当代文学评价的几个问题》一文,矛头直指日丹诺夫论断,并对 20 世纪西方文学中不同流派、作家和重要作品加以重新梳理,对其阶级归属、思想根源、评判标准与艺术特点进行了实事求是的辩证分析。关于"破冰"行动的始末,柳鸣九在 2016 年底出版的《回顾自省录——柳鸣九自述》(河南文艺出版社)一书中有详述,细心的读者不难体会到,柳鸣九对苏式意识形态的文艺界代表人物日丹诺夫的批判,是在"实践是检验真理的唯一标准"这次思想解放运动的大背景下展开的,是对思想解放运动的自觉响应。对日丹诺夫的批判,对于文艺界而言,是在理论和思想层面的拨乱反正之举,而对柳鸣九个人而言,其目的是要挣脱苏式意识形态的枷锁,在学术的田地里独立而自由地耕耘。

以现在的观点看,柳鸣九的这篇文章的确烙上了深刻的时代印记,但柳鸣九先生对西方文学观点鲜明、论证翔实的系统分析,无疑具有深远的开拓与启迪意义。1979 年后,国内对西方文学的积极译介打开了新局面,对西方文学思潮、作家与作品的研究的广度与深度得到不断的拓展,其中不能不说有这位"破冰人"一份不可忽略的历史功绩。

每每想到这点,我便不禁赞叹于柳鸣九先生敏锐独到的学术目光,更敬佩于他求真敢言的非常之勇气。毕竟,在乍暖还寒时候张弓破冰,难免要经受倒春寒的侵袭。"三箭连发"不久,1980 年举办的第二届外国文学研究会上,便有人宣称"批日丹诺夫就是搞臭马列主义";《萨特研究》出版一年,国内又开始"清污",将萨特与"蛤蟆镜""喇叭裤"并称三大"精神污染",《萨特研究》也因此遭到批判。然而面对这种种冲击,柳鸣九先生只在《围绕〈萨特研究〉的记忆》一文中平和地写道:"大概是因为我多少有了一点'彻悟',所以不知不觉平添了若干抗压性与勇气,在比较硬性的政治思想要求与坚持学术忠诚之间做出了自己的选择,似乎是生平第一次保持住了'自我',做了一次我自己。"一句"坚持学术忠诚"略去了多少艰辛与困苦,体现了一位学者怎样求真、求实的学术追求;一句"做了一次我自己",又包含了多少勇气与问心无愧的坦然。

柳鸣九先生从未停止过对外国文学思潮与作品的开拓性探索。而在外国文学研究中,又尤以其对法国文学的研究成果最为丰富,影响最为深广。早在 20 世纪 70 年代起,柳鸣九先生便与同仁一道开始编撰《法国文学史》。这部三卷本的《法国文学史》最终分别于 1979 年、1981 年、1991 年由人民文学出版社出版。这部耗时近二十年的著作,是中国第一部大规模多卷本的国别文学史,填补了国内外国文学,尤其是法国文学研究的空白,以历史唯物主义的方法详细介绍了从中世纪到 19 世纪法国文学的不同流派、作家与作品。该书于 1993 年获第一届国家图书奖提名奖,可谓对其重要性与历史贡献之肯定。

自 1981 年的《萨特研究》之后,柳鸣九先生主编的"法国现当代文学研究丛刊"又陆续出版了《马尔罗研究》《新小说派研究》《尤瑟纳尔研究》《波伏瓦研究》等一系列重要专题著作。20 世纪 90 年代开始,他又主编了"法国二十世纪文学丛书"。"法国二十世纪文学丛书"是我国对法国 20 世纪文学译介的一个里程碑式的工程。"法国二十世纪文学丛书"由柳鸣九先生主编,系国家"八五"重点出版工程,全书共十批七十种,分别由漓江出版社和安徽文艺出版社出版。这套丛书从 1985 年开始筹划,编选,翻译,由漓江出版社和安徽文艺出版社分别出版三十五种,前后经历了十二个春秋。"就规模而言,它是迄今为止国内唯一一套巨型的二十世纪国别文学丛书,就难度而言,它不仅在选题上是开拓性的,首选性的,而且每书必有译序,七十种书的序基本全部出自主编之手",从"阅读资料、确定选题、约译组译、读稿审稿,再到写序为文、编辑加工,还要解决国外版权问题",将"一个文学大国在一个世纪之内的文学,精选为七十种集中加以翻译介绍,构成一个大型的文化积累项目",这一工程,对主编来说,无异于"西西弗推石上山"。柳鸣九先生组织翻译出版这套丛书,是基于多方面的考虑,一是便于中国人对法国现当代文学有直接的认识与了解,二是为中国的 20 世纪法国文学的研究打下一个扎实的基础,三是为中国的社会文化做一积累性的工作。在制订计划与确定选题方面,作为主编,柳鸣九先生有明确的指导思想:"所选入的皆为法国二十世纪文学名家的巨著或至少是重要文学奖中文学新人的获奖作品,唯具有真正深度与艺术品位的佳作是选,并力求风格流派上多样化,但又要与通俗文学、畅销书划清界限,以期建立一个严肃文学的文库。"这一视野开阔、目的明确、组织严密、译介系统而有质量保证的大型文化工程,在我国的外国文学译介史上,无疑是一个重要的篇章。

章学诚评《文心雕龙》,赞其体大而虑周,诚以为柳鸣九先生在法国文学领域做出的贡献,亦可谓"体大而虑周"。所谓"体大",乃指其研究视野之开阔、研究涉及时间跨度之长、评介作家流派之多,自三卷本的《文学史》到共计七十种的"法国二十世纪文学丛书",再加上柳鸣九先生翻译的法国名著、撰写的评论文集与创作的散文集,哪怕仅从体量上而言,也是蔚为壮观的。而说"虑周",则是因为柳鸣九先生对法国文学的研究,既有如《文学史》一般系统的历史梳理与阐发,又有"法国二十世纪文学丛书"一般对每部作品的评价与深刻评析,更有如《自然主义大师左拉》《走近雨果》等著作一般以作家、流派、文学思潮为研究对象的理论探索与论述。

柳鸣九先生自己有言:"作品的研究是作家研究、流派思潮研究、主义方法研究、断代史研究、通史研究等一切研究的基础。"如此的论点,在文学研究有泛向文化研究倾向的今日,听来更为振聋发聩。我钦佩柳鸣九先生对作家、作品与译介三者间关系透彻的理解。归根结底，作品方是理解作家、流派乃至一国文学之基石，故而作品的翻译从来都不仅是简单的文字转化，是原作生命在新的文化语境中的再生，是文化与思想的传递。先生重视作品的地位、重视翻译的地位，这与之求实思想是一脉相承的。

如果说对法国文学的研究体现了柳鸣九学术成果的深度，那么其著作涉猎之丰富就体现出他探索的广度。除去上文提及种种，柳鸣九另著有《世界最佳情态小说欣赏》《理史集》等评论文集十种；《巴黎散记》《翰林院内外》等散文集六种；译有数位法国文学大家的作品；另还主编了《外国文学名家精选书系》《法国龚古尔文学奖作品选集》《雨果文集》《加缪全集》等多套大型译丛，其中有四项获国家级图书奖。

而这样一位早已"著作过身"的西方文学研究之引领者，却始终谦逊而平和。他多次用清平的家屋自比，《名士风流》写到最后，以一篇题为《我劳故我在》的文章作结，是先生对朴素的"自我存在"的"生态评估"。柳鸣九先生说"屋不在大，有书则灵"。他"喜爱此屋的简陋与寒碜，不愿花时间、费工夫用充满甲醛的涂料与地板去美化它"，却对两个书柜"里面的约两三百册书"情有独钟。因为这些书"除了我自己的论著与翻译的三四十种外，就是我所编选的、所主编的书籍了，这些书构成了我生命的内涵，也显现出我生命的色彩"。

一席话间，不仅体现出柳鸣九先生谦逊勤奋、笔耕不辍的为学态度，更显现出他求真求实的治学之道。本文开头，我说柳鸣九先生身上闪烁着"真"的光芒，这"真"字，一可组"真实"一词，所谓实事求是，指的是从事实出发，从实际出发，求真学问；亦可作"真诚"一词，诚即不欺，不以虚言欺人，亦不以假语骗己，做真诚人。更可作"真理"一词，不懈探索，追求真理，无可畏惧。真实是根基，没有对作品悉心之阅读体会，对外国文学，尤其是法国文学之知识积累，就无以进行深入的分析，得出令人信服的论断；真诚是准则，没有一颗正直之心，就不会有敢做敢言之魄力，不会有打破藩篱之勇气。正是对"真"的追求，让柳鸣九先生成为为萨特正名的先驱，让他勇于在改革开放初期打破思想上之坚冰，让他不断在外国文学，尤其是法国文学的研究中探索前行。《光明日报》对柳鸣九先生的专访取题"诚实：学者的灵魂"，或许正是对其勇于求实之学风的最佳概括。

2000 年，柳鸣九先生在法国的著名学府巴黎索邦大学被正式选为博士论文专题对象；2006 年，柳鸣九先生获中国社会科学院最高学术称号"终身荣誉学部委员"；2015 年，厚重的十五卷《柳鸣九文集》与广大读者见面。2016 年，柳鸣九先生又以惊人的毅力，撰写了有关他人生之路的许多重要篇章，给我们留下了研究其思想之源与精神求索的珍贵资料。去年年底，柳先生重病住院，82 岁高龄的他还记挂着他的研究与翻译，嘱咐我多读书多思考。在我的心里，柳先生是一个生命不息、求索不止的思想者，他不懈追求所体现的胆识，所凝聚的卓越成就，尤其是其朴素求真的精神财富，对我们后辈来说，无疑是珍贵的，具有永恒的价值。

初稿于 2015 年夏，后补正于 2017 年春

思想者的灵魂拷问与精神求索

——读《回顾自省录——柳鸣九自述》

一个偶然的机会，听说河南文艺出版社出了柳鸣九先生主编的一套"思想者自述文丛"，收录有钱理群、刘再复、汤一介、许渊冲等大家的自述，其中也有柳鸣九自己的一部。在当代学界，这些名字似乎别有一种吸引力，背后透出的是别样的力量。我迫不及待向柳先生讨要，有幸先其他读者一步，读到了《回顾自省录——柳鸣九自述》。

与柳先生认识已经三十多年了，对我而言，拿今天网络的语言来说，他是个学术"男神"，柳鸣九先生是我国外国文学界公认的权威学者，他在文艺批评理论、外国文学思潮研究、法国文学研究、散文写作、文学翻译等领域均有卓越的建树，他一直用生命在建设的那个"人文书架"，由他主编、撰写、翻译的著作近四百部，部部闪光。但面对环绕着柳先生的光晕，我一直存有诸多疑问，到底是一种什么动机让柳先生如此醉心学术？到底有什么非凡之力，让柳鸣九敢为天下先，在特殊的历史时期，破思想之冰？

初读《回顾自省录——柳鸣九自述》，从目录看，见不到美丽的文字，很传统的三编，基本是写自己的青少年、中年和老年走过的路，做过的事，想过的问题，文字特别朴实，给自己的定位也出奇地实在与低下："谦恭的文化搬运工""坎坷道上的行者""自觉自为的布衣""欧化"的"土人""凡夫俗子式的人"。光环下的柳鸣九与自述中的柳鸣九形成了强烈的反差,柳鸣九没有把自己当作神,当作权威,而是把自己当作人,当作一个卑微但拒绝卑劣与卑鄙的人。是人,就有七情六欲,就有可能想要名想要利。柳鸣九先生没有避讳这一切,他在自述中一切都照实说,说他童年里难忘的只有四件事,其中一件是家里人带他看了一次京剧《白蛇传》,感觉那个演白素贞的演员"真像个天仙。有一个时期,我每天都希望在上学的路上再碰见她,这成了我相当长一个时期里潜在的心理期待"。① 在中学时期,他第一次见到从周南女中转学来的一位林姓姑娘,"便念念不忘",记得她"清秀的脸庞、端庄的容貌令人耐看之中又颇露出一种俊秀之美,属于端庄大方、富有知性的那种类型。她步履轻盈,走起路来似乎有弹性,身姿苗条,正在发育的身材似在向高挑的方向发展",他承认自己"经历了一次恋爱",有过"对对方的真挚喜慕、持续思念、心电感应",等等②。

柳先生也坦陈自己想要成名成家,他说起自己从北京大学毕业以后到社会科学院工作的经历,尤其是大学毕业后在文学研究所文艺理论室工作的那六七年时间,"在理论翻译、外国文学、文艺理论、文艺大讨论及影评方面都有所表现,而且有的表现还是比较突出的、很有影响的"。他还特别说明,"有一些大块论文都是发表在何其芳主编的《文学评论》及国内其他著名学术刊物上,有的文章也见诸北京重要的报纸杂志上。按当时的标准来说,完全可以说是'成名'了,那时我还不到三十岁"③。很年轻的时候,他就有"雄心","想成为一个权威的理论批评家","一个有自己理论体系的理论家"。除了名,还有利。对老一辈的那些"臭老九"而言,逐

---

① 柳鸣九. 回顾自省录——柳鸣九自述. 郑州:河南文艺出版社,2016:14.
② 柳鸣九. 回顾自省录——柳鸣九自述. 郑州:河南文艺出版社,2016:264.
③ 柳鸣九. 回顾自省录——柳鸣九自述. 郑州:河南文艺出版社,2016:49.

利是非常不齿的,况且他们也没有什么利可逐。柳先生如伏尔泰所希望的那样,一生勤劳地耕作自己的园子,著作等身,要说有多少利,就是有那么点稿费。自述里,有一节他专门谈稿费,在他看来,"稿费问题,的确是我们这种在相当程度上主要靠爬格子为生的人的经济风格、经济品格的重要反映"。他毫不遮掩地写道:"在这个问题上,我既有不清高的一面,也有豁达高姿态的一面。我在乎稿费,我也惦念稿费,但在稿费标准上,我基本是一个随和的人、好说话的人、不怎么讨价还价的人,我从不耍大牌、摆谱要高价,出版社出什么价我就按什么价,完全按他们的标准走,因为我知道向出版社要高标准的稿酬无异于与虎谋皮,很容易引起对方的拒绝和反弹,达不到目的且不说,徒给对方造成'好财爱财'的印象,还不如随和同意,显出易于合作的亲和姿态。不是不想争高标准稿酬,而是出于明智的考虑不去争而已。"①读到这里,心里不知为什么涌起了一种悲哀的情绪,如今的社会,对柳先生这样靠爬格子写书译书编书,为理想中的那个人文书架,到了八十多岁还在一个格子一个格子爬的老人来说,实在是不公的。但是,面对社会这样的不公,柳先生非但没有一点埋怨,反而认认真真地检讨自己,实实在在地袒露自己,没有遮掩地反省自己。他说:"作为芸芸众生中的一分子,绝不敢说我没有自我意识,没有私心杂念,没有低级趣味,没有自己的盘算,没有自己的图谋,没有自己的七情六欲,多得很啊,多得不可胜数啊。下面就是要看是否有自己的管控、有理性的制约,是否过分出格,是否逾越社会所允许的程度,还要看它们是以什么途径和方式表现出来的、付诸实施的,这往往就决定了人品的高低和风度的优劣了;还要看在表现、实践过程中,采取什么态度处理与社会、与人群的关系,以及面对自己的态度,这则是当

---

① 柳鸣九.回顾自省录——柳鸣九自述.郑州:河南文艺出版社,2016:274.

事者的操守和德行、品质和心地。"①

柳鸣九从人性出发,把自己定位为一个凡夫俗子,一个复杂的人。但是在所谓的凡俗之中,他没有忘记作为人所应该有的操守与德行,没有放弃对自己灵魂的拷问,没有放弃对灵魂品位与人格力量的追求。要有高贵的灵魂,首先是要做到真,不粉饰自己,不抬高自己,最起码要做到不说假话。对柳鸣九先生来说,这是原则,是不可破的原则。在自述中,柳先生是自省的,也是自觉的。他不怕面对自己有过的错,不怕面对自己有过的耻。他要在对灵魂的拷问中,打造思想者必须有的基石,那就是"真"。说到真,我会想起翻译家傅雷,在今年 10 月于傅雷老家举行的纪念傅雷夫妇离世五十周年的大会上,我强调傅雷为了做一个真实的自己,做一个能分清是非的人,他和夫人选择了离开,为了坚守"真"的底线,悲壮而勇敢地结束了自己的生命。对柳鸣九先生这一代的知识分子而言,经历的运动多,尤其是"文化大革命"。在那个是非不辨、善恶不分、美丑颠倒的时代,一个人想要做一个俗人都不可能,想要做一个精神高贵的人,那唯有跟着傅雷走同样的路。可以说,在那场史无前例的劫难中,每个知识分子都或多或少有过屈辱、有过挣扎,也有过妥协,有过不光彩的言行。柳鸣九直面走过那段不堪回首的历史,一次次拷问自己的灵魂,直言"虽然在整个运动中我没有做什么恶事、坏事、伤人的事、害人的事,但就我的精神历程来说,的确是人格的贬值、良知良心的滑坡,总而言之,的确是精神扭曲的历程"②。他深入自己的灵魂深处,反省自己"精神滑坡、人格沉沦"的种种不光彩的过错:当他那些敬爱的师长被当作牛鬼蛇神扫进"牛棚","我身上竟然滋生出了利己主义的冷漠与势利眼,唯

---

① 柳鸣九.回顾自省录——柳鸣九自述.郑州:河南文艺出版社,2016:272.
② 柳鸣九.回顾自省录——柳鸣九自述.郑州:河南文艺出版社,2016:61.

恐与他们打交道,唯恐和他们没划清界限。因而敬而远之、泾渭分明,眼见要偶尔碰头相遇,总要想法绕道而行,即使在一定的场合下,不得不说两句话的时候,那也是一本正经、一脸严肃、不苟言笑。总而言之,胆怯、卑懦、冷漠、势利眼从良心深处滋生。我想,我当时的面目,一定是丑陋的、可悲的、令人瞧不起的"①。他忏悔自己"不光彩的行为",尤其是在"文化大革命"之初昧着自己的良心,在批斗有恩于他的冯至先生的大会上,对冯先生"射出了一箭",犯了"欺师之罪",成了他"良心史上"的"一桩大耻辱"。在柳先生这一代人的生命中,"文化大革命"是不会被忘却的,可以不提,也可以假装不思,但在他们的心底,都有深深的创伤。柳鸣九没有把责任推给历史,更没有从政治的角度去对这段历史进行谴责或批判,而是着力于深究、反省自己的精神之路。他有着良心的拷问,真心的忏悔,而这样真诚的忏悔,对一个思想者来说,显得更为重要。

一个真诚的人,一个知道忏悔的人,一个不想"戴着面具存活"的人,往往是一个觉悟早的人,一个心存信仰的人。柳鸣九说:"我从'文化大革命'中走出来,也许一般的人看不出我身上有多大的变化,但是我自己深知,我几乎变了一个人,我不仅从社会历史的事实,以及我个人被运动、被愚弄的经历,认识到这一次长达十年的运动,对于中华民族、中国社会都是一次浩劫、一次大破坏,对于中国人的精神历程、良心感受、精神变化,都是一场大悲剧;我也从社会大分裂、社会大对抗、社会大武斗、社会人际关系大撕裂、社会群体性的大揭发大辱骂,看到了更多的社会丑陋面、阴暗面,我的天真幼稚得到了矫正,我蒙昧的头脑得到了启蒙,而开始认识到了

---

① 柳鸣九.回顾自省录——柳鸣九自述.郑州:河南文艺出版社,2016:63.

好些神圣不可侵犯的事物及其原来的真相。"①柳先生是觉悟早的人，之所以觉悟早，是因为他的良心没有泯灭，信仰没有泯灭，是因为在良心的拷问中看到了一些真相，找到了一个思想者赖以存在的精神支点。他告诉我们："所幸，我没有泯灭掉所有的信仰，我还有一个最大的信仰，最强有力信仰，那就是文化，那就是'为了一个人文书架'。这成了我浩劫之后最大的精神支撑点，成为我对社会文化积累有所作为的精神推动力，成为我在清苦生活中安之若素的精神源泉。"②

要做一个思想者，忏悔是不够的，讲良心也是不够的，必须有信仰。有信仰，才会有"求真"的勇气，才会有精神求索的动力，才会甘愿去做一个"小西西弗推石上山"。柳鸣九的信仰，是"文化"。他心中的那个"人文书架"，不独是凝结着柳先生一生心血的那三四百部闪闪发光的书，更是他向往的光辉的"人文精神"。检视自己的人生之路，柳先生说有多重动力："其一，我不失为一个有信仰有理想的'精神苦力'，我信仰优秀的文化，我信仰有精神价值的书架，我有'为了一个人文书架'的人生追求，我有为社会文化积累添砖加瓦的人生理想，而且至今不衰，所以有这些支撑我担当了辛劳，承受了打击，度过了我个人生活中的沟沟坎坎。其二，我痛感当代中国社会物欲权位欲的横流、功利主义的张扬、人心的浮躁；痛感当今社会人文精神的滑落、优质文化的贬损，我在多篇大项目的序言中都表述了这种忧虑，我想对文化、对人文精神、对优质精神价值做一点实实在在的事情。其三，也为了给我的同行同道、与我同命运的文化才俊、学术精英及有为青年多提供一点展示场所、活动平台、发展空间，根据我走过的路程，我知道他们往前行走都

---

① 柳鸣九. 回顾自省录——柳鸣九自述. 郑州：河南文艺出版社，2016：66.
② 柳鸣九. 回顾自省录——柳鸣九自述. 郑州：河南文艺出版社，2016：66.

不容易,各有各的难处,各有各的困难。"①有精神有理想,有思考有批判,也有现实的考量和实在的努力,这就是柳鸣九先生具有根本性的"存在状态与存在本质"。

在对柳鸣九的评论中,我曾经以《朴素的存在与真性的光芒》为题,对柳先生的学术成就与精神历程做过思考。但对柳鸣九作为人的基本存在,作为思想者的求索之路,我发现自己还没有深刻的理解。读柳先生的自述,我得以进一步了解到柳鸣九先生如何在很小的时候就种下了"悲天悯人之情怀"②的种子;知道了柳先生原始形态的"精神游戏活动"的两种基本状态:一是一个人发呆,一是一个人瞎想③;也知道了他从小就不善于表演,"只善于按本我自然状态么活着,我只善于按自我本色么存在着"④,还知道柳先生从小就喜欢读书,自述中有他小时与书结缘的不少故事:学着玩皮影戏、编故事、跑书店、"看站书"、恶补文言文和中国传统文化典籍、办油印刊物《劲草》。

小时候种下的种子一定会发芽,精神之树有了根,就会艰难但坚韧地不断生长。在柳鸣九的精神求索与成长的历史中,他学会了坐"冷板凳"。坐冷板凳,似乎是在新中国成立后相当长一个时期里中国知识分子摆脱不了的命运。因为有信仰,"因《萨特研究》挨批被禁","成名之后竟然三次不公正地被排斥在博导队伍之外"的柳鸣九没有放弃追求。他的追求超越了个人名与利的俗之层面,跃升为一种精神的求索,他一直渴望精神的独立与思想的解放。对于中国知识分子来说,1978 年是个具有特别意义的年份。经历了"文化大革命"的柳鸣九意识到,就在 1978 年,"飞来了一个

---

① 柳鸣九. 回顾自省录——柳鸣九自述. 郑州:河南文艺出版社,2016:134.
② 柳鸣九. 回顾自省录——柳鸣九自述. 郑州:河南文艺出版社,2016:13.
③ 柳鸣九. 回顾自省录——柳鸣九自述. 郑州:河南文艺出版社,2016:13.
④ 柳鸣九. 回顾自省录——柳鸣九自述. 郑州:河南文艺出版社,2016:18.

划时代的社会机遇：中国开展了一次'实践是检验真理的唯一标准'大讨论、大宣传"，"'实践'成为裁决的'法庭'，一些方针、路线、观念、意识形态，都必须在这个'审判台'前受到检验，虽然它不像启蒙时代的理性精神那样，完全是作为一种崭新的思潮对一种敌对性的陈腐的统治思想体系进行猛烈的颠覆性冲击，而是在'社会主义意识形态范畴'之内针对一些极'左'过激的思想观念、方针政策提出质疑与修正，甚为文质彬彬、温文尔雅，是在'马列'旗帜下解决自家兄弟之间的'纠纷'，但已经足以破除一些貌似'革命'，其实对'革命'有害而不利的不明智的戒律与条条框框，这对20世纪中国人就要算特大好事了"①。没有这样的深刻认识，没有对思想解放的渴望，没有一种独立的精神追求，柳鸣九不可能有勇气在"文化大革命"刚刚结束不久就"蠢蠢而动"，对在文艺思想领域以日丹诺夫为代表的苏式意识形态"生出了要揭竿而起、挑战出击的'祸心'与'反骨'"②。读柳鸣九的自述，一方面我们可以明确地看到柳鸣九对苏式意识形态的代表日丹诺夫的批评，是在"实践是检验真理的唯一标准"这次思想大解放运动的大背景下展开的，是对思想解放运动的自觉回应；另一方面，我们也可以明白柳鸣九对日丹诺夫的批判，其主要目的是要挣脱意识形态的枷锁，让自己能在学术的园地里独立而自由地耕耘，也能为中国的文学批评与文学创作开辟具有破冰意义的新的可能性。循着柳鸣九的思想破冰之轨迹，我们终于可以发现他一次又一次地逆潮流而动，要在中国为20世纪的西方文学翻案的深刻动机：要"还它以本来面目，展现出其中蕴含的诸多有助于人类发展的社会意义：它对社会弊端的揭示与批判、主持正义的呼喊、对社会公正的召唤与追求、对战争与

---

① 柳鸣九. 回顾自省录——柳鸣九自述. 郑州：河南文艺出版社，2016：89.
② 柳鸣九. 回顾自省录——柳鸣九自述. 郑州：河南文艺出版社，2016：92.

暴力的反对、对自由理想的向往、对纯朴人性的称赞、对善良与人道的歌颂"①。我们可以想见,作为思想者,柳鸣九的目的必定还不止于此,他心中向往的、他还在继续建设的那个"人文书架"所蕴含的意义,还有待于我们进一步探索。

2017 年春于南京

---

① 柳鸣九.回顾自省录——柳鸣九自述.郑州:河南文艺出版社,2016:103.

中西贯通与互鉴

——简评《走向生命诗学
——弗吉尼亚·伍尔夫小说理论研究》[①]

改革开放 40 年,随着外国文学作品和文艺理论的大量引进,我们的外国文学研究取得了丰硕的成果。在学术研究数量和质量稳步提升的同时,我们研究的国际化倾向日益浓重。从新批评、神话原型批评、精神分析、结构主义、女性主义、马克思主义,到解构主义、后殖民主义、文化研究、族裔批评、生态批评等,我们在研究理论、方法、问题、视野、立场上亦步亦趋紧随在西方文艺理论和文学批评之后。虽然国际化是一种发展趋势,经济全球化正在消融民族和国家的边界,网络化、信息化、标准化助推了生活方式、思想意识的趋同倾向,但是当前的国际化从根本上说是西方发达国家的文化模式和意识形态的普及化,其显著后果是,它导致了世界非西方文化体系的萎缩。真正的国际化应该是立足于本民族立场之上与国际其他文化的多元对话,在多种思想的交流和碰撞中创新自己的民族文化和世界文化。

20 世纪 90 年代以来,我们对新中国外国文学研究作了阶段

---

① 高奋.走向生命诗学——弗吉尼亚·伍尔夫小说理论研究.北京:人民出版社,2016.

性回顾和反思,肯定了学习和借鉴西方新理论和新方法的必要性,特别强调要从中华民族的主体性出发来探讨和研究外国文学,构建"以我为主,为我所用"的外国文学研究的"中国学派"。二十多年来,我们一方面大力借鉴西方文学研究的新理论、新思潮和新方法,一方面努力探索中西贯通视野下的中国外国文学研究,既尊重外国文学本身的社会文化背景、思维特性和文论思潮,又坚持中国批评者独特的研究视野、方法和立场。但是,从总体看,我们的外国文学研究对西方文论和方法的模仿和借鉴太多了一点,而从中国文化和诗学出发去研究外国文学和文论的论著还需要更多一些,再多一些。近读高奋教授的《走向生命诗学——弗吉尼亚·伍尔夫小说理论研究》,追求中西贯通与互鉴,有几点值得特别关注。

首先,这部著作的研究带着对本土现实的关怀。诚如葛兆光所言,"中国的外国学,并没有触及自己现实的问题意识,也没有关系自己命运的讨论语境,总在本国学术界成不了焦点和主流"。我们的很多研究在借鉴西方理论和方法的过程中,也借用了他们的问题,结果便成了纯粹的学术研究,远离本土性和现实性,缺乏创新性和影响力。高奋这部专著的研究对象是英国著名小说家弗吉尼亚·伍尔夫的随笔、日记、书信等,要从这些零散模糊的审美感悟中提炼出伍尔夫对艺术本质、创作思维、作品形神、批评要旨和艺术境界的洞见。这一选题长期被注重理性认知、逻辑体系和文化政治的西方学界所忽视,却是基于审美感悟的中国传统诗学的核心问题。我国的重要诗学范畴,比如情志说、虚静说、意境说,都是由历代文艺大师的审美感悟汇聚而成。该著以中国传统诗学范畴和欧美文学大师的诗性思想为参照,将伍尔夫飘忽不定的感悟聚合成有形的理论予以揭示,其意义不仅在于首次在国际国内揭示了伍尔夫小说理论的内涵、价值和意义,更在于向世界展示了中国诗学的博大精深。

其次,该著所采用的研究方法是中国传统诗学特有的整体观照法。这是自先秦以来就普遍采用的感知事物的方法,强调运用直觉感悟,让主体的生命精神与万物的本真相契合,具有直觉感悟、整体观照、物我契合等生命体验的特征,不同于西方重逻辑推论的理性认知方法。刘勰《文心雕龙》的"六观"说便是经典的观照法:文艺审美须"一观位体,二观置辞,三观通变,四观奇正,五观事义,六观宫商",即将情思文风、遣词造句、融和变通、雅正奇诡、题材节奏等全部置于观照之中。高奋的专著首先将伍尔夫的审美感悟放置于英、古希腊、俄、法、美、中、日等众多国别文学的历史长河中,实证考察其审美渊源,透视其独创性;然后从本质、构思、形神、批评和境界五个方面系统阐释其生命诗学内涵;最后以作品《海浪》为例,印证其理论在作品中的实践。这是一种颇具原创性的整体观照,融中与西、史与思、表象与本质、形式与神韵、创作与批评、物象与心境、审美与社会、理论与实践等诸多相辅相成的因素为一体,可洞见其审美思想之全景。

再者,该著的研究视野和评判标准是中西贯通的。美国著名学者乔纳森·卡勒曾指出,西学研究的两种主要方法是语言学模式和阐释学模式,前者聚焦并揭示内在语言构成,后者从社会、文化、政治等视角出发阐释意义;两者均将文艺视为理性认知之"物",分别从内外两方面剖析它。而中学研究将文艺纳入天地、社会、心灵的整体中来考察,并力求贯通天道、政道、人道、文道等,从相互关系中感悟并揭示其本质意蕴。中西贯通便是基于西学的科学研究,辅以中学的整体观照,将"物"的研究和"心"的感悟融会起来,以贯通理性认知和审美感悟。老一辈学者钱锺书、朱光潜等早已确立了中西贯通的研究视野和评判标准,比如在朱光潜对"诗的实质与形式"的探讨是从剖析克罗齐的理论出发,止于中国的意境说,透彻阐明两者的关系。高奋的研究实践并推进了这一中西贯通的视野和准则。她的研究始于伍氏思想的渊源追溯、意蕴分析及其西学价值揭示,止于相应的中国诗学范畴之观照,既揭示其深刻理性内涵又阐明其高远审美意蕴,所涉及的中国诗学范畴广泛,比如情志说、虚静说、神思说、知音说、妙悟说、趣味说、文质说、形神说、真幻说、意象说、意境说,充分体现中西贯通之宽广与深厚。

最后一点,该著的研究立场与目标是走向生命诗学。西方文论对文艺本质的界定的不断变更(比如艺术即模仿、艺术即快感、艺术即表现、艺术即技巧、艺术即文化生产、艺术即后殖民等)催生了模仿论、表现论、形式主义、西方马克思主义、后殖民主义等众多文论流派,它们常常各执一端,与文艺本身渐行渐远,须不断更新定位来保持与文艺的关联。中国传统诗学自先秦至清末长期坚守"诗言志"这一文学本质属性,坚信艺术本于心,乃生命情志的抒发,由此阐发的诗学范畴以感悟的不断深入为特征。西学研究与中学研究的区别在于,前者围绕"人的生命"这一核心,从世界、作者、读者、文本、社会、文化、政治、性别、族裔等多个视角去考察和阐释它,阐发了很多片面而深刻的理论,言繁而意简;后者锁定"人的生命"这一核心,用生命体验去直觉感悟艺术的内质和外延,言简而意深。高奋的研究聚焦文艺的生命本质,以博大精深的中国诗学范畴观照西方文学家伍尔夫的深切艺术感悟,试图全景揭示其生命诗学的渊源、内涵和价值,展现中西艺术和诗学的相通性,对我们重新认识中西文论和文学有很好的启示。

2017 年 5 月 8 日于南京

批评的参照与阐释的力量

——读毕飞宇的《小说课》

关于文学与文学批评的使命,学界已有很多探讨。以个人之见,如果文学如昆德拉所追求的,在于不断拓展人类生存的可能性,那么文学批评,其重要的使命之一,就在于不断拓展阐释的空间,赋予其不断生成的新生命。布朗肖说:"众多批评人,至今仍真诚地相信,艺术、文学的使命,就是让人类永恒。"[①]文学对于人类存在的不断拓展,导向的也许就是人类"永恒"之生命。而文学批评恰恰在其中担当自己独特的角色,有法国现代批评之父之称的圣勃夫,倡导的便是"通过批评和阐释让作品开放,让批评的光芒唤出过去的生命,闪现出过去所没有发现的光芒"[②]。以此为参照,检读当下的文学批评,有机会读到了作家毕飞宇的《小说课》。作家与批评家,本是"亲家",也是"冤家"。两"家"的碰撞之间,会带来怎样的新发现?读毕飞宇的小说,至少已经二十多年了,毕飞宇的小说,思想深刻而有力量,善于结构,语言独特,写得用心,轻重拿捏得尤其到位,记得 20 世纪末在江苏作家协会召开的一次作家职称评审会议上,我说过毕飞宇仅凭他的那篇题为《哺乳期的女

① 莫里斯·布朗肖.未来之书.赵苓岑,译.南京:南京大学出版社,2015:335.
② 许钧.肖像批评及其当代启示——读范希衡译《圣勃夫文学批评文选》.文艺研究,2017(5):153.

人》的短篇小说,就应该评为一级作家,可惜当时毕飞宇还是《南京日报》的一位初级编辑,连跳三级实在让体制内的人无法正常接受。也有机会与毕飞宇聊小说,听毕飞宇谈小说写作,感觉他的思路与时下的文学批评家不一样,语言不一样,关注的要害处也不一样,这次有机会读到他的《小说课》①,看他如何读小说,论小说。他选择的都是"伟大的"小说,如《红楼梦》《水浒传》《项链》《杀手》,有中国的,也有法国的、英国的、美国的,一部部都是经典,都是文学批评界特别在意的作品,论的人多了,难免有重复,评者要有所突破,实在是很困难的。

一、"我"的在场与阅读的独特性

文学批评,可以有不同的出发点,也可以有不同的参照。当下的批评,有强调理论性的趋势,尤其是学院派的批评。观察当下的文学批评理论与实践,理论往往被化解为一种方法,一种标准,甚或一种技巧。面对文本,有批评者以娴熟的理论对之加以评判,作品往往成了一种被"审判的"对象。这样的批评,往往带有理论的定式、批评者的先见,不仅无益于对作品之特质的分析,反而有可能遮蔽作品的生命。作为作家的毕飞宇,或许有过遭遇这样的批评的经历,或许对文学批评有自己的理解,他论小说,有很好的定位:纯粹是个人的视角,以个人的观点为出发点。读《小说课》,我发现有一个字是贯穿始终的,就是"我"这个字。如果是所谓的"文学评论",以理性自居以真理自居的评论,是避免用这个"我"的,因为真理是不分你我的,是要超越"我"的。可是毕飞宇却反其道而行之,处处强调"我"的存在。说到关键处,他要强调一句"在我看

---

① 毕飞宇. 小说课. 北京:人民文学出版社,2017.

来";析到疑问处,他要说"我要提个问题"。就是下评语,做判断,他都是那么坚定说出"我"的观点。比如谈《促织》,他说:"可在我的眼里,《促织》是一部伟大的史诗,作者所呈现出来的艺术才华足以和写《离骚》的屈原、写'三吏'的杜甫、写《红楼梦》的曹雪芹相比肩。我愿意发誓,我这样说是冷静而克制的。"①谈到读者有可能质疑的地方,他还是亮出"我"的说法:"我不渴望红学家们能够同意我的说法,也就是把第六回看作《红楼梦》的开头,但我还是要说,在我的阅读史上,再也没有比这个第六回更好的小说开头了。"②甚至谈阅读,他还是一遍又一遍地说"我":"阅读是必须的,但我不想读太多的书了,最主要的原因还是这年头书太多。读得快,忘得更快,这样的游戏还有什么意思? 我调整了一下我的心态,决定回头,再做一次学生。——我的意思是,用'做学生'去面对自己想读的书。大概从前年开始,我每年只读有限的几本书,慢慢地读,尽我的可能把它读透。我不想自夸,但我还是要说,在读小说方面,我已经是一个相当有能力的读者了。"③一连又是九个"我"字,还有一个"自己"。这是毕飞宇的习惯性表达,还是另有深刻的追求?

如今写小说,尤其是评小说,最大的弊病,还是重复,是老套,是人云亦云。毕飞宇是深谙阐释之道的,他知道一部小说,要赋予其新的生命,必依赖读者的阅读与阐释。在他看来,"阅读小说和研究小说,从来就不是为了印证作者,相反,好作品的价值在激励想象,在激励认知。仅仅在这个意义上说,杰出的文本是大于作家的。读者的阅读超越了作家,是读者的福,更是作者的福"④。文

---

① 毕飞宇. 小说课. 北京:人民文学出版社,2017:5.
② 毕飞宇. 小说课. 北京:人民文学出版社,2017:7.
③ 毕飞宇. 小说课. 北京:人民文学出版社,2017:190.
④ 毕飞宇. 小说课. 北京:人民文学出版社,2017:55.

学经典是在一代又一代读者的阅读与阐释中形成的,没有阅读没有阐释,文本就没有生命。而毕飞宇也许想要告诉我们的,是他阅读与阐释的独特性,同时也在暗示独特阐释的重要意义。他无时无刻不在提醒,这是"我"的阅读,"我"的看法,"我"的阐释。毕飞宇想发出"我"的声音,是因为在他成长过程中,他有过多次听别人讲莫泊桑的《项链》的经历。在他8岁或者9岁的时候,做语文教师的父亲第一次给他讲《项链》,讲的是中国写作的套路"凤头、猪肚、豹尾",说"那一串项链是假的",就是"豹尾"①。第二次,是他上高一或者高二的时候,语文老师在语文课上讲了《项链》,他是很期待老师讲《项链》的,因为他用了"终于"两个字,说"老师终于在语文课上给我们讲解了《项链》",老师重点讲了两点,一是"资产阶级的虚荣心必定会受到命运的惩罚",二是小说"说明劳动是光荣的,劳动可以让人幸福",他觉得"老师的话太离谱了"②。至于大学期间是否听老师分析过《项链》,毕飞宇"一点都记不起来了",只知道课程设置中有讲法朗士、雨果、巴尔扎克、司汤达、福楼拜、左拉、莫泊桑的课,"关于这一个时段","我记忆里头有关作家和作品的部分是模糊的,清晰的只是一大堆的形容词:虚伪、贪婪、吝啬、腐朽、肮脏、愚蠢、残忍、卑劣、奸诈",毕飞宇说:"如果你不去读小说,仅仅依靠课堂,你会误以为所有的'批判现实主义'作家都是同一个写作班培训出来,他们类属于同一个合唱团,只训练了一个声部。"父亲讲《项链》,讲的是中国的传统写法;中学老师讲《项链》,多少还讲了两点;而大学老师讲《项链》,则是一个套路,所有的"批评现实主义"作家,只发出一个声音:对资产阶级的批判。小说因此成了政治的表达,没有了艺术生命,甚至可以说小说被扼杀了生

---

① 毕飞宇. 小说课. 北京:人民文学出版社,2017:52.
② 毕飞宇. 小说课. 北京:人民文学出版社,2017:53.

命,有的只是批评者的说教。由此不难想见,毕飞宇处处强调的"我",既有对历史说教的回应,也有对时下中国的语言教育和文学教育的批判,最为重要的,是想冲破"一个声部"的束缚,以"我"的阅读,"我"的解读,开启作品的生命。在这里,这个"我"字,呼唤的是独立思考的精神。没有独立思考,就不可能有"我"的在场。在论鲁迅的《故乡》的第四部分,毕飞宇说得再也明白不过:"作家主动放弃思考能力是危险的,最终,你只能从众、随大流、人云亦云。"①写书如此,读书如此,做人也如此。由此,我们可以联想到文学理论所应该具备的两个品质:分析与诘难,对文本的分析与对文本的诘难。以此为两翼,文学理论便有了怀疑与批评的属性,而怀疑导向发问、质疑、诘难,澄清了疑问,才可能有批评与反思,有自己的新见,恰如孔帕尼翁所言:"我认为文学理论是一种分析与诘难的态度,是一个学会怀疑(批评)的过程,是一种对(广义上)所有批评实践的预设进行质疑、发问的'元批评'视角,一个永恒的反省:'我知道什么?'"②

从我的视角出发,带着自问与疑问去面对文本,这只是第一步。细读《小说课》,可以看到毕飞宇常有对批评的批评。文学批评有"谬误",也有"浅薄"。关于审美,他觉得"美的'误判'相当可怕,具体的表现就是拿心机当智慧的美,拿野蛮当崇高的美,拿愚昧当坚韧的美,拿奴性当信仰的美,拿流氓当潇洒的美,拿权术当谋略的美,拿背叛当灵动的美,拿贪婪当理想的美"③。文学批评有价值观的引导问题,文学的"误判"值得警惕。而"浅薄",就是肤浅,看表面,不认真,不深刻,毕飞宇拿奈保尔的《布莱克·沃兹沃

---

① 毕飞宇.小说课.北京:人民文学出版社,2017:103.
② 安托万·孔帕尼翁.理论的幽灵——文学与常识.吴泓缈,汪捷宇,译.南京:南京大学出版社,2011:15.
③ 毕飞宇.小说课.北京:人民文学出版社,2017:76.

斯》的小说为例,说明小说的风格与气质的"深"与"浅":"好的小说一定有好的气质,好小说一定是深沉的。你有能力看到,你就能体会到这种深沉,如果你没有这个能力,你反而有勇气批评作家浅薄。"①有勇气的批评家,如果没有独特眼光,就有可能把自己的浅薄强加到作者头上。毕飞宇对文学批评的批评,态度是很坚决的,如他在谈《促织》,说"《促织》是荒诞的,是变形的,是魔幻的,成名的儿子变成了'小虫'",紧接着,毕提出了一个问题:"它的意义和卡夫卡里的人物变成了甲壳虫是不是一样的呢?"这一问题显然不是为了阐释《促织》,而是针对文学批评界的:"我经常看到这样的评论,说我们的古典主义文学当中经常出现西方现代主义文学的某些特征,比方说,象征主义文学的特征,意识流的特征,荒诞派的特征,魔幻现实主义的特征。有评论者说,我们的古典主义文学已经提前抵达了西方现代主义文学。能不能这样说? 我的回答是不能。"②毕飞宇的观点十分明确,他不仅认为"不能"做这样的评说,而且还认为"那些说法是相当有害的"③。在这里,我们不必去追究毕飞宇是如何批评这些说法的"短处"与"害处"的,只是借以说明毕飞宇的"我"之观点的独立性与批判性,矛头指向的是时下主义盛行、徘徊在历史与文化之门的文学批评之风。

　　毕飞宇说得很清楚,他论小说,不关作者的事,不关作者是怎么想的。他所要做的,正是"大家读大家"文丛的两位主编在前言中所呼吁的,是"独特性",是"阅读文本时的独特感知"与"从形下到形上的哲思"的相得益彰④。法国哲学家兼文论家布朗肖说过,"文学写作不是单纯的透明形式,而是格外的世界,其中偶像遍布,

---

① 毕飞宇. 小说课. 北京:人民文学出版社,2017:77.

② 毕飞宇. 小说课. 北京:人民文学出版社,2017:25.

③ 毕飞宇. 小说课. 北京:人民文学出版社,2017:25.

④ 毕飞宇. 小说课. 北京:人民文学出版社,2017:3(前言).

偏见沉睡,看不见的力量在活跃、改变一切"①。读小说,要进入小说的世界,不能没有感知,也不能没有怀疑,没有诘难,没有哲思,不然只能被偶像所惑,被偏见所俘,被看不见的力量盲目地牵着走,在人云亦云中,"迷失自我",重复着别人的故事。

二、批评的参照

当我们强调阅读的独特性或者说批评的独立性时,我们也充分地意识到,有独立思考的能力,并不意味着一定能进入小说的世界,更不一定能引领学生进入小说世界。丁帆与王尧对毕飞宇的《小说课》有这样的评论:时下的文学课教学效果不好,最根本的原因是很多专业教师"只有生搬硬套的'文学原理',而没有实践性的创作经验,敏悟的感性不足,空洞的理性有余",而"反观作为作家的毕飞宇教授的作品分析,更具有形下的感悟与顿悟的细节分析能力,在上升到形上的理论层面时,也不用生硬的理论术语概括,而是用具有毛茸茸质感的生动鲜活的生活语言解剖了经典,在审美愉悦中达到人文素养的教化之目的"②。两位主编的一抑一扬有一定道理,尤其是对毕飞宇的评价,切中要害。但读《小说课》,我还特别关注我在上文所指出的阅读的独特性所蕴含的问题,因为在笔者看来,"人云亦云"的另一面,就是"自说自话"。

时下的文学批评,借"独立"之名,"自说自话"的现象很严重。尤其是对作品的判断和评价,严重一点的情况,是不看作品,只认作家,顺我者的作品就是"伟大"的作品,是"杰作",逆我者的作品是"糟糕",无"价值"。轻一点的,是"以我之见",随性评判:有的拿

① 莫里斯·布朗肖.未来之书.赵苓岑,译.南京:南京大学出版社,2015:281.
② 丁帆,王尧.建构生动有趣的全面阅读.见:毕飞宇.小说课.北京:人民文学出版社,2017:4(前言).

所谓的理论框架一套,作品被牢牢套住,被塑成了"我"之形;有的干脆不做细致的文本分析,拿自己的标准一衡量,便一二三四、洋洋洒洒地发表自己的观点。毕飞宇在大学讲坛论小说,实在是要冒风险的。最大的危险,毕飞宇是清楚的,是"人云亦云",对抗的方法,就是我们在上文所强调的那个"我"字。但是,自我的存在与认识、自我的丰富与提升,需要以他者为参照,更需要与他者的碰撞与交流。论小说也同理,要阐明"我"之观点,需要参照。对文学阅读,文学批评而言,领悟、顿悟确实很重要,但还不够,著名作家弗吉尼亚·伍尔夫说过:"以充分的领悟去获取印象,这只是阅读的前半程……我们还要对这些纷繁的印象进行判断,将这些转瞬即逝的印痕变成坚实而恒久的思想。"而作出判断时必须要注意的重要一点,是"将每一本书与同类中最杰出的作品进行对比"①。这里所说的"对比",应该不仅仅是比较的意思,而是一种"参照"。文学批评不能止于印象,没有判断,没有思想。但判断需要参照,失却参照,就难以自省自知。歌德提倡世界文学,其根本的用意,也许就是要鼓励走出自我,拥抱他者,在世界性的参照中,以"异"为明镜,照亮自身。

有了参照,判断有可能就会少一点盲目。毕飞宇论小说,有不同的路径,有的时候先下判断,说这是一部"伟大的小说",然后告诉你为什么说这是一部"伟大的小说";有的时候则逆向而行,先分析文本,指出这部小说的"精彩"之处,最后得出"伟大的"判断。我之所以不断重复"伟大的"这个词,是因为毕飞宇论小说,似乎有个标准:那就是非"伟大的"作品不评。"伟大"与小说的长与短无涉,就像"伟人"与人的高与矮没有直接的关系。毕飞宇这样做,我以

---

① 转引自:高奋.走向生命哲学——弗吉尼亚·伍尔夫小说理论研究.北京:人民出版社,2016:98.

为他有其用意，其一是想把读者引向好的书，引向"伟大的"书；其二是希望读者读经典，好好读几本"伟大的"书。美国的大卫·丹比写过一部书，题目就是《伟大的书》，副标题是"我与西方世界不朽作家的历险记"①。毕飞宇的《小说课》，是在中外不朽作家的作品中历险，第一篇论《促织》，一开始就不由分辨地说"这部伟大的小说只有 1700 字"。这种不由分辨的断语是危险的，但毕飞宇迎难而上，第二段还加上一句："《促织》是一部伟大的史诗。"这样的断语，如果没有分析，没有参照，往往有可能导向妄语。就我阅读的经验，当毕飞宇说到"伟大的史诗"，马上会联想到荷马史诗，也会联想到《格萨尔》，把 1700 字的《促织》说成是"伟大的史诗"，这是对我们常识的挑战，也是对我们认知的挑战。这样的挑战，容易动摇常识，动摇定见，但如果没有令人信服的分析，就容易导向盲目的判断。毕飞宇自然是明白这种危险的，为了证明《促织》的史诗性，也为了说明蒲松龄的艺术才华，他用屈原的《离骚》、曹雪芹的《红楼梦》作为参照："说起史诗，先说《红楼梦》是比较明智的做法，它的权威性不可置疑。《红楼梦》的恢宏、壮阔与深邃几乎抵达了小说的极致。"好的小说，往往有好的开头。毕飞宇于是从《红楼梦》的开头讲开去，讲《红楼梦》史诗般的广博、史诗般的恢宏，讲开头的妙处。而通过《红楼梦》开头这样参照，他要突出的是："我数了一下《促织》的开头，只有 85 个字，太短小了。可是我要说，这短短小小的 85 个字和《红楼梦》的史诗气派相比，它一点也不逊色。我只能说，小说的格局和小说的体量没有对等关系，只和作家的才华有关系。《红楼梦》的结构相当复杂，但是，它的硬性结构是倒金字塔，从很小的'色'开始，越写越大，越写越结实，越来越虚无，最

---

① 大卫·丹比.伟大的书——我与西方世界不朽作家的历险记.曹雅学,译.南京：江苏人民出版社,1998.

终抵达了'空'。"①而《促织》则相反,它很微小,它只是描写了一只普通的昆虫,但是,它却是从大处入手的,一起手就是一个大全景:大明帝国的皇宫,宣德间,宫中尚促织之戏"②。在这里,我们看到了批评参照的价值,大与小的突出比照,让我们把目光投向小说的结构,小说的气势,把读者一点点引进小说的世界,随着阐释者的指点,实在而信服地感受到了或者说认识到了《促织》所蕴含的传奇性、悲剧性和抒情特质。读到最后,大多数读者会像我一样,不再去怀疑毕飞宇的判断:"作为一个伟大的小说家,蒲松龄在极其有限的 1700 个字里铸就了《红楼梦》一般的史诗品格。"③

在《小说课》里,毕飞宇的批评参照始终是在场的,比如谈《红楼梦》,他会不落痕迹地以海明威为参照,说"刘姥姥'一进'大观园","我们看到了冰山的一角,它让我们的内心即刻涌起了对冰山无尽的阅读遐想。如同贾宝玉'初试'云雨情一样,它让我们的内心同样涌起了对情色世界无尽的阅读渴望"④。谈汪曾祺小说语言的透明,他以古希腊的雕塑杰作《胜利女神》为参照。谈到《促织》中的那只鸡,他这样说道:"从促织到鸡,小说的逻辑和脉络发生了质的变化,因为鸡的出现,故事抵达了传奇的高度,拥有了传奇的色彩。"⑤话锋一转,他说起了《堂吉诃德》,说起堂吉诃德和风车搏斗,说"是蒲松龄发明了文学的公鸡,是塞万提斯发明了文学的风车"。这样的参照,具有一种特别的张力,在文本的内外建立起一种互为阐发的关系,既催生感悟力,又增强判断力。

---

① 毕飞宇. 小说课. 北京:人民文学出版社,2017:7.
② 毕飞宇. 小说课. 北京:人民文学出版社,2017:8.
③ 毕飞宇. 小说课. 北京:人民文学出版社,2017:11.
④ 毕飞宇. 小说课. 北京:人民文学出版社,2017:7.
⑤ 毕飞宇. 小说课. 北京:人民文学出版社,2017:23.

三、阐释的力量

阐释,是一个需要特别谨慎使用的词,尤其是面对毕飞宇的《小说课》。上文说毕飞宇讲小说,谈小说,也分析小说,这里都涉及一个对小说的阐释问题。阐释是有限的,也是无限的,仿佛永远摇摆于过与不及之间。在文学批评中,有追求"客观"的,也有高举"主体性"大旗的;有通过阐释试图构建自己的批评理论的,也有通过阐释,试图推翻前人的判断与评说的。

对小说的阐释,我认为有一个问题需要首先明确,那就是对文本的态度。哲学家乔治·斯坦纳说:翻译,就是阐释。我有不少翻译的经验,面对文本,态度真的特别重要:崇拜原文是一种态度,比如当我面对普鲁斯特的《追忆似水年华》;轻视原文也是一种态度,比如当我面对一部通俗的小说。我有过沉痛的教训,面对我崇拜的文本,我不敢翻译,生怕理解错了,翻译起来被完全困住了。而面对我轻视的文本,翻译得很快很随意,造成的恶果是漏译与错译。评小说,或者说阐释小说,也会遇到这样的情况。检视当下的文学批评,有居高临下、指点江山的,也有刻意奉承、专讲好话的。这两种情况,对文本实际上都不是很重视的,读与不读不重要,态度决定一切,批评的调子早就定下了。毕飞宇的《小说课》,也许对这些批评者或者阐释者来说,应该是一堂有参照意义的阐释伦理课:学会对小说本身的尊重。

毕飞宇是写小说的,知道写小说的难,他更知道:"对许多人来说,因为有了足够的生活积累,他拿起了笔。我正好相反,我的人生极度苍白,我是依仗着阅读和写作才弄明白一些事情的。"①对小说,他说看得很重,重得像命,也"看得很轻",像玩具,"在摩挲,

---

① 毕飞宇. 小说课. 北京:人民文学出版社,2017(扉页).

一遍又一遍",有哲思,也有乐趣。基于这样的态度,他面对他要评的小说,确实是倾注了十分的尊重和难得的用心。在我看来,他对文学文本的阐释,有着别样的力量。

毕飞宇阐释小说有一种发现的力量。小说的价值因其个性而存在,个性越独特,价值越大。读小说,必有理解之考验,小说的意义不是确定的,多比喻,多暗示,含混与多义是开放性的,呼唤的是想象,期待的是共鸣。当下的批评,喜欢去追踪作者的思想,或者说喜欢去归纳作者的思想,去划定作者历险的路径,把多拉向一,这样的一种批评取向具有"统一"的愿望,把多归于一,把开放导向封闭,无益于打开读者的想象空间,更无益于在文本的开放中去有所发现。一部伟大的书,如布朗肖所言,是一部"未来之书","趋向于书的未来"①,需要读者或者阐释者"在一个作品里,除作者所见到的东西以外,还别有所见,辨明他所不知不觉放进去的东西以及他所不曾有意想到的东西"②。别有所见,有所发现,这样的阐释不是接受性的,而是批评性的。在我看来,阅读者或者阐释者在与文本建立关系的那一刻起,应该对文本"表现出开放态度,并对他者的独特性表示尊重"③。历史上的批评,往往出现带有定见、偏见的倾向,面对批评的作家或文本,常从既定的立场出发,对批评的对象缺乏尊重。这样的批评态度往往会影响批评者的开放性,而没有开放的目光,没有对批评对象的尊重,就难以有对他者独特性的发现。以此去看毕飞宇对小说的分析、阐释,我们就会明白为什么毕飞宇一直强调他是如何认真读小说,如何一遍又一遍地读,又如何认真对待小说的每个字的,去发现字背后的"东西"。在我

① 莫里斯·布朗肖.未来之书.赵苓岑,译.南京:南京大学出版社,2015:321.
② 圣勃夫.圣勃夫文学批评文选.范希衡,译.南京:南京大学出版社,2016:1152.
③ 朱利安·沃尔弗雷丝.21世纪批评述介.张琼,张冲译.南京:南京大学出版社,2009:10(导言).

与毕飞宇的交流中,他强调说作者的作品是一个字一个字写出来的,读书也要一个字一个字地认真地读。在他的分析中,我们常可看到他的指点,比如他谈鲁迅的《故乡》中的杨二嫂,谈杨二嫂的绰号"圆规"①,毕飞宇对这个词的分析指向了认知,也指向了审美,其揭示的社会与历史背景,其蕴涵的反讽力量,其引发的审美乐趣,我敢说,十有八九是鲁迅难以料到的。比如《红楼梦》第六回"凤姐也不接茶,也不抬头,只管拨手炉内的灰"这一句。在一般的读者看来,是再也平常不过的一句话,可毕飞宇却告诉我们:"这18个字是金子一般的,很有派头,很有个性。它描绘的是凤姐,却也是刘姥姥,也许还有凤姐和刘姥姥之间的关系。这里头有身份与身份之间的千山万水。它写足了刘姥姥的卑贱、王熙凤的地位,当然还隐含了荣国府的大。"②"言语的存在,永远只为指向言语间的关系范围:各种关系投射的空间,一经划定,便折叠、合拢,再非现在所在。"③文本的词句像一张网,构成的是关系,而关系决定了意义。一个好的阐释者,要进入文本,应该特别关注文本所建立的关系,要身临其境,在看似不变的文本中,看到作品中的关系是动态的,是生成的,不断变化的,正是在这个意义上,作品才有可能趋向未来,向未来敞开,拥有新的生命。而一个用心的阐释者,就是要以自己的阐释与发现,去激活作品的生成因子,让作品处于不断的生成过程中,产生新的力量。

毕飞宇阐释小说有把读者拉向小说的力量。有批评家会强调阐释的客观性,把自己定位于居间的位置。一个批评家,能否居间,有无必要居间,不是此文关注的重点。我想指出的是,当下的文学批评,往往起着离间的作用,就像钱锺书批评的那些"拙劣晦

---

① 毕飞宇.小说课.北京:人民文学出版社,2017:100-102.
② 毕飞宇.小说课.北京:人民文学出版社,2017:6.
③ 莫里斯·布朗肖.未来之书.赵苓岑,译.南京:南京大学出版社,2015:322.

涩的译文":"拙劣晦涩的译文无形中替作品拒绝读者,他对译文看不下去了,就连原作也不想看了。这类翻译不是居间,而是离间,摧灭了读者进一步和原作直接联系的可能性,扫尽读者的兴趣,同时也败坏原作的名誉。"①钱锺书的批评,可以用于对当下的某些批评的批评。批评的任务,可以有多种,但通过批评,通过阐释,吸引更多的读者去阅读,让文本在一代又一代读者的阅读与阐释中,延续并丰富其生命,应该是批评的应有之义。然而,读当下的一些批评文章,有不好好读文本、草率评论者,有好用术语、行文艰涩、故弄玄虚者。这两种批评都有离间读者与文本的坏处。毕飞宇论小说,不草率,不故弄玄虚。读他对小说的分析与阐释,会有一种冲动,想像他一样,去读小说,去重读小说,去发现小说的种种妙处。他对汪曾祺的《受戒》的解读与阐释,怎一个妙字了得:有对结构的把握,有对深意的挖掘,有对文本的美学之解,引着我们在作品所能抵达的极限处探险,仿佛激活了文本每一个字的生命。他对《项链》的解读,独特,深刻,他的改写的尝试与提出的十个问题令人深思,他的分析与我读到的法国人所写的对《项链》的批评视角很不一样,也大大超越了国内的意识形态化的阐释。其对《项链》的"'文明的'悲剧"判断,对于法国批评者而言,应该说是一种具有发现性的阐发,读到此处,有一种放下毕飞宇的《读小说》,去看原文小说的强烈愿望。

读了《读小说》,我看到了小说家毕飞宇的另一面,除了他非凡的叙事能力,冷冷的幽默,对语言与美的极度敏感,更看到了他作为批评家的清醒与理性,感受到了他逻辑的力量和批判的力量。

2017 年 5 月 18 日于南京

---

① 钱锺书.林纾的翻译.见:罗新璋,陈应年.翻译论集(修订本).北京:商务印书馆,2009:776-777.

图书在版编目（CIP）数据

译道与文心：论译品文录／许钧著．—杭州：浙
江大学出版社，2018.10（2019.5 重印）
（中华翻译研究文库）
ISBN 978-7-308-18698-8

Ⅰ.①译… Ⅱ.①许… Ⅲ.①翻译－研究 Ⅳ.
①H059

中国版本图书馆 CIP 数据核字（2018）第 228349 号

中华译学馆 真言题

译道与文心——论译品文录
许　钧　著

出 品 人　鲁东明
总 编 辑　袁亚春
丛书策划　张　琛　包灵灵
责任编辑　祁　潇
责任校对　陆雅娟　吴水燕
封面设计　程　晨
出版发行　浙江大学出版社
　　　　　（杭州市天目山路 148 号　邮政编码 310007）
　　　　　（网址：http://www.zjupress.com）
排　　版　浙江时代出版服务有限公司
印　　刷　浙江新华数码印务有限公司
开　　本　710mm×1000mm　1/16
印　　张　26
字　　数　315 千
版 印 次　2018 年 10 月第 1 版　2019 年 5 月第 2 次印刷
书　　号　ISBN 978-7-308-18698-8
定　　价　78.00 元
